《江西省哲学社会科学成果文库》编辑委员会

主　任　　祝黄河

成　员（按姓氏笔划为序）

万建强　　王　晖　　何友良　　吴永明　　杨宇军

陈小青　　陈东有　　陈石俊　　祝黄河　　胡春晓

涂宗财　　黄万林　　蒋金法　　谢明勇　　熊　建

江西省哲学社会科学成果文库
JIANGXISHENG ZHEXUE SHEHUI KEXUE
CHENGGUO WENKU

著作权法
个人使用问题研究
——以数字环境为中心

STUDYING ON PERSONAL USE IN COPYRIGHT LAW:
FROM THE DIGITAL ENVIRONMENT
CENTERED PERSPECTIVE

李 杨 著

社会科学文献出版社
SOCIAL SCIENCES ACADEMIC PRESS (CHINA)

总　序

作为人类探索世界和改造世界的精神成果，社会科学承载着"认识世界、传承文明、创新理论、资政育人、服务社会"的特殊使命，在中国进入全面建成小康社会的关键时期，以创新的社会科学成果引领全民共同开创中国特色社会主义事业新局面，为经济、政治、社会、文化和生态的全面协调发展提供强有力的思想保证、精神动力、理论支撑和智力支持，这是时代发展对社会科学的基本要求，也是社会科学进一步繁荣发展的内在要求。

江西素有"物华天宝，人杰地灵"之美称。千百年来，勤劳、勇敢、智慧的江西人民，在这片富饶美丽的大地上，创造了灿烂的历史文化，在中华民族文明史上书写了辉煌的篇章。在这片自古就有"文章节义之邦"盛誉的赣鄱大地上，文化昌盛，人文荟萃，名人辈出，群星璀璨，他们创造的灿若星辰的文化经典，承载着中华文明成果，汇入了中华民族的不朽史册。作为当代江西人，作为当代江西社会科学工作者，我们有责任继往开来，不断推出新的成果。今天，我们已经站在了新的历史起点上，面临许多新情况、新问题，需要我们给出科学的答案。汲取历史文明的精华，适应新形势、新变化、新任务的要求，创造出今日江西的辉煌，是每一个社会科学工作者的愿望和孜孜以求的目标。

社会科学推动历史发展的主要价值在于推动社会进步、提升文明水平、提高人的素质。然而，社会科学的自身特性又决定了它只有得到民众的认同并为其所掌握，才会变成认识和改造自然与社会的巨大物质力量。因此，社会科学的繁荣发展和其作用的发挥，离不开其成果的运用、交流与广泛传播。

为充分发挥哲学社会科学研究优秀成果和优秀人才的示范带动作用，促进江西省哲学社会科学繁荣发展，我们设立了江西省哲学社会科学成果出版资助项目，全力打造《江西省哲学社会科学成果文库》。

《江西省哲学社会科学成果文库》由江西省社会科学界联合会设立，资助江西省哲学社会科学工作者的优秀著作出版。该文库每年评审一次，通过作者申报和同行专家严格评审的程序，每年资助出版30部左右代表江西现阶段社会科学研究前沿水平、体现江西社会科学界学术创造力的优秀著作。

《江西省哲学社会科学成果文库》涵盖整个社会科学领域，收入文库的都是具有较高价值的学术著作和具有思想性、科学性、艺术性的社会科学普及和成果转化推广著作，并按照"统一标识、统一封面、统一版式、统一标准"的总体要求组织出版。希望通过持之以恒地组织出版，持续推出江西社会科学研究的最新优秀成果，不断提升江西社会科学的影响力，逐步形成学术品牌，展示江西社会科学工作者的群体气势，为增强江西的综合实力发挥积极作用。

祝黄河

2013年6月

内容简介

本文系江西省哲学社会科学成果文库入选项目和教育部人文社会科学研究青年项目（课题编号：13YJC820048）的研究成果。

自著作权法产生伊始，人们一直尝试通过规范使用行为来确立著作财产权的保护边界，即寻找一种行之有效的权利作用"焦点"。从传统理论和社会实践来看，著作权法主要通过规制竞争者对作品的商业利用行为来实现权利人的财产利益回报。将使用行为的"商业性"和"公/私性"作为判断是否构成著作权侵权行为的重要标准，一方面，能较好地实现对著作权人创作及投资付出的必要回报，有效激发创作的"涟漪"效应，从而推动文化事业的进一步繁荣与发展；另一方面，这种判断标准能够贯彻著作权法的根本宗旨，即在推动文化繁荣的基础上，通过为公众预留必要空间（即私域使用范围）来促进人的信息摄取和知识学习，推动文化的自由交流，实现人的自身发展。通过设置使用行为的"公""私"划分标准，著作权法可以为公众合理地使用作品提供文化交流自由的必要空间。正因为著作权法在传统意义上主要规制公开性的商业利用行为，才使得个人使用在发挥公众文化之自由交流作用的同时，能够实现个体私权与大众民主之间的利益平衡。所以，从著作权不保护什么的否定性视角来看，个人使用如同著作权保护什么（即公开性的商业利用行为）一样，发挥着划定著作权保护边界的权利作用"焦点"功效。

伴随着数字技术特别是互联网技术的迅猛发展，个人使用对著作权人的作品市场利益带来的消极影响备受世人关注，"个人使用是否依然合理"、"著作权法是否需要个人使用"以及"如何解决著作财产权与个人使用之间的冲突"等成为著作权法最具争议的问题。与此同时，著作财产权的不断延伸乃至扩张却使著作权法传统意义上给予使用者自由接触、分享信息的有限空间受到多重排挤，个人使用的必要空间和合法性皆呈消减之势。这一结果与其说是单纯由技术发展催生，毋宁说是技术背后人为因素推动的体系闭合使然，对此我们可以从国际政治经济学的视角加以认识。回归至现实中的个人使用困境，我们既要梳理出数字环境下个人使用的现实出路，更应解决好数字技术时代亟须构建何种著作财产权保护愿景的理论问题。遵循这样的思路，本文除导言以外，正文共分五章，主要内容如下：

第一章是个人使用界述，主要梳理以下几个问题：第一，通过对国际条约和示范法、欧盟著作权协调指令以及代表性国家有关"个人使用"的立法例进行考察，厘清著作权法个人使用的立法现状及发展轨迹。第二，从关系价值论的角度，对个人使用在著作权生态关系中的"公共"价值与"个人"价值进行考察。从哈贝马斯在政治学层面探讨的"公共领域"（public sphere）概念出发，本文认为，"公共领域"一词应放到更宽泛的范畴中加以理解，它不仅指政治性事务的公共商谈，还可用于市民文化生活的集体塑造。正是个人使用"私域"这一有限的必要空间，推动着信息在社会文化交往与互动中产生"涟漪"效应。个人使用在著作权生态关系中具有不容忽视的重要"公共"价值。同时，个人使用在个人表达自由和私域自治两个层面还有着重要的"个人"价值。此外，在对个人使用进行价值考察时，不能脱离著作权生态关系。著作权人和使用者都是著作权生态关系的主体和参与者。就著作权人实现作品价值而言，应放在与他人及整个社会关系的联系和比较中加以衡量。在著作权生态关系中，法律不能过度延伸著作权人"财产自由"的个人价值欲求。第三，在立法例梳理及价值考察的基础上，对个人使用进行界定。综合对"personal use" "private use"的辨析以及个人使用定义的几种观点评述，个人使用的概念可以从主体、使用范围、使用目的及影响、使用类型四个方面来界定。在确立个人使用的使用类型时，应从社会实践与规范意义这两个层面加以区分。规范意义上的个人使用，主要是指自然人为了不具商业性的个人目的以及与关系密切的亲友在家庭或类似家庭范围内使用的目的，对作品实施的复制行为以及翻译、改编等演绎行为。

第二章主要论述数字技术发展中的个人使用困境以及技术发展与个人使用困境之间的关系。数字技术特别是互联网技术的飞速发展，一方面有效推动信息在公众之间的自由传播，另一方面使"著作权侵权主体特征由职业转变成非职业"，呈现大众化的蔓延趋势。对作品使用行为是否侵权进行定位时，不应过度夸大数字环境下个人使用对著作权人利益的消极影响，真正对著作权人的利益造成实质性影响的应是未经授权的作品传播行为。相反，数字技术却史无前例地为人所左右，控制着公众对信息的接触与交往自由。在数字环境下，由于技术控制下的作品拟物化、合同规则的"意思自治"滥用以及复制权的过度延伸态势，欧美立法传统意义上给使用者自由接触、分享信息的必要空间——个人使用，在结构性控制系统（包括代码、合同、法律等）的多重作用下，受到严重限制与挤压。如果我们忽视个别事件，以验证历史规律为唯一目标，将会助长历史偶然的规律化。在把握技术发展与个人使用困境之间的关系时，应避免片面性地套用机械主义的技术决定论，把社会历史的规律绝对化，否则就会得出个人使用受到多重挤压是历史必然的谬论。是故，应抛弃机械主义的技术决定论"宏伟史诗"般的叙述方式。在肯定技术能够催生制度环境变迁的基础上，我们应反思技术与制度会因为人为因素而可能产生的价值偏向与消极影响。

第三章主要运用国际政治经济学的方法尝试构建一种阐释框架，解读造成个人使用困境的体系闭合动因。本文认为，数字环境下的个人使用日益受到挤压，并非技术发展造成的必然结果，而在一定程度上是特定历史条件下欧美发达国家主导的体系闭合使然。这一结论主要从以下三个方面加以论证：第一，以芝加哥学派为代表的新自由主义经济学，自20世纪80年代开始在西方经济学占据主导地位并呈现出全球范围的兴盛态势，推动欧美发达国家偏重于著作权制度在促进国民经济增长中的重要作用，从而使著作权保护观念过度信赖新自由主义经济学宣扬的市场价值决定论。然而，新自由主义经济观念具有内在局限性，它可能激发完全自由市场机制下的极端利己行为，致使著作权人与使用者之间脱离良性循环的著作权生态关系，影响市民社会的公共文化塑造，进而违背著作权法实现"最大多数人的最大幸福"的社会福利最大化目的。对此，就连自由主义经济学的开创者——亚当·斯密，其思想在晚年也从早先的市场放任的自由主义转变成具有某种建构倾向的德性主义，开始正视人性与社会性、私利与公益之间的非一致性。第二，在欧美私人（产业）利益集团特别是寡头精英的行动策略影响下，欧美著作权内外政策的制定呈现出一种自上而下的推行过程，这也是著作权体系闭合的主要驱动力之一。由于利益集团政治中的"议价"能力差别，分散性的社会力量（如著作权政策制定中的使用者群体）很难在政策制定过程中发挥像财富和权力集中的垄断利益集团那样的作用和政治影响。国际知识产权体系重构中的集团（包括欧美发达国家和发展中国家两大阵营）政治亦是如此。这一结论可以运用曼瑟尔·奥尔森公共选择理论当中的集体行动逻辑来解释。第三，包括隐喻式的符号修饰与因果颠倒在内的单向话语体系，误导性地宣扬对著作权的强保护既有利于发达国家，同时更有利于发展中国家。这一单向话语逻辑承袭了新自由主义经济学的片面观点，与发达国家在赶超发展阶段所实际采用的演化发展经济政策并不一致。发展中国家在遵循国际著作权闭合制度最低保护标准的基础上，应积极开拓符合自身国情的著作权保护思路，不应盲目追从发达国家。

第四章通过对著作财产权的反思与体系重构，来间接阐释个人使用的著作权法定位问题，纾解数字环境下的个人使用困境。从抽象物、知识产品以及自由信息三个层面分析，作品分别具有非物质性、非稀缺性、非竞争性、有益外部性与互动性等自然公共属性。著作财产权的工具性作用在于效率、激励与必要回报，其创设目的及政策内涵旨在实现作品在文化参与、民主政治等层面上的社会福利最大化，并不能简单视同于建立在"个人效用"基础上的市场利益最大化。著作财产权的权利作用"焦点"结构表明，著作财产权的支配权能并非指向被独占的作品，而是限制他人对作品的某些使用行为。著作财产权是支配作品某些使用方式并获取经济利益的"法律之力"。就著作财产权的权利体系而言，以复制权为基础的传统理论应在数字困境中予以重构。体系简化后的"大传播权"设计，既能较合理、清晰地划定著作财产权的权利边界，以明确著作权人通过支配何种使用行为来实现自身的财产利益，同时还有助于消弭公众因误解著作财产权而产生的逆反心理，对公众逐渐认同、接受和遵守著作权法起到积极的引导作用。就著作财产权体系的权利限制设计而言，应避免当下欧美各自适用合理使用原则和三步检验法时出现的"闭合"趋势，设置一种真正意义上的开放式"安全阀"。互联网环境下，随着分散式 P2P（peer to peer）技术的不断发展，特别是比特流技术的普及，使用者的下载行为构成一种个人复制与传播的并合态势，即所有的 P2P 用户都可能被认定为非法传播作品的侵权主体。从欧美法律实践的发展态势来看，著作权人和立法者正逐渐将侵权责任主体的重心从可能承担间接责任的网络服务提供商转移到个人使用者身上，这点从美国托马斯案与法国 HADOPI 法可见一斑。作为一种利益配置机制，著作权法应以协调多元参与性主体之间利益的合理、公平分配作为政策衡量的基础，故应以各参与性主体之间的"合作关系"作为利益实现的基点。通过综合运用"强制许可"补偿金机制、"自愿集体许可"机制、"批量许可"商业模式以及其他方式，P2P 网络环境下的个人使用困境才有可能从排异性的"零和"博弈现状转变成一种互利共赢的合作局面。

　　第五章是对个人使用的著作权法未来进行重构。在著作权法的观念层面上，工具主义的法定权利说仅解释了著作权的"术"现象，并未确立其"道"本质。应强调以"道"驭"术"，构建著作权最终指向"公共福利"社会责任的道德哲学基础。同时，"使用者权"是宪法人权在著作权法中的具体化，著作权法既是包括作者在内的著作权人的法律，更是关涉使用者的法律，故著作权和使用者权应看作一个整体的有机组成部分。另外，著作权法应秉持"技术中立"原则，既充分体现技术自身的发展规律和特性，同时又符合人类社会可持续发展的价值准则，使技术朝着符合人性的、有利于科学文化事业进步的方向发展，这就需要将市场行为和伦理责任结合起来考察，既关注经济价值，又充分考量公共福利、民主政治、自由文化、技术创新等多元社会价值。在著作权法的制度层面上，应合理界定使用行为的"商业性"和"公/私性"，对反技术规避规则的相关缺陷以及著作权私力救济滥用问题进行必要的立法完善与制度健全。由于数字互联网环境与实体环境之间存在差异,有必要采用著作权法的"双轨"治理模式,在数字互联网环境下应淡化著作权尤其是复制权的财产专有权属性,实现著作权保护的侧重点由"控制"(或"支配")权能到"收益"权能、由"财产规则"向"补偿责任规则"渐进转变,重新配置著作权在互联网环境下"补偿责任规则—财产规则"并存的二元结构体系。

关键词:个人使用;数字技术;新自由主义;著作财产权;社会价值

Abstract

Since the appearance of copyright law, we have been trying to define the boundaries of economic rights in copyright and search for the focal point of copyright functions by regulating the use of works. In traditional theories and social practice of copyright, economic interests of copyright owners are mainly realized by regulating competitors' exploitation of works. Commerciality and public-private features of the use of works should be regarded as highly important criteria of copyright infringements. This can not only make the ripple effect on creation of works and further cultural boom, but also accelerate free dissemination of culture, knowledge acquisition and self-development of users by reserving indispensable space for the public. As a result, it can keep interests balance between copyright owners and the public. From the negative perspective of copyright protection, that is what are not protected by copyright law, personal use serves as a focal point in drawing the boundaries of economic rights in copyright.

With the development of digital technologies, especially that of the Internet technology, so-called negative impact of personal use on copyright owners is exaggerated. Personal use has become the most controversial field of copyright law nowadays. However, the indispensable space and legality of personal use tend to decline because expanding copyright protection is squeezing the limited space where users have access to and share information freely. This consequence is not aroused by the development of technology, but the closed copyright system propelled by human factors. We can understand this by means of political economics. Faced with the dilemma in personal use, we should not only find solution for personal use issues, but also reshape theoretical vision of copyright protection in the digital age. The paper falls into five chapters with more than 180000 words besides the preface.

Chapter I is the introduction and definition of personal use. Part one discusses the legislative situation and historical development of personal use in copyright by examining statutory details about personal use in international conventions, international model laws, EC Directive and domestic laws of representative countries. Part two analyses public value and private value of personal use by means of axiology of social relations. In public politics of Jurgen Habermas, Public Sphere does not only relate to public negotiations concerning political affairs, but also to the collective shaping of citizens' cultural life. The private sphere of personal use intensifies the ripple effect on works and promotes cultural boom. Both public value and private value exist in personal use. When analyzing the value of personal use, we can not disregard the relationship of different parties. Copyright owners and users are participants of the ecological relationship of copyright. When copyright owners are going to achieve their economic interests, they ought to consider interests of others and the public. In the ecological relationship of copyright, the overexpansion of copyright owners' interests is unreasonable. After making a distinction between personal use and private use and commenting on several viewpoints on personal use, Part three tries to define personal use from four aspects, namely, subject, range, motivation and types of behaviors. In terms of types of behaviors, we should distinguish personal use in social practice from personal use in copyright law. In copyright law, personal use refers to the reproduction, translation, adaptation or other transformative use of copyrighted works in family and other private spheres similar to family for a natural person's own personal and private use.

Chapter II analyzes the dilemma of personal use in digital technology age and the relationship between technological development and the dilemma of personal use. The development of digital technology, especially that of the Internet, can promote the free flow of information in public. On the other hand, because of their development, copyright infringements are changing from professional to non-professional and becoming popular. The judgment of copyright infringements shouldn't exaggerate the negative influence of personal use on interests of copyright owners in the digital environment. In fact, only the unauthorized dissemination of works has a substantial damage on interests of copyright owners. On the contrary, the digital technology unprecedentedly controlled by human beings has been impeding the free flow of information. Under the structural control system including digital technology, the abuse of autonomy of will and the expansion of copyright, the limited sphere of personal use is squeezed severely. If we ignore individual incidents only for verifying the law of history, haphazards in history will become law. As far as the relationship between technological development and dilemma of personal use is concerned, we should avoid the overreliance on technological determinism and absolutization of historical law. Otherwise, we may reach the absurd conclusion that personal use ought to be squeezed with the development of digital technologies. It is high time that we discard the narrative style of historical story. After recognizing the causal connection between developing technology and dilemma of personal use, we should introspect the value bias and negative influences brought by technology and copyright system due to human behaviors.

Chapter III, by means of international political economics, discusses causes behind the closed copyright system resulting in the dilemma of personal use. The squeezed personal use is not an inevitable result of technological development, but a consequence of the closed copyright system dominated by Euramerican developed countries. This part explains the view from the following aspects. First, Neoliberalism Economics such as the Chicago School Economics has dominated in western economics and caught on around the world since 1980s.

It leads developed countries to place extra emphasis on the economic role of copyright regimes and causes the overemphasis of protective idea of copyright on Market Determinism of Neoliberalism Economics. However, there are inherent limitations in the ideas of Neoliberalism Economics. It can hasten extreme self-interested actions in laissez-faire market mechanism and violate the primary purpose of copyright law, which is to realize the greatest wellbeing of most people. For that, the ideology of Adam Smith changed from market liberalism to virtue constructivism at his later years. It is clear that in his old age Adam Smith came to realize the inconsistency between self-interest and public interest. Second, copyright policy-making in Euramerican developed countries is also an compression implementation process from top to bottom under the influence of private interest groups' strategic action especially those of monopoly enterprises, which is another cause behind the closed copyright system resulting in the dilemma of personal use. Because the bargaining power of social groups such as users group is different from the monopoly enterprises in groups politics. It is difficult for users group to take part in the policy-making of copyright. Copyright policy-making in reshaping international conventions system is also difficult, which can be explained by the Public Choice Theory of Mancur Olson. Third, one-dimensional discourse system composed of Metaphorical symbols and Post Hoc propaganda has been advertising misleadingly that high protection of copyright is helpful to developed countries and more beneficial to developing countries. This viewpoint, based on Neoliberalism Economics, is different from evolution economics theory adopted by these developed countries in their economic-overtake period. Therefore, abiding by the minimum standard of copyright protection, developing countries such as China ought to explore actively one new path for copyright protection in line with their own national conditions and not blindly follow developed countries.

Chapter IV indirectly discusses the orientation of copyright law by introspecting and reconstructing the copyright protection system with the view to relieving the dilemma of personal use in the digital environment. Through analyzing from three perspective of abstraction, intellectual products and free information, works have public features such as intangibility, absent scarcity, non-excludability, positive externality and interactivity. The instrumental roles of copyright system is manifested in efficiency, incentive and limited return. The legislative purpose and policy connotation of copyright law is to realize the maximization of social value rather than the maximization of market value in works based on individual utility. The focal-point structure of copyright functions indicates that the exclusive power of copyright is directed to some use of works rather than works themselves. As far as economic rights system of copyright is concerned, we should reshape the theoretical foundation of copyright from traditional copy right centricity to dissemination right centricity. The dissemination right centricity of copyright system can more clearly draw the boundaries of economic rights in copyright and establish behavioral norms for realizing the property interests of copyright owners. On the other hand, it can eliminate reverse psychology of the public due to their misunderstanding of copyright law and lead the public to acknowledge, accept and obey copyright law. In terms of copyright restrictions system, we should avoid the closed trend in Euramerican developed countries resulting from their respective fair use principle and three-step test and design a real "open safety valve". With the development of P2P technologies, especially that of Bit Torrent technology, downloading of users constitutes a combinative behavior between personal copying and dissemination in network environment. Therefore, all end users of P2P could be copyright infringers who disseminate copyrighted works without permit. Judging from the tendency of legal practice in Euramerican developed countries, the focal point of liability subjects have been changing from network intermediaries to private users, which can be seen in Capitol Records, Inc. v. Jammie Thomas in U. S. A and HADOPI of France. As an interests allocation mechanism, copyright law ought to emphasize the partnership among all subjects involved and be based on the rational allocation and harmonization of all parties' interests. By synthesizing compulsory licensing, voluntary collective licensing, mass licensing and so on, the digital dilemma of personal use in P2P technological environment can possibly turn into a reciprocal cooperation situation from a zero-sum game.

Chapter V tries to reconstruct copyright law in order to relieve the dilemma of personal use. At the conceptual level of copyright law, statutory right theory of instrumentalism is technique phenomenon rather than the intrinsic spirit of copyright. In line with the intrinsic spirit of copyright, copyright law should construct the moral philosophy foundation of social responsibility for public welfare. Meanwhile, users' rights are the concretization of constitutional basic rights in copyright law. Copyright law should be regarded as the law of copyright owners and the law of users. Both economic interests of copyright owners and users' rights are important parts of the ecological relationship of copyright. Furthermore, we should uphold the principle of technology neutrality that requires us to observe the law of development and interior characters of technology, to integrate market behaviors with ethical responsibility and to pay close attention to polynary social values such as public welfare, democratic politics, cultural freedom and technological innovation in order to develop technology in a direction that enhance cultural boom and meet human needs. At the institutional level of copyright law, we should define the commerciality and public-private distinction of works behaviors reasonably. Moreover, it is necessary to eliminate legislative defects in anti-circumvention rules so as to reduce misuse of self-help remedy. Due to the distinction between digital condition and analog environment, it is helpful to adopt the double-track administrative structure. We ought to weaken the exclusive functions of copyright especially as reproduction right and rearrange the dual structure of property and liability rules in digital environment by gradually changing the focal point of copyright protection from possession power to gains purpose and from property rules to liability rules.

Keywords: personal use; digital technologies; Neoliberalism; economic rights of copyright; social value

目　录

导言　再论知识产权客体的构造体系
　　——兼谈个人使用在著作权法中的研究意义 …………………… 1

第一章　在事实与规范之间：个人使用界述 …………………… 16
　第一节　个人使用的立法考察 …………………………………… 17
　第二节　个人使用的价值考察 …………………………………… 37
　第三节　个人使用的界定 ………………………………………… 48
　本章小结 …………………………………………………………… 59

第二章　数字环境下的个人使用困境：文化向技术投降？ ……… 60
　第一节　数字技术对著作权传统格局的影响 …………………… 60
　第二节　数字环境下的制度扭曲：个人使用的空间
　　　　　受到多重挤压 ………………………………………………… 67
　第三节　技术决定论的贫困 ……………………………………… 76
　本章小结 …………………………………………………………… 84

第三章　个人使用困境的体系闭合阐释
　　——以国际政治经济学为研究方法 …………………………… 86
　第一节　新自由主义经济学的观念"宰制" …………………… 87
　第二节　自上而下的政策制定：私人利益集团的
　　　　　行动策略影响 ………………………………………………… 101

第三节 著作权强保护的单向话语体系 …………………… 119
本章小结 …………………………………………………………… 132

第四章 个人使用与著作财产权反思 …………………………… 134
第一节 著作财产权的本质 …………………………………… 134
第二节 著作财产权的体系构想 ……………………………… 151
第三节 法律纠结与互利性机制：P2P 网络环境下的
个人使用问题研究 ……………………………………… 176
本章小结 …………………………………………………………… 204

第五章 个人使用的著作权法未来 ……………………………… 206
第一节 个人使用之"道"：著作权法的观念重塑 …………… 206
第二节 个人使用之"治"：著作权法的制度构想 …………… 218

附论 完善我国著作权法的几点建议 …………………………… 232
第一节 关于第一条的"立法宗旨" …………………………… 232
第二节 关于第十条"著作财产权"的总括性规定 …………… 234
第三节 关于第二章第四节"权利的限制"的
总括性规定 ………………………………………………… 234
第四节 关于第二十二条第一款第（一）项的
"个人使用"规定 ………………………………………… 237

参考文献 ………………………………………………………………… 243

后　记 ………………………………………………………………… 261

导言　再论知识产权客体的构造体系
——兼谈个人使用在著作权法中的研究意义

> 讨论乌托邦的意义并不在于能够实现乌托邦，而是让我们至少能够知道，离理想有多远。
>
> ——赵汀阳

一

笔者曾写过一篇有关知识产权客体的习文，[①] 所谓"再论"，实为对该文提及的知识产权客体构造体系的修正与反思。单从导言题目来看，主标题和副标题可能会给人以风马牛不相及之嫌。然而，笔者的分析思路是，只有通过厘清知识产权客体的构造体系，才能贯通并最终确立个人使用在著作权法中的真实地位和研究意义。

国内民法学界的权利客体理论自形成通说以来，一般将其涵括为物、行为、智力成果（有表述为智力成果与商业标识）、人身利益及财产权利等，但鲜对客体从不同结构层面上加以体系描述，这种一股脑儿式的"平面"罗列给人感觉逻辑上存在难以驾驭的尴尬。传统权利客体理论的尴尬表明，民事法律关系的种类纷繁复杂，其客体的多样性是由实际情况

[①] 李杨：《经济抑或逻辑：对知识产权客体与对象之争的反思》，《大连理工大学学报（社会科学版）》2011年第2期。

决定的，很难人为地将其划到一起。对于权利客体的这种复杂现象，早有学者涉足研究并提出了一些颇有见地的观点，特别值得一提的是德国法学家卡尔·拉伦茨教授提出的"权利客体双重构造理论"[①]，对后世影响甚大。在此基础上，台湾学者王泽鉴先生、中国政法大学王涌教授及苏州大学方新军教授都对此观点有所承继和发展，为权利客体的双重构造理论奠定了坚实的理论基础和学术地位。[②] 民法权利客体的双重构造理论给我们的启示是：知识产权客体是否也存在民法当中权利客体的双重结构？

从财产权的权利作用来看，除侧重对资源使用的非流通性支配和功能实现这一静态具象的平面结构以外，还应强调资源动态的利益配置与流转作用。所以，知识产权的内容划分标准并不仅限于使用行为的类型上，而应当考虑从知识产权的整个权能结构体系上加以划分。应该看到，信息财产的价值性或知识产权作用的发挥并不仅限于对抽象物——信息的使用行为及支配上，还包括在流通（交易、许可使用等）过程中的利益配置和市场增值，实现的是信息资源在市场经济中的产业化、市场化及传播应用。可见，从知识产权的权能结构体系（包括支配、使用、处分等）上认清知识产权的权利内容很有必要，而这在另一层面解构的正是知识产权客体的构造体系。由此，知识产权客体也是一种双重构造体系，但这种双重构造体系与有体财产权客体的构造体系既有联系又有区别。如下图 0 - 1 所示。

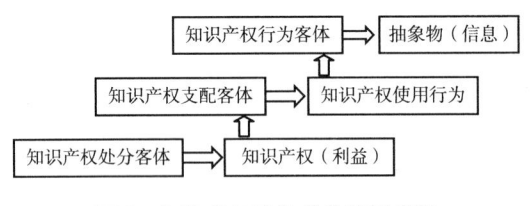

图 1 知识产权客体的构造示意图

[①] 拉伦茨的权利客体双重构造理论详见〔德〕卡尔·拉伦茨：《德国民法通论（上册）》，王晓晔等译，法律出版社，2003，第 377～380 页。

[②] 王泽鉴：《民法总则（增订版）》，中国政法大学出版社，2001，第 205～206 页；王涌：《私法的分析与建构——民法的分析法学基础》，中国政法大学博士学位论文，1999，第 92 页；方新军：《权利客体论——历史和逻辑的双重视角》，厦门大学博士学位论文，2009，第 148～177 页；方新军：《权利客体的概念及层次》，《法学研究》2010 年第 2 期。

从处分客体（即拉伦茨理解的第二顺位的权利客体）来看，有体物由于其特定属性，交换中的给付方将会丧失对物的现实占有，有体物（特别是动产）也不可能同时被不同的主体现实占有和直接使用。物权转让被理解成是对具体物的转让抑或对权利的转让，其争议也印证了为什么罗马法乃至英美法系国家会出现"财产"与"财产权"二词混用的困顿。① 在拉伦茨看来，物权处分的客体实为物权本身，② 比如物权转让，转让的是物权，只不过物伴随物权，同时发生了转移。③ 而抽象物——信息则不同，"作为知识产权保护对象的信息可以同时在相同或不同的地方被许多人直接使用，而且这种使用不会给该信息造成损耗……"④。如果说对物权转让的客体究竟是物还是权利尚且存疑的话，那么在知识产权处分中把知识产权（利益）本身作为客体则更为直观。实际上，在知识产权的转让过程中，最重要的是转让主体如何将信息资源所负载的法律上的利益（即知识产权本身）转让给受让方，而不是转让抽象物——信息。如果说我们转让商标权，则其转让客体实为商标权，因为作为抽象物的商标本身，既无须也无法转让，任何人都能接触得到。知识产权信托、质押等处分方式也印证了这一点。

二

如图 1 所示，与笔者早前所持观点⑤不同的是，知识产权客体构造体系除涵盖知识产权处分客体以外，还存在知识产权支配客体与行为客体之分。这里的支配客体乃知识产权使用行为，而行为客体（有学者称之

---

① 梅夏英：《财产权构造的基础分析》，人民法院出版社，2002，第 5~8、37~42 页。
② 这里的"处分"主要指"法律的处分"。"处分"在私法上包括"法律的处分"和"事实的处分"，法律的处分是指变更、限制或消灭对于物之权利，事实的处分是指变更或消灭其物。参见史尚宽：《物权法论》，中国政法大学出版社，2000，第 63 页。
③ 〔德〕卡尔·拉伦茨：《德国民法通论（上册）》，王晓晔等译，法律出版社，2003，第 378 页。
④ 张玉敏：《知识产权的概念和法律特征》，《现代法学》2001 年第 5 期，转引自张玉敏《走过法律》，法律出版社，2005，第 280 页。
⑤ 笔者早前的观点认为，知识产权客体是一种包括知识产权处分客体（知识产权利益）与知识产权支配、使用客体（抽象物——信息）的双重构造体系，参见李杨：《经济抑或逻辑：对知识产权客体与对象之争的反思》，《大连理工大学学报（社会科学版）》2011 年第 2 期。

为对象）才是抽象物——信息。应该看到，与有体财产权类似的是，知识产权除了明确信息作为一种社会资源的产权归属以外，更承载着一种如何合理配置这种社会资源的功能。而在合理配置社会资源的过程当中，知识产权是脱离不了以使用行为为规范方式的。诚如有的台湾学者认为：

> 人类竞相取得社会生活资源，难免发生纠纷。如何规范俾期防患于未然并解决纠纷于已然，方法上有二端：一则着眼人类社会生活中之"行为"，规范其取得社会生活资源之途径，并禁止其逾越分寸，二则着眼于社会生活"资源"，以资源之合理分配为手段，期达防患解决之目的。……着眼于人类社会生活之行为者，是为行为本位，着眼于人类社会生活之资源者，是为资源本位。①

在该学者看来，在处理社会生活资源的社会关系中，行为本位与资源本位存在着相辅相成的关系，"资源之分配，常有人类行为之介入，因之，即使单从人类社会生活之资源观察，依旧不能脱离人类之行为一因素"②。可见，就将抽象物——信息作为一种社会资源加以配置的知识产权而言，仍脱离不了通过规范知识产权使用行为来实现这种产权功能。而这正是知识产权客体研究的内涵之一，即知识产权客体存在知识产权支配客体——使用行为这一构造因子。早在20世纪90年代中期，国内知识产权理论界就有学者在区分知识产权客体与对象的基础上提出了类似观点，认为"法律所规定的对智力成果和工商业标记的各种利用和支配行为，才是知识产权客体"。③ 此后，该学者修正了自己的观点，认为知识产权的客体是指"基于对知识产权的对象的控制，利用和支配行为而产生的

---

① 曾世雄：《民法总则之现在与未来》（第二版），元照出版有限公司，2005，第6页。
② 曾世雄：《民法总则之现在与未来》（第二版），元照出版有限公司，2005，第10页。
③ 刘春田先生曾撰文认为，"法律所规范的是对智力成果或工商业标记的利用、控制、支配行为。由于对智力成果或工商业标记进行商业性的利用、控制和支配，才给权利人带来了各种财产的或人身非财产的利益。……所以，法律所规定的对智力成果和工商业标记的各种利用与支配行为，才是知识产权的客体。"详见刘春田：《简论知识产权》，载郑成思主编《知识产权研究（第一卷）》，中国方正出版社，1996，第41~50页。

利益关系或称社会关系，是法律所保护的内容"①。客观上，该学者从本质上认清了知识产权客体并不是一个"平面"结构，并在此基础之上认识到应该区分客体与对象，为我们认清知识产权客体的构造体系做出了重大贡献。然而，正是由于知识产权客体存在着复杂现象，导致了用一个统一概念来诠释知识产权客体构造体系的任何尝试都具有内在局限性。

在知识产权客体的构造体系中，实有一种立体结构，发挥着知识产权不同权能的各自对应作用。如知识产权处分客体，对应知识产权的处分权能发挥着作用，指向知识产权利益本身；知识产权支配客体，对应知识产权的支配权能发挥着作用，规范着知识产权的使用行为，以确立信息资源的何种利用方式为权利主体所约束、何种使用行为是法权所允许或豁免，界定着知识产权的作用边界；知识产权行为客体（即对象），对应着知识产权有关作用对象的使用权能发挥着作用，规范着支配性使用行为所指涉对象的具体范围。

也许有人会问：即使知识产权客体真的存在一种双重构造体系，那么支配客体为什么不直指抽象物本身，而是使用行为？诚如有体物之所有权一样，虽承认对社会生活行为方式的规范，但一般认为支配的仍是有体财产本身，而不问其利用行为方式。那么，区分知识产权支配客体与行为客体又有何意义？

实际上，正如前述，这恰恰是知识产权客体与有体财产权客体存在差异的地方。就有体物而言，比如在考虑所有权问题时，由于有体物本身具有物理边界和物质特征，导致我们在对其实施物理性接触的利用行为时，都是以这个物理性存在的有体物作为中心来考量的，有体物本身就构成所有权的客体边界。有学者将这称为构成权利作用的"焦点（focal point）"，而客观事实却是，"所有权虽然是指向有体物的权利，但实际上仍然是对于人们利用行为的权利"②。正因为有这个物质性存在的有体物作为权利作用的"焦点"，所以所有权一般不会逾越此界限被无限扩张，当有扩张

---

① 刘春田先生认为，"对象是具体的、感性的、客观的范畴，是第一性的……客体是抽象的、理性的范畴，是利益关系即社会关系，是第二性的……法律关系的客体是对象即法律事实与一定的法律规范相互作用的结果"，详见刘春田主编《知识产权法》（第二版），高等教育出版社，2003，第6页。

② 〔日〕田村善之：《"知识创作物未保护领域"之思维模式的陷阱》，李扬、许清译，《法学家》2010年第4期。

的倾向时,我们就会产生质疑——这是否还是所有权?

有不少学者曾质疑抽象物(信息)是否真实存在。① 抽象物(信息)不像有体财产那样有着自己的物理边界,它看不见、摸不着,不占据一定的物理空间,具有非物质性(无物质性存在)。同时,抽象物又具有可共享性,可以同时在相同或不同的地方被许多人直接使用,而且这种使用不会给该信息造成损耗,与有体物有别。信息这个抽象物正是经法律力支配之下才得以发展成另一个抽象概念——知识产权,可谓是二位一体的抽象概念体系②。可见,从物理边界来看,知识产权行为客体(对象)缺乏有体财产那样的权利作用"焦点",也即在权利的设定方式上难以限定,可以被无限地人为创设出支配他人使用行为方式的权利,这进一步印证了在闭合的国际知识产权体制中,知识产权的保护期限、权利内容及行为客体(对象)范围为什么会一再扩张。除去发达国家跨国企业院外游说并推动以TRIPs协定为代表的国际知识产权强化保护的驱动力作用以外,造成这一困境的最主要原因莫过于抽象物(信息)有别于有体物,从物理边界上不具权利作用"焦点"这一客观现实。

所以,在知识产权客体的构造体系中,除了知识产权行为客体——抽象物(信息)作为研究知识产权保护的传统路径以外,知识产权支配客体——使用行为也应成为解决知识产权保护什么、保护到什么程度的有效方式选择之一。换言之,"任何合理的知识产权法和政策必须注重人类行为的具体模式——即调整人类活动的连接点,因而法律和政策没有必要调整所有知识创作物的利用行为,知识产权只能限制某些人类行为。"③

---

① 德霍斯先生认为,抽象物是一种历史陈述,其目的就是要对知识财产合理性构建阐释平台,通过假设抽象物是固有的独立存在物,法律即可简单地利用这样一种法律上的虚构,而这一虚构是许多真实权力得以存在的依据,参见〔澳〕彼得·德霍斯:《知识财产法哲学》,周林译,商务印书馆,2008,第163页;田村先生也质疑知识产权之抽象物的真实存在,认为它仅是虚拟出来的东西,并警惕这种知识创作物保护模式存在的陷阱,参见〔日〕田村善之:《"知识创作物未保护领域"之思维模式的陷阱》,李扬、许清译,《法学家》2010年第4期。
② 抽象物和知识产权二者都是抽象概念,将知识产权体系理解为"二位一体"的抽象概念体系未尝不可。
③ 〔日〕田村善之:《"知识创作物未保护领域"之思维模式的陷阱》,李扬、许清译,《法学家》2010年第4期。

三

投射到本文的研究视阈内，使用行为在著作权法中的研究意义就更加凸显出来。

如前所述，作为知识产权的行为客体（或对象）——抽象物，不像有体财产那样有着自己的物理边界，它看不见、摸不着，不占据一定的物理空间，不会发生物理性损耗，这些导致知识产权行为客体（对象）缺乏有体财产那样的权利作用"焦点"。但现实中，法律却一直尝试沿用有体财产的物权逻辑，将抽象物拟制为一种与有体物类同的，可以确立保护边界的东西。

放到著作权法中，这种预设的前提是：作品与有体财产一样，有着自己的范围和边界，而著作权法的保护对象就是此范围内私有领域的东西。这种拟制的物权逻辑导致著作权法假定作品是可以划定边界的，并人为创设了诸如"独创性""思想表达二分法"等作品保护标准。然而，这种人为设置的"焦点"更多制造的是表述模糊的历史性概念，却难言圆满。有学者甚至将其表述为"语义学和历史性的一种误谬"[1]，是"版权政治学的发明物，是各种不同权力的力量角逐结果"[2]。伴随着诸如计算机程序、标题、字体等特殊对象被考虑纳入著作权法保护的作品范围，"独创性""思想/表达二分法"内涵之确定性一再受到挑战。

就"独创性"而言，用"独立创作""作者个性""智力创作"等来解释"独创性"，无异于用"独创性"来解释"独立创作""作者个性""智力创作"，并无清晰标准，在很大程度上可谓一种循环论证。[3] 同时，"思想/表达二分法"指的是著作权法保护作者具有独创性的思想表达，而非思想本身。可是，当思想与表达难言区分或思想只有一种或几种有限

---

[1] Libott, "Round the Prickly Pear: The Idea-Expression Fallacy In a Mass Communications World," *UCLA L. Rev.* Vol. 14 (1967): 735.

[2] J. Boyle, *Shamans, Software and Spleens: Law and the Construction of the Information Society*, (Cambridge Harvard University Press, 1996), p. 195. 转引自李雨峰《思想/表达二分法的检讨》，《北大法律评论》2007 年第 8 卷 · 第 2 辑。

[3] 李雨峰：《版权制度的困境》，《比较法研究》2006 年第 3 期。

的表达方式的时候,著作权法可能既不保护思想,也不保护有限的表达。① 有学者甚至指出,根据TRIPs协议第9条第2款、WCT第2条的规定,"思想"与工艺流程、步骤、方法、数学概念等并列使用,若从语义学理解,二分法之"思想"(idea)与"表达"(expression)的划分并不周延,如果严格按二分法的保护标准界定,著作权法就必须保护工艺流程、步骤、方法、概念等,这在逻辑上不成立。如果将"思想"和"表达"做隐喻意义理解的话,"思想"成了著作权法不保护的东西,"表达"成了著作权法保护的东西,在该学者看来,也将导致事实上的循环论证。② 此外,更有学者认为"思想/表达二分法"被意识形态化了,它成了一种事后描述,是法官为自己的价值判断寻找合理性基础。当法官认为诉争对象不值得保护时,就把它解释成思想;而当认为应当受到保护时,就把它解释为表达。③ 客观上,我们应承认"独创性""思想/表达二分法"标准的模糊性和局限性,任何作品都是用符号再现的思想表达的一系列组合,"当我们承认保护的范围并不限于实际采用的语言或符号时,我们就必须承认保护的范围包含了观点、思想或者信息的联合"④。

可见,仅从著作权行为客体(对象)出发,期望能人为设立"独创性""思想/表达二分法"的著作权对象保护标准的想法,并不能一劳永逸地解决著作权的权利作用"焦点"困境。著作权行为客体(对象)路径仅能作为解决著作权保护边界问题的部分作用力,并不能很好地解决著作权的权利作用"焦点"困境。进一步讲,即使著作权行为客体(对象)路径能发挥著作权保护边界的部分作用力,那也仅是作为著作权保护对象范围的参考依据,著作权保护对象范围内的使用行为不一定就是侵犯著作权的行为,著作权保护对象范围和著作权保护范围并非同一概念。而要真正解决著作权保护边界问题的话,必须尝试在构建著

---

① 这种情况被称之为"思想观念与表达的合并",参见李明德《美国知识产权法》,法律出版社,2003,第139页。
② 李雨峰:《思想/表达二分法的检讨》,《北大法律评论》2007年第8卷·第2辑。
③ 李琛:《树·阳光·二分法》,《电子知识产权》2005年第7期。
④ 李雨峰:《思想/表达二分法的检讨》,《北大法律评论》2007年第8卷·第2辑。

作权保护对象范围的同时，从著作权支配客体——使用行为路径加以考量。①

著作权法强调人与人之间的"主体间性"（intersubjectivity）②，反映的并非是单纯的作者与作品关系，而是作者与后续作者之间、作者与公众之间的关系。说著作权保护什么样的内容、保护到什么程度，无非是确立著作权人可以自行或控制他人（后续作者、公众）对作品的某种使用行为。他人行为被归于法定豁免或许可情形，即构成著作权的限制或例外（英美法的合理引用或合理使用）；超越了法定豁免或许可的行为方式，即可能构成侵权。就著作权的保护范围而言，难以脱离著作权的支配客体——使用行为轨迹。从著作权的权利内容来看，各国立法都以使用行为类型作为分类的主要标准，如根据我国《著作权法》第10条的相关规定，著作权的具体内容分别包括发表权、署名权、修改权、保护作品完整权、复制权、发行权、出租权、展览权、表演权、广播权、信息网络传播权等十七类，这些著作权内容的具体权项主要以具体的使用行为类型作为划分标准。就著作权的权利限制或例外规定而言，各国立法也都以使用行为类型作为划分依据，同时辅之以"三步检验法"这一行为检验标准。如我国《著作权法》第22条之合理使用规定，包括个人使用、评论引用、教学研究使用、国家机关公务使用、免费表演等十二类，即以他人的特定使用行为作为法定豁免情形。在列举式规定的基础上，《著作权法实施条例》第21条采用统领填充式的"三步检验法"（也是一种使用行为路径的判断标准）作为权利限制或例外的裁判准则。③ 即使像采用因素主义的美国版权法，"合理使用"原则也主要从使用行为本身（包括使用的目的和性质、使用的数量及质量、使用对版权作品潜在市场或价值的影响

---

① 这也是前述知识产权客体构造体系中，除知识产权处分客体（知识产权利益）以外，为什么存在知识产权支配客体（使用行为）与行为客体（对象）之分的缘由所在。
② "主体间性"最早由拉康提出，他认为，主体是由其自身存在结构中的"他性"界定的，这种主体中的他性就是"主体间性"。社会学意义上的"主体间性"强调社会主体的人与人之间的关系，百度百科，主体间性，http：//baike.baidu.com/view/900418.htm，最后访问日期：2013年6月30日。
③ 《中华人民共和国著作权法实施条例（2002年）》第21条规定："……使用可以不经著作权人许可的已经发表的作品的，不得影响该作品的正常使用，也不得不合理地损害著作权人的合法利益。"

等等要素）来加以考量的。① 可见，著作权支配客体（使用行为）路径始终贯穿于著作权保护的思路当中。

四

自著作权法产生伊始，人们一直尝试通过规范使用行为来确立著作权的保护边界，即寻找一种行之有效的权利作用"焦点"。② 从早期的著作权法来看，立法试图通过规制竞争者的商业利用行为来实现著作财产权的保护目的。③ 直至晚近的前数字技术时期，虽然著作权（包括著作权内容、保护对象范围、权利保护期等）一直呈扩张之势，但就财产性而言，立法仍主要以使用行为的"商业性"和"公开性"作为判断是否侵权的基准。

所谓"商业性"，强调著作权法规制的使用行为是一种以营利目的为主的商业利用行为。从历史轨迹看，著作权法主要根植于对出版业在行业竞争中产生的冲突的解决，并由此不断完善、发展。④ 对此，有学者甚至认为，盗版行为"偷的并非是财产或其他对象"，而是"一种市场或具有商业潜能的利用开发可能性的客体"。⑤ 除此以外，作品利用行为的市场影响（是否损害作品在市场中的商业价值⑥）也构成"商业性"的内涵之一。⑦ 所谓"公开性"，强调著作权保护的是作品在市场中的传播流通

---

① 《美国版权法》第107条规定："在任何具体案件中认定对作品的使用是否为合理使用时，应考虑的要素包括：（1）使用的目的和性质，包括使用是具有商业性质，还是为了非营利的教育目的；（2）版权作品的性质；（3）使用的数量和质量在版权作品整体上所占的分量；以及（4）使用对版权作品的潜在市场或价值的影响。"
② 如无特别交代，后述皆以著作财产权体系为讨论视阈，不涉及著作人身权。
③ 如英国1710年《安妮女王法》仅授予作者"印制"（print）、"翻印"（reprint）图书的独占权；自1790年直至1909年这一百多年的历史中，美国版权法仅授予作者"印制"（print）、"翻印"（reprint）、"出版"（publish）、"销售"（vend）作品的独占权。
④ Jessica Litman, "Revising Copyright Law for the Information Age," *Or. L. Rev.* 75 (1996): 45–46.
⑤ 此观点和笔者前述知识产权客体的构造体系不谋而合，参见 Christopher Lind, "The Idea of Capitalism or the Capitalism of ideas? A Moral Critique of the Copyright Act," *Intellectual Property Journal* 7 (1991): 69。
⑥ 仅就"商业性"之"是否损害作品在市场中的商业价值"的价值判断而言，除包括赋予法官在具体个案中根据自由裁量权做出裁决之外，更多是不同国家根据地方性知识做出的立法政策选择。
⑦ 参见《美国版权法》第107条、《伯尔尼公约》第9条第2款、TRIPs协议第13条。

利益，即向公众（公开）传播作品过程中产生的利益。早在 1888 年的一个判例中，美国法官布鲁尔（Brewer）就阐释道："版权的作用并非在于阻止已售书籍的任何合理使用行为……我们可以为了参考、学习、阅读的自由目的，借阅、复制并使用它……但大量复制这些书并转而投放到市场中，这样做将被视为侵犯版权。"① 这一思路从各国立法对著作财产权内容的具体规定也可以推知。如果将著作财产权大致分为有形利用权、无形再现权及演绎权三大类，可以发现，这些著作财产权的子权利都难以脱离著作财产权控制公开传播作品所产生利益的权利本质。② 简言之，传统著作权法理论在谱系上一直遵循"无传播即无权利"的原则。

客观上，这种判断标准在前数字技术时期，能较好地实现对著作权人创作及投资付出的充分回报，有效激励、引生创作的"涟漪"效应，从而推动文化事业的进一步繁荣与发展。此外，这种判断标准得以贯彻著作权法的根本宗旨，即在文化繁荣的基础上通过为公众预留空间（即非公开或私人的领域），进一步促进人对知识信息的摄取和学习，实现公众文化的自由交流，以最终推动人的自身发展。同时，这种预设的有限交流空间为再创作提供必要的给养，从而形成创作和文化事业在作者与后续作者之间、作者与公众之间的良性循环。

如上所述，著作权法传统理论通过设立著作权支配客体——使用行为的"公""私"划分标准③，为使用者得以合理使用作品提供了公众文化之自由交流的必要空间。正因为传统著作权法仅规制公开性的商业利用行为，才使个人使用在发挥公众文化之自由交流作用的同时，能够实现个体私权与大众民主之间的利益平衡。所以，从著作权不保护什么的否定性视角来看，个人使用如同著作权保护什么（即公开性的商业利用行为）一样，发挥着划定著作权保护边界的权利作用"焦

---

① *Stover v. Lathrop*, 22 F. 348, 349 (C. C. Colo. 1888).
② 李杨：《著作财产权体系与个人使用管探》，《新闻界》2010 年第 5 期。
③ 这种"公""私"划分并非指利益主体的公私划分，不是指公权行为，而是对承担侵权责任之行为的描述，即区分该行为是私域行为抑或公开（向公众）实施的行为。参见 Julie E. Cohen, "Comment: Copyright's Public-Private Distinction," *Case W. Res. L. Rev.* 55 (2005): 963 – 964。

点"功效。通过保护著作权及其他相邻权益,著作权法的终极目的被预设成实现公众的表达自由,促进公众文化的自由交流,以最终实现文化事业的繁荣与信息互动。为了实现这个目的,著作权法就必须允许后续作者"站在巨人的肩膀上",自由地从事衍生性创作行为。① 在这一过程中,对作品的个人使用(包括复制)则构成这种再创作关系的第一步。如果说著作权法旨在推动公众对知识的摄取和学习,那么,势必允许个人使用的存在——某种意义上,个人使用发挥的正是信息接触自由的重要作用。

一直以来,读者及其他受众对作品的个人使用(包括在非公开场合的私域内实施的复制行为)并未被视为构成对著作权人商业利益的潜在威胁与竞争,但在大陆法系与英美法系的著作权法史中,个人使用却以不同轨迹发生着谱系流变。从大陆法系国家来看,个人使用很早就作为著作权的豁免情形在立法中被确立。据考证,早在1876年德国著作权法的规定中就允许"对作品不构成商业目的的个人复制",承认私人使用目的的自由使用。② 这一时期,德国法学界已形成个人使用免责的著作权法通说。1880年,德国当时的著名学者约瑟夫·科勒(Joseph Kohler)在其著作权法教程中就曾提出,"仅当复制品旨在或服务于将作品传播给他人时,才被复制专有权所涵盖"③,换言之,著作财产权保护作者的是防止他人未授权的传播行为,而非限制他人的个人使用自由。在传播技术发展的大多数时期,大陆法系各国立法都普遍遵循个人使用免责的著作权

---

① 实际上,如果在私域范围内实施像"引用"(quotation)、"戏仿"(parody)等转换性行为都可归入个人使用当中。
② Natali Helberger & P. Bernt Hugenholtz, "No Place Like Home for Making a Copy: Private Copying In European Copyright Law" [R], Conference on Copyright, DRM Technology and Consumer Protection, Co-sponsored by the Berkeley Center for Law and Technology, the Berkeley Technology Law Journal, and the Institute for Information Law at the University of Amsterdam, University of California at Berkeley, Boalt Hall School of Law, March 9 - 10 (2007): 3. http://ssrn.com/abstract=1012305,最后访问日期:2013年6月30日。
③ Natali Helberger & P. Bernt Hugenholtz, "No Place Like Home for Making a Copy: Private Copying In European Copyright Law" [R], Conference on Copyright, DRM Technology and Consumer Protection, Co-sponsored by the Berkeley Center for Law and Technology, the Berkeley Technology Law Journal, and the Institute for Information Law at the University of Amsterdam, University of California at Berkeley, Boalt Hall School of Law, March 9 - 10 (2007): 3.

法保护思路，如在大陆法系几个代表性国家的立法中，都有个人使用的著作权限制或例外规定。① 唯有不同的是，有的国家（如德国、法国等）将个人使用视为一种法定豁免（当然，这种豁免未必就是无条件的），仅作为著作权的消极限制；而有的国家（如比利时、葡萄牙等）则承认，包括个人使用行为在内的自由使用是使用者法定的积极权利，并禁止用契约来排除或限制个人使用。② 从英美法系国家（如美国、英国等）来看，个人使用在版权立法上的地位始终未获得正式确认，仅能从版权法条款的"字里行间"推敲出个人使用发挥着表达自由和文化参与的重要作用。③ 在英美版权史的绝大多数时期，对作品的阅读、观赏及复制不受限制，版权法在试图规制使用行为时未明确提及个人使用，这并非是立法疏漏，而是立法者遵循粗线条的"法不干涉琐事原则"（de minimis non curat lex），认为实无必要。传统版权法仅授予权利人有限的专有权，即"立法侧重的是企业实体的商业竞争性行为"④，并未给予个人使用以更多的关注。

---

① 详见《德国著作权与邻接权法》（2003年）第53条、《法国知识产权法典》L. 122 – 5条（1998年）、《瑞士著作权与邻接权法》（1992年）第19条、《日本著作权法》（2009年）第30条。

② Natali Helberger & P. Bernt Hugenholtz, "No Place Like Home for Making a Copy: Private Copying In European Copyright Law" [R], *Conference on Copyright, DRM Technology and Consumer Protection, Co-sponsored by the Berkeley Center for Law and Technology, the Berkeley Technology Law Journal, and the Institute for Information Law at the University of Amsterdam, University of California at Berkeley, Boalt Hall School of Law*, March 9 – 10 (2007): 9. http://ssrn.com/abstract = 1012305.

③ 就美国版权法"合理使用"原则的四因素判断标准而言，有学者认为并不适用于个人消费使用的合理性分析，而仅适用于对公开商业利用行为（以转换性使用为主）的合理性判断，参见 Jessica Litman, "Frontiers of Intellectual Property: Lawful Personal Use," *Tex. L. Rev.* 85 (2007): 1901 – 1904；参见 Am. Geophysical Union v. Texaco Inc, 60 F. 3d 913 (2d Cir. 1994). 另有学者认为，个人使用在美国的立法依据主要是版权法第107条规定之"节略条款"（Abridgment Clause），即"为了批评、评论、新闻报道、教学（包括课堂使用的多份复制）、学术或研究目的，合理使用版权作品，包括诸如复制作品或录音制品，或以该条规定的其他方法使用作品的，均不构成侵犯版权"。在该学者看来，正是"节略条款"呵护着使用者欣赏、阅读、言论甚至复制作品的基本人权，参见 L. Ray Patterson & Christopher M. Thomas, "Personal Use in Copyright Law: An Unrecognized Constitutional Right," *J. Copyright Soc'y U. S. A.* 50 (2003): 516。

④ Jessica Litman, "Frontiers of Intellectual Property: Lawful Personal Use," *Tex. L. Rev.* 85 (2007): 1882 – 1883.

伴随着数字传播技术特别是互联网技术的不断发展，个人使用成为著作权法最具争议的问题。一方面，数字传播技术的飞跃发展，使作品复制降至零成本，同时复制件的图效、音质等又与作品原件无异，这在硬拷贝技术乃至模拟技术时期都是难以想象的。作品在数字技术的渗透下成为一种脱离物理介质的独立存在形式，无须再借助有形载体即可独立传播。由于技术支持，公众可以实现诸如图像拷制（image copying）、音乐混搭（music remixing）、博客创作（blog writing）等各式各样的转换行为。在P2P（peer to peer）传播技术迅速普及的背景下，这引起著作权人（特别是著作权投资者）的恐慌，他们发现难以像以前那样有效控制作品的传播。对他们来说，数字环境下的个人使用混淆了传统著作权法的"公""私"划分界线，已不再是"琐事"。另一方面，技术在极大推动信息传播的同时，也史无前例地为人所左右，控制着公众对信息间距的接触与交流自由。在数字权利管理技术（Digital Rights Management technologies，简称DRMs）的控制下，使用者在每次使用作品前，都要征求权利人的许可，支付对价。信息供给成了一种服务，而不再像以前那样，消费者获取的是一种产品（有形载体）。技术和契约规则的双重支持，使著作权俨然聚合成一种强大的"通用权"（general-use right）[1]。在著作权人看来，信息可以被有偿体验，但不能再分享。再者，权利人试图通过技术来控制信息的传播格式，造成权利人不但可以控制作品本身，而且可以控制浏览作品的运行设备。[2] 这与其说是技术垄断，毋宁说是权利滥用。更严重的是，数字技术的发展能使权利人通过将数字监控系统安插至作品载体硬件中，可以追踪并记录使用者的个人行迹，这动摇了宪政赋予公民的基本人权——隐私权，即个人"私域"的不可侵性。[3]

---

[1] Jessica Litman, "Creative Reading," Law&Contemp. Probs. 70 (2007): 180 – 183.
[2] 在 DVD 案中，被告传播的 DeCSS 程序可以破解 DVD 的 CSS 保护程序，CSS 保护程序被原告权利人设置成仅与 Windows 兼容，而被告的 DeCSS 程序和未经原告授权运行的 Linux 开源系统兼容，参见 Universal City Studios, Inc. v. Reimerdes, 82 F. Supp. 2d 211 (S. D. N. Y. 2000), aff'd, 273 F. 3d 429 (2d Cir. 2001)。
[3] 2005 年，索尼 - 贝图斯曼公司将两款监控系统（MediaMax 和 XCP）安装至其销售的 CD 唱盘里，当 CD 唱盘在电脑中运行时，这两款监控系统就可以通过电脑监控音乐作品的使用行迹，参见 Electronic Frontier Foundation, Sony BMG Litigation Info, http：//www. eff. org/cases/sony – bmg – litigation – info，最后访问日期：2013 年 6 月 30 日。

在国际知识产权制度扩张的推波助澜下[①]，立法传统意义上给予使用者自由接触、分享信息的空间受到多重挤压，个人使用的必要空间和合法性呈消减之势。实际上，与其说是技术控制造成个人使用受到严重排挤，毋宁说是技术背后人为推动的体系闭合使然。进入全球化的信息社会时代，欧美知识产权制度的效用主义目的侧重于对经济发展的促进作用，[②]著作权法逐渐偏离维持个体私权与大众民主的利益平衡宗旨，转而以实现信息的潜在市场价值和信息产出的利润最大化为目的。若从国际政治经济学的视角分析，西方立法在国内产业界的鼓吹和游说下呈现一种单向度的著作权扩张模式，并通过知识产权制度全球化，将这一模式闭合后强加给发展中国家，这与西方走出20世纪70年代因政府过度干预导致的经济滞胀期以后，亟须通过全球化的经济自由扩张，以实现经济的再次腾飞不无关系。在国内和国际立法的推动过程中，私人利益集团起到了关键性作用，而作为公益群体的个人使用者却难以维系正当的权益，这与使用者群体的集体行动逻辑有关，更预示着应构建一种民主协商的立法机制。就欧美发达国家而言，因其具有知识储量优势，强化知识产权乃至著作权的保护将有利于扩大它们在国际贸易中的产业发展和经济增长。而对与发达国家迥异的发展中国家（比如中国）而言，又该如何编织自己的著作权保护逻辑？

面对这一困境，我们亟须解决的既是数字环境下个人使用出路的现实问题，更是数字技术时代构建何种著作权保护愿景的理论问题。遵循这样的思路，本文试图以比较法学、法哲学等方法界定"个人使用"的内涵与外延，以国际政治经济学为视角挖掘造成个人使用困境的体系闭合动因，以规范法学、法哲学以及社会学等方法提供个人使用困境的解决路径。这是一种尝试，更是对乌托邦的憧憬，它至少让我们知道，距离理想还有多远。

---

① 如世贸组织 TRIPs 协议（关于贸易全球化的知识产权立法，将贸易与知识产权保护挂钩）、世界知识产权组织 WCT 及 WPPT（关于数字环境下著作权及著作邻接权保护的立法规制）的制定，使国际知识产权制度自我闭合，并形成一种强保护的单向发展模式。

② 这点从欧盟《2001/29/EC 号指令》序言可见一斑："……在激励新产品与服务的市场化发展，以及创造性内容的创造与开发利用上，保护著作权及其他相关权益扮演着重要角色……通过提供知识财产的高水平保护，可以有利于培育创造力和革新的大量投资，包括引领欧洲产业竞争力的持续增长……这将会捍卫就业并将鼓励创造新的就业机会"，参见 Directive 2001/29/EC of the European Parliament and of the Council of 22 May 2001 on the Harmonisation of Certain Aspects of Copyright and Related Rights in the Information Society, Preface (2), (3), (4)。

第一章　在事实与规范之间：
　　　　个人使用界述

> 定义是一种冒险。
>
> ——卡多佐

自《安妮女王法》诞生后的大多数历史时期，法律允许使用者基于个人目的，不受限制地阅读、学习、欣赏甚至复制作品。正如美国1853年一则判例所分析的那样："在作品出版发行之后，作者就将其思想、情感、知识及发现传递给世人，他不能再占有它们。继续占有将与版权法的宗旨相悖……一旦出版发行，作者的创作构想（conceptions）便成为阅读者的共有财产，对它们的自由使用是不容剥夺的"。[①] 公众也因此形成一种习惯性的社会认知，即认为个人使用乃一种自由使用，其贯穿于著作权法的立法宗旨和整个制度设计当中，发挥着促进人对文化知识的汲取和学习、推动公众文化的自由交流，以最终实现人自身发展的重要作用。由于早期著作权法赋予权利人的专有权范围，限于消除对著作权人商业利益构成竞争与潜在威胁的公开利用行为，再加上使用作品的复制渠道受到传播技术的局限，故一直以来，个人使用并未被著作权人和立法者视为是应规制的不法侵权行为。在早期立法者看来，与其说个人使用是法律调整（有法律上之力的作用）下的适法行为，毋宁说是法律调整之

---

① *Stowe v. Thomas*, 201 C. C. E. D. Pa. 514（No. 13, 1853）.

外的自由"事实行为"①。

如导言所述，在大陆法系与英美法系的著作权发展史中，个人使用以不同轨迹发生着谱系流变。大陆法系较早就确立了个人使用在著作权限制中的法律地位，②而英美法系立法直至晚近才间接确立个人使用在版权法中的作用。③虽然大多数国家都在立法中明确列举或暗含"个人使用"的著作权限制情形，但长期以来，个人使用并未被视为著作权法既定的规范概念，学术界也少有规范性研究。基于此，本章通过个人使用的立法及价值考察，尝试在事实与规范之间，对个人使用展开界定。

第一节 个人使用的立法考察

一 国际条约及示范法

从国际立法层面来看，将"个人（私人）使用"④作为著作权（包括著作相邻权）限制或例外情形⑤在条约中明确规定的，首推《保护表演者、录音制品制作者和广播组织的国际公约》（1961年签订于罗马，以下简称《罗马公约》）。根据《罗马公约》第15条第1款的内容，"私人使

---

① 从"法不干涉琐事"（de minimis non curat lex）原则可以推知，这里的"事实行为"并非指民法之径直产生法律效果的事实行为，而是指法律调整范围以外的生活行为方式。
② 1876年德国著作权法就规定"允许对作品不构成商业目的的单个复制"，承认私人使用目的的自由使用，参见 Natali Helberger & P. Bernt Hugenholtz, "No Place Like Home for Making a Copy: Private Copying In European Copyright Law" [R], *Conference on Copyright, DRM Technology and Consumer Protection*, Co-sponsored by the Berkeley Center for Law and Technology, *the Berkeley Technology Law Journal*, and the Institute for Information Law at the University of Amsterdam, University of California at Berkeley, Boalt Hall School of Law, March 9-10 (2007): 3. http://ssrn.com/abstract=1012305，最后访问日期：2013年6月30日。
③ 如1976年《美国版权法》第107条规定之"节略条款"（Abridgment Clause），即"为了批评、评论、新闻报道、教学（包括课堂使用的多份复制）、学术或研究目的，合理使用版权作品的，包括诸如复制作品或录音制品，或以该条规定的其他方法使用作品的，均不构成侵犯版权"。
④ 笔者在立法考察中将"个人使用"与"私人使用"做一并处理，实际上，在严格意义上二者存有差别，后有详述。
⑤ 严格意义上讲，广义的限制包括"例外"与狭义的"限制"，"例外"是对著作权的法定豁免，而狭义的"限制"一般是指需合理补偿的非自愿许可（包括法定许可和强制许可）。

用"被明确纳入著作邻接权例外情形之一。① 然而,在《保护文学和艺术作品伯尔尼公约(1971年巴黎文本)》、世界贸易组织TRIPs协定、《世界知识产权组织版权条约》(WCT)、《世界知识产权组织表演和录音制品条约》(WPPT)等文本中,仅有"三步检验法"的总括式例外规定②,并未出现包括个人(私人)使用在内的具体限制情形。

实际上,早在1967年《伯尔尼公约》斯德哥尔摩修订会议前的筹备工作中,研究小组③就曾建议将"为了特定目的(这种目的不应与作品展开经济竞争),对权利的承认与行使加以限制"的例外情形考虑进来,这些"不应与作品展开经济竞争的特定目的"被研究小组解释为包括"私人使用、曲作者对歌词的需要、盲人的利益等等"。④ 在随后的政府专家委员会筹备会议上,工作组建议草案在增设复制权条款⑤的同时,应将特定情形规定为权利限制。在工作组起草的提案中,复制权例外包括三个子项,其中第一项就是"私人使用"。⑥ 可见,研究小组和政府专家委员会工作组都认同将"私人使用"纳入著作权保护的例外情形。然而,在斯德哥尔摩会议辩论期间,各国对著作权的例外规定是采用列举加兜底结构的统分模式,抑或是"三步检验法"的总括式模式,有很大争议。伴随20世纪60年代中期复制技术(如复印、录音设备)的不断发展,大规模

---

① 根据《罗马公约》第15条第1款的规定:"任何缔约国可以依其国内法法律与规章,在涉及下列情况时,对本公约规定的保护做出例外规定:(a)私人使用;(b)在时事报道中少量引用……(d)仅用于教学和科学研究目的。"
② 《伯尔尼公约》第9条第2款规定:"本联盟成员国的立法可以准许在某些特定情况下复制上述作品,只要这种复制不与该作品的正常利用相冲突,也不致不合理地损害作者的合法利益。"另见TRIPs协定第13条、WCT第10条、WPPT第16条。
③ 由当时的保护知识产权联合国际局(BIRPI,即WIPO的前身)和瑞典政府一同发起设立。
④ 〔匈〕米哈依·菲彻尔:《版权法与因特网(上)》,郭寿康、万勇等译,中国大百科全书出版社,2009,第408页。
⑤ 令人奇怪的是,复制权这一著作权之基本内容直至1967年斯德哥尔摩会议才正式确立。其部分原因可能在于,公约之前已将复制权作为普遍认可的默示权利。真正值得反思的是,斯德哥尔摩文本对"复制权"的"以任何方法或形式"表述。在数字环境下,它将"复制权"的触角延伸至所有传输行为当中。
⑥ 在政府专家委员会工作组起草的提案中,复制权限制与例外情形包括:"(a)私人使用;(b)为了司法或行政的目的;(c)在复制不违反法利益也不与作品的正常利用相抵触的某些特别情况下"。参见〔匈〕米哈依·菲彻尔:《版权法与因特网(上)》,郭寿康、万勇等译,中国大百科全书出版社,2009,第409~410页。

的私人复制现象已经显现,这是仅几年前签订的《罗马公约》起草时所始料未及的。正是这个原因,在德国音乐表演权及机械复制权协会(GEMA)诉 Grundig 公司案[①]的刺激下,德国于 1965 年设立了欧洲历史上最早的,针对录音制品复制的补偿金制度。所以,在斯德哥尔摩会议辩论期间,各国在"个人使用是否对著作权人构成实质性负面影响"的问题上,已经产生分歧。在国际补偿金机制难以成行的前提下,部分发达国家(比如法国等)主张应限制对著作权例外的详尽列举,而发展中国家(如印度、罗马尼亚等)则希望扩大这些例外范围。[②] 考虑到公约对著作权采取的是"最大限度保护原则"[③],对于各国而言,著作权限制与例外设计不可能有一个统一的确定标准。如果在公约中作穷尽式的列举,则可能会"鼓励伯尔尼联盟的所有国家把清单上的例外都加以适用,而这样做的结果将导致'废除复制权'"[④]。最后,专委会采纳了英国代表团的提案,仅保留并修改了工作组提案有关"复制权限制与例外"的第三项兜底性条款,删除了第一项"私人使用"和第二项"司法及行政行为"的内容,确立了"三步检验法"的总括式模式。[⑤] 这样,公约就把何种特定情形(是否包括个人使用)符合著作权例外规定的"三步检验法"标准的自由裁量权赋予各成员国,由各成员国依据自身情况做出公共政策选择。

对主张扩大例外范围的国家(主要是多数发展中国家)而言,根据《伯尔尼公约》第 9 条第 2 款的权利限制规定,以个人使用为目的的复制,只要根据本国情况符合该条款规定的"三步检验法"要求,就应适用对复制权的法定限制。需要补充说明的是,复制权的限制与例外,如公

---

① 〔德〕赖因霍尔德·克赖尔、于尔根·贝尔克:《私人拷贝的理由、实践和未来》,刘板盛译,《版权公报》2003 年第 3 期,http://www.ncac.gov.cn/cms/html/205/2096/200404/671946.html,最后访问日期:2013 年 6 月 30 日。
② 斯德哥尔摩会议纪要,参见〔匈〕米哈依·菲彻尔:《版权法与因特网(上)》,郭寿康、万勇等译,中国大百科全书出版社,2009,第 410 页。
③ 即允许成员国在公约规定的最低保护标准下,给予著作权人比本公约所规定的更多权利,参见《伯尔尼公约》第 20 条。
④ 斯德哥尔摩会议纪要,参见〔匈〕米哈依·菲彻尔:《版权法与因特网(上)》,郭寿康、万勇等译,中国大百科全书出版社,2009,第 409 页。
⑤ 即《伯尔尼公约》第 9 条第 2 款之规定:"本联盟成员国法律可以允许在某些特殊情况下复制上述作品,只要这种复制不与作品的正常利用相抵触,也不无理地损害作者的合法利益。"

约第 9 条第 2 款及第 10 条第 1、2 款的内容，是否适用于除复制权以外的其他著作财产权？斯德哥尔摩修订会议普遍认同可以适用包括翻译权、改编权等在内的其他权利，只要这一限制或例外情形符合公平惯例的要求，并对作者的精神权利（著作人身权）给予必要尊重。① 这一结论从之后签订的 TRIPs 协定第 13 条也可以得出。② 由此推知，在尊重作者精神权利的前提下，个人使用可以作为权利限制延伸至翻译权、改编权等其他权利，只要使用者未将作品公开使用。③ 某种意义上，这为个人演绎使用（不同于以个人使用为目的的复制）在著作权限制与例外中的可适用性铺平了道路。

为了平衡发展中国家与发达国家在伯尔尼公约制度设计纷争中的利益需求，照顾到发展中国家对诸多问题（包括个人使用的权利例外设计）的关切，在联合国教科文组织（UNESCO）和 WIPO 的共同牵头下，WIPO 于 1976 年起草了面向广大发展中国家的《突尼斯著作权示范法》(Tunis Model Law On Copyright for developing countries)。虽然该示范法因未经集体表决而不具规范法的效力，但它一直发挥着发展中国家著作权立法的指导性作用。根据示范法第七节"合理使用"第 1 款第 1 项的规定，只要作品一经发行，使用者"仅为个人使用和私人（非公开）使用目的对作品从事的复制、翻译、改编以及其他转换性使用，……皆不必经作者许可而被允许"④。从这一规定可以看出，无论是为个人（私人）使用目的从事的作品"接触"⑤ 使用，还是为个人（私人）目的从事的

---

① 世界知识产权组织：《保护文学和艺术作品伯尔尼公约（1971 年巴黎文本）指南》，刘波林译，中国人民大学出版社，2002，第 43 页。
② TRIPs 协定第 13 条 "限制与例外" 规定："全体成员均应将专有权的限制或例外局限于一定特例中，该特例应不与作品的正常利用冲突，也不应不合理地损害权利持有人的合法利益。"
③ 《伯尔尼公约指南》在解释改编权时，表述的是 "未经作者的授权，作品不能被公开使用"，参见世界知识产权组织：《保护文学和艺术作品伯尔尼公约（1971 年巴黎文本）指南》，刘波林译，中国人民大学出版社，2002，第 61 页。
④ UNESCO&WIPO, *Tunis Model Law On Copyright for developing countries* (1976), Section 7, (i), (a).
⑤ 笔者在这里对 "复制" 没有使用 "消费性使用行为" 一词，是因为在数字技术环境下，"复制" 成为使用者 "接触" 作品的唯一渠道，"复制" 可能是使用者为之后的转换行为（如再创作）提供条件，而不一定是为了 "消费"。

翻译、改编及其他转换性使用，都被视为合理使用。可见，《突尼斯著作权示范法》为个人使用预留了著作权法中的必要空间，通过促进人对知识信息的摄取和学习、推动公众文化的自由交流，最终实现人的自身发展。

进入 20 世纪 90 年代，传播技术发生了翻天覆地的变化。在欧美日的积极推动下，TRIPs 协定和因特网条约（WCT 和 WPPT）相继生效。二者在著作权法方面都以《伯尔尼公约》为制定蓝本，延续了《伯尔尼公约》总括式的权利例外设计模式。① 实际上，早在因特网条约生效前的 1992 年，国际局（BIRPI，即 WIPO 的前身）在向当时刚成立的专家委员会提交的因特网条约提案中，就曾明确提出"图书馆、档案馆……以及私人复制，属于《伯尔尼公约》第 9 条第 2 款规定的复制权例外"②。但是，直到 1996 年因特网条约生效前的整个议程中，这个提案内容都未获得支持。在因特网立法议程中，美国代表团提出著作权的权利例外规定应遵循《伯尔尼公约》的指导思想，故应延续第 9 条第 2 款的设计模式。同时，在欧共体代表团看来，即使条约文本要对权利例外采取列举加兜底结构的统分模式，也应像《罗马公约》第 15 条第 2 款措辞③一样，对权利例外进行限制性的但书设计，从而允许各国根据自身情形，选择是作为免责的权利例外还是作为需合理补偿的非自愿许可。④ 基于该问题的复杂性及各阵营的严重分歧，工作组放弃了对该问题的讨论。最终，正式文本延续了《伯尔尼公约》的相关措辞。但值得一提的是，WCT 和 WPPT 序言都明确表示有必要保持"权利人与广大公

---

① 参见 TRIPs 协定第 13 条、WCT 第 10 条、WPPT 第 16 条。
② 〔德〕约格·莱因伯特、西尔克·冯·莱温斯基：《WIPO 因特网条约评注》，万勇、相靖译，中国人民大学出版社，2008，第 156~157 页。
③ 《罗马公约》第 15 条第 2 款规定："尽管有本条第（1）款内容（包括私人使用的具体权利例外情形，笔者注），任何缔约国对于表演者、录音制品制作者和广播组织的保护，可以在其国内法律和规章中做出像它在国内法律和规章中做出的对文学和艺术作品的著作权保护的同样限制。但是，只有在不违背本公约的范围内才能规定强制许可。"
④ 欧共体代表团的本意是：应采取像《罗马公约》第 15 条第 2 款的灵活设计，在尊重《伯尔尼公约》的基础上，允许各国根据自身情况将包括个人使用在内的具体权利限制情形认定为是法定豁免的"合理使用"抑或支付补偿金的"法定许可"。参见〔德〕约格·莱因伯特、西尔克·冯·莱温斯基：《WIPO 因特网条约评注》，万勇、相靖译，中国人民大学出版社，2008，第 157、162 页。

众的利益尤其是教育、研究和获得信息的利益之间的平衡"①。结合"三步检验法"的权利例外设计,这在"字里行间"为个人使用的合法性平添了广泛的诠释空间。

二 欧盟《2001/29/EC 号指令》

从区际立法层面来看,最具影响力的莫过于《欧洲议会和欧盟理事会关于协调信息社会著作权及邻接权若干方面的 2001/29/EC 号指令》(以下简称欧盟《2001/29/EC 号指令》),它是欧盟为了响应 WCT 和 WPPT 的立法精神,统一协调欧盟各成员国不同立法而制定的指导性规范文件。

在指令制定议程中,各国在权利人与使用者的利益平衡导向问题上曾产生过分歧。在国内音乐产业界的游说与推动下,法国、意大利、比利时等国主张的著作权限制情形的列举范围应受到限制,并积极支持欧洲议会在1999年2月提交的对权利限制范围进行限缩的提案。欧盟委员会于5月采纳了该提案的大多数内容。② 但在随后的欧委会部长级会议期间,各国对该提案中关于权利限制规定的分歧仍很严重。对此,委员会建议采取一种"可选择性的例外"(optional exceptions)规定,即允许各成员根据自身的立法传统与公共政策,对指令文本列举的权利限制情形做出选择。③ 这项建议获得各成员国的一致认可,故个人(私人)使用作为一种可选择性的权利限制情形出现在文本中。同时,为了兼顾法、德等国维护国内音乐产业利益的迫切需求,委员会起初准备创建一套私人录音复制的征税机制,但遭到当时尚未建立非自愿许可制度的英国及爱尔兰的强烈反对。最终,委员会综合各种情况考虑,在个人使用条款中仅强调权利人应获得"合理的补偿"。这一措辞实际上是一种妥协,它允许成员国"根据各自的法律传统和实践,灵活性地对'合理的

---

① WCT 序言第 3 段、WPPT 序言第 3 段。
② EU Commission, Amended Proposal for a European Parliament and Council Directive on the harmonization of certain aspects of copyright and related rights in the Information Society, 97/0859/COD, COM (1999) 250 final (Brussels, 21 May 1999).
③ David Vaver, "Copyright in Europe: The Good, The Bad and the Harmonised," *Austr. I. P. J.* 10 (1999): 185.

补偿'进行评估"①。

另值得关注的是，文本起初将作为复制权限制的个人使用描述为"自然人出于私人使用或仅个人使用的且始终不具商业性的目的"②，可见将"私人使用"与"个人使用"作了严格区分，但在最终文本中，却将其修改为"自然人出于私人使用且始终不具直接或间接商业性的目的"③。从"非商业性目的"的描述来看，最终文本比原文本的表述明显清晰；但最终文本为何将"出于私人使用或仅个人使用"修改为"出于私人使用"？笔者以为，指令草案可能认为严格意义上的个人使用不同于私人使用，但在最终文本中却将二者在一般意义上作了涵括或等同处理。反推之，指令可能认为，狭义的"个人使用"隶属于"私人使用"。或者，"私人使用"与广义的"个人使用"乃同一含义。④

与《伯尔尼公约》、因特网公约（WCT、WPPT）以及TRIPs协定不同，该指令第5条第2款第2项对个人（私人）使用明确规定："自然人出于私人使用且始终不具直接或间接商业性的目的，可以在任何介质上进行复制，前提条件是无论本指令第6条规定的技术措施是否适用于作品或其他权利客体，权利人都应获得合理的补偿"。在该指令看来，私人使用仅作为限制复制权的复制目的存在，该指令允许的只是因私人使用目的而为的复制行为。当然，私人复制仍应满足该指令要求的限定条件。比如《2001/29/EC号指令》承认，"私人使用"目的而为的复制行为作为复制权的限制情形，除应满足权利人获得合理补偿以外，还应符合指令第5条第5款规定的"三步检验法"标准。应当看到，《2001/29/EC号指令》

---

① David Vaver, "Copyright in Europe: The Good, The Bad and the Harmonised," *Austr. I. P. J.* 10 (1999): 194.
② 原文本的英文表述是"made by a natural person for private and strictly personal use and for non-commercial ends"，参见 David Vaver, "Copyright Developments in Europe: The Good, the Bad and the Harmonized," in Niva Elkin-Koren&Neil Weinstock Netanel eds., *The Commodification of Information* (New York: Aspen Publishers, 2002), p. 232。
③ 指令最终文本的英文表述是"made by a natural person for private use and for ends that are neither directly nor indirectly commercial"，参见 Directive 2001/29/EC of the European Parliament and of the Council of 22 May 2001 on the Harmonisation of Certain Aspects of Copyright and Related Rights in the Information Society, §5 (2) (b)。
④ 对于"个人使用"与"私人使用"二者之间的具体区别，笔者将在后文"个人使用的界定"中详加阐释。

第5条第2款第2项的个人使用规定仅属于非强制性条款，欧盟各成员国远未达成一致意见。迄今为止，欧盟仅在计算机软件和数据库方面对私人复制规定达成了一致，对这两类作品而言，个人（私人）使用目的而为的复制不被许可[①]。

三 代表性国家的立法例

（一）德国著作权法

如导言所述，早在1876年德国著作权法中就允许"对作品不构成商业目的的个人复制"，承认私人使用目的的自由使用。[②] 这一时期，德国法学界业已形成个人使用免责的学理通说。1880年，德国当时的著名学者约瑟夫·科勒（Joseph Kohler）在其教程中就曾提及，"仅当复制品旨在或服务于将作品传播给他人时，才被复制专有权所涵盖"[③]。可见，从历史来看，德国著作权法早已达成个人使用乃法定豁免情形的基本共识。直至20世纪60年代中期，为了应对当时的私人录音复制危机，德国才对录音机械设备实施了补偿金制度，但其征收对象也仅限于录音设备制造商。

为了顺应欧盟《2001/29/EC号指令》的指导精神，德国于2003年通过了《关于规范信息社会著作权的法律》，该法第53条明确规定了

---

① 王迁、〔荷〕Lucie Guibault：《中欧网络版权保护比较研究》，法律出版社，2008，第132页。同时参见《德国著作权法（2003）》第53条第5款、第69c条第1款，中译本见〔德〕M. 雷炳德：《著作权法》，张恩民译，法律出版社，2005，第729、736页；《法国知识产权法典（法律部分）》L. 122 – 5条，中译本见《法国知识产权法典（法律部分）》，黄晖译，商务印书馆，1999，第13页。

② Natali Helberger & P. Bernt Hugenholtz, "No Place Like Home for Making a Copy: Private Copying In European Copyright Law" [R], *Conference on Copyright, DRM Technology and Consumer Protection*, Co-sponsored by the Berkeley Center for Law and Technology, the Berkeley Technology Law Journal, and the Institute for Information Law at the University of Amsterdam, University of California at Berkeley, Boalt Hall School of Law, March 9 – 10 (2007): 3. http://ssrn.com/abstract = 1012305，最后访问日期：2013年6月30日。

③ Natali Helberger & P. Bernt Hugenholtz, "No Place Like Home for Making a Copy: Private Copying In European Copyright Law" [R], *Conference on Copyright, DRM Technology and Consumer Protection*, Co-sponsored by the Berkeley Center for Law and Technology, the Berkeley Technology Law Journal, and the Institute for Information Law at the University of Amsterdam, University of California at Berkeley, Boalt Hall School of Law, March 9 – 10 (2007): 3. http://ssrn.com/abstract = 1012305，最后访问日期：2013年6月30日。

"为私人使用目的或其他自己使用目的而进行的复制"的权利限制情形。具体而言,该法第1款承认,"只要不把复制件用于直接或间接的营利目的或者显然不是为了制作违法模型,本法允许自然人为私人使用目的将作品复制到某些载体上"。同时,在德国判例中,私人使用行为被理解为"仅仅属于本人使用行为的一种类型",故可以认为德国著作权法将"私人使用"视同于"个人使用"。① 根据第53条第2款的规定,"私人使用及其他自己使用目的"包括以下含义:1. 仅为科研方面自己使用的目的;2. 仅为私人存档目的且使用自己占有的作品附着物为复制样本;3. 为自己了解时事的目的录制广播电视节目;4. 其他的私人使用目的。在允许为个人使用目的进行复制的同时,为了进一步平衡权利人与使用人之间的利益关系,该条第6款强调"不允许对上述复制件进行发行或用于公开再现",可见,作为著作财产权之复制权的限制情形之一,因"个人(私人)使用"目的而实施的复制,不包括对作品公开再现的广义传播行为(发行、公开表演、广播等)。

2007年9月,德国通过了《关于规范信息社会著作权的第二部法律》。此次立法改革明确承认数字形式的私人复制原则上为法律所许可,即在网络环境下,公民仍可以为了个人使用的目的对作品少量复制,但新立法强调"供复制的样本不是明显公开违法制作或者公开提供"②。换言之,被复制的作品应有合法来源,使用者至少不知道或没有理由知道该原件是非法出版物或违法复制品。③ 在这一点上,德国著作权法采取了较宽容的措辞。从新修文本看来,被复制的作品复制件仅要求不能"明显非法",而是否"明显非法"则要站在一般用户的视角加以判断,这给确立用户在何时、何地以及何种情况复制非法来源作品被视为侵权带来争议。④ 虽

---

① 〔德〕M. 雷炳德:《著作权法》,张恩民译,法律出版社,2005,第300页。
② 《德国著作权法(2009)》第53条第1款。参见《十二国著作权法》翻译组:《十二国著作权法》,清华大学出版社,2011,第163页。
③ 张今:《著作权法第二次修订中的权利限制制度》,载国家版权局编《著作权法第二次修改调研报告汇编(上)》(内参),2008,第18~27页。
④ 王迁、〔荷〕Lucie Guibault:《中欧网络版权保护比较研究》,法律出版社,2008,第39页;Alexander Peukert, "A Bipolar Copyright System for the Dital Network Environment," *Hastings Communications & Entertainments Law Journal* 28 (2005): 8。

然个案已将 P2P 文件分享系统认定为属于作品复制件的"明显非法"来源，但立法对什么情况下的作品来源应被视为"明显非法"并无明确界定。① 除此之外，新修订的著作权法还强调因个人使用目的而为的私人复制并非作为一项独立的权利存在，而是著作权人不得已给予公众的一种优惠政策。② 可见，新法否认使用者基于权利限制情形之个人使用享有一种法定特权，不能与权利人采用技术措施等保护著作权对抗。

（二）法国知识产权法典（文学和艺术产权部分）

法国是推进知识产权法典化最具代表性的国家，其著作权法内容主要体现在法典的"文学和艺术"部分。而著作权法关于个人使用的权利限制规定，由法典著作权卷的 L.122 - 5 条与著作邻接权卷的 L.211 - 3 条组成。根据 L.122 - 5 条和 L.211 - 3 条的相关规定，作者对已发表作品不得禁止以下个人使用行为：1. 仅在家庭范围内进行的私人和免费的表演；2. 完全只供复制者私人使用而非集体使用的拷贝（copies）或复制（reproductions）。③ 根据法国立法模式，著作财产权包括表演权与复制权两大类。其中，表演权实属广义之无形再现权，包括公开朗诵、音乐演奏、戏剧表演、演出、放映以及远程传送等几乎所有向公众传播的类型。根据法典 L.122 - 3 条第 1 款的规定，复制权是指"以一切方式将作品固定在物质上以便间接向公众传播"④ 所享有的权利。可见，法国规定的"复制权"亦为广义"复制权"，其暗含了复制之后的传播流通目的，这也是法典未单独设立"发行权"的原因所在。⑤ 按此权利分类，

---

① Urs Gasser & Silker Ernst, "EUCD Best Practice Guide: Implementing the EU Copyright Directive in the Digital Age," *University of St. Gallen Law School*, *Law and Economics Research Paper Series*, December 2006, p.12., http://ssrn.com/abstract = 952561, 最后访问日期：2012 年 1 月 30 日。
② 张今：《著作权法第二次修订中的权利限制制度》，载国家版权局编《著作权法第二次修改调研报告汇编（上）》（内参），2008，第 19 页。
③ 《法国知识产权法典（法律部分）》，黄晖译，商务印书馆，1999，第 13、36~37 页。
④ 《法国知识产权法典（法律部分）》，黄晖译，商务印书馆，1999，第 13 页。
⑤ 有观点认为，法典在 L.122 - 3 条第 1 款规定中，承认的是一种权利人"以一般方式控制其作品的流通及使用"的权利，其与一般意义上的"发行权"不同。虽然 2006 年新修订的著作权法根据因特网条约及欧盟指令的精神将"权利穷竭原则"加入该条款，但与立法本意产生冲突。参见张耕、施鹏鹏：《法国著作权法的最新重大改革及评论》，《比较法研究》2008 年第 2 期。

法典认为私人表演和私人复制不属于著作财产权的支配范围，故法典认为个人使用情形包括私人表演和私人复制两类。值得注意的是，著作权法将翻译、改编等演绎行为规定在复制条款中（见法典 L. 122 - 4 条），因此可以推知，法国立法的本意是想将翻译权、改编权等纳入广义的"复制权"当中。是故，包括翻译、改编等在内的个人演绎行为也可以被理解成属于个人使用的权利限制情形。另外，法典在列举个人使用的权利限制基础上进行了但书设计。法典 L. 122 - 5 条补充强调，"与原作品创作目的相同的艺术品拷贝"以及"软件和电子数据库的拷贝"，不适用该条的权利限制规定，排除个人使用的权利限制规定对上述特殊作品的适用。①

2006 年 8 月，为了应对数字技术带来的著作权保护困境，同时贯彻落实因特网条约及欧盟《2001/29/EC 号指令》的立法精神，法国出台了《信息社会中的著作权及相邻权法》。在权利限制方面，新修订法最重要的变化就是将"三步检验法"纳入法典 L. 122 - 5 条。可见，个人使用的权利限制情形就被新纳入的"三步检验法"所涵盖。② 按因特网条约及欧盟协调指令规定的"三步检验法"标准，使用必须仅限于"特殊情形"。而新修订法径直将该内容纳入 L. 122 - 5 条，明确规定适用于包括个人使用的财产权限制，这无异于承认 L. 122 - 5 条所列举的使用情形即为"三步检验法"的"特殊情形"。③ 此外，L. 122 - 5 条所列举的包括个人使用在内的特殊情形只是一般意义上的例外规定，至于是否符合法定豁免要求，则仍需要从"三步检验法"规则对个案中"是否影响作品的正常利用""是否不当损害作者的正当权益"的定量分析加以判断。总体而言，"三步检验法"规则的吸纳在数字互联网环

---

① 值得注意的是法典"著作邻接权"卷的 L. 211 - 3 条无此但书规定，其原因是著作邻接权的主体范围（表演者、录音制品制作者以及视听传播企业等）决定其并无适用艺术品、软件及电子数据库等特殊作品的可能性。
② 新修订的《法国知识产权法典》L. 122 - 5 条补充规定："本条所列例外情形不得影响作品的正常使用，亦不得不当损害作者的正当权益。"参见《十二国著作权法》翻译组：《十二国著作权法》清华大学出版社，2011，第 71 页。
③ 张耕、施鹏鹏：《法国著作权法的最新重大改革及评论》，《比较法研究》2008 年第 2 期。

境下为否定出于个人使用目的的私人复制（如网络下载）的合法性提供了法律依据。

为应对互联网传播（特别是P2P）技术对著作权人的严峻挑战，法国议会及参议院几经周折，于2009年5月通过了《关于作品传播与著作权保护的网络法》（即"HADOPI法"①），被国内称为"全球最严厉的互联网法案"②。该法针对网络侵权行为（包括网络下载）制定了一整套执法机制，包括高效的侵权认定标准和执法机构、法定的执法程序以及严厉的处罚措施等。③ 这一立法引起法国社会各界的不满和抗议。④ 在反对者看来，HADOPI法既限制了使用者在网络环境下获取、接触以及交流信息的自由空间，也违反了宪法赋予公民的基本权利。2009年6月，该法经宪法委员会审议后被认定无效。宪法委员会判定"HADOPI"法案违反了包括宪法赋予公民作为基本人权的"传播、表达自由"（freedom of communication and expression）以及"无罪推定"（presumption of innocence）原则。⑤ 2009年10月，宪法委员会公布了修改后的"HADOPI"法案（即HADOPI 2），该法案于2010年1月正式生效。依"HADOPI 2"的相关规定，网络侵权制裁必须经过司法裁决程序才能执行。新法强调，在是否实施断网处罚及断网时间的认定方面，法官既要考虑侵权环境和危害程度（如有必要对公开传播和单纯下载行为进行区分），也应考虑侵权人的身份特征，包括职业、社会和经济条件。同时，还要综合衡量知识产权保护和信息表达、

---

① "HADOPI"是执行该法的专门机构（网络著作传播与权利保护高级公署）的法文简称，即"Haute Autorité pour la Diffusion des Œuvres et la Protection des Droits sur Internet"，http://en.wikipedia.org/wiki/HADOPI_law，最后访问时间为2013年6月30日。
② "法国HADOPI法案：全球最严厉的互联网法案"，http://news.xinhuanet.com/eworld/2010-07/09/c_12317428.htm，最后访问日期：2013年6月30日。
③ 例如，当裁判官认定用户在互联网上非法下载，将通过电子邮件的形式对其进行初次警告；如果再犯，第二次则以发出警告函的方式采用挂号信寄出；如第三次仍然再犯，裁判官可对其处以最长达一年的断网惩罚，同时罚款1500欧元，对屡犯者，罚款数额将加倍，即"三振"规则，http://en.wikipedia.org/wiki/HADOPI_law#Enforcement，最后访问日期：2013年6月30日。
④ 法国消费者协会、法国绿党、法国社会主义党以及网络自由联盟等团体以及诸多个人代表在立法议程中都持异议或反对态度，http://en.wikipedia.org/wiki/HADOPI_law#Lobbying_against_the_bill，最后访问日期：2013年6月30日。
⑤ See Conseil Constitutionnel［CC］Decision No. 2009-580DC.

接触自由，尤其应斟酌用户在家庭内使用的私域特性。①

(三) 日本著作权法

日本著作权法对个人及私人使用的相关规定体现在第 30 条的内容中。第 30 条以"为了私人目的的复制"为标题，同时，将"私人使用"(private use) 解释为"个人、家庭或者其他类似的有限范围内使用"(personal use, family use or other similar uses within a limited circle)。在立法者看来，"个人使用"是不同于"私人使用"的狭义概念，"私人使用"除包括"个人使用"以外，还涵盖"家庭使用及其他类似的有限范围内的使用"。比如，"私人使用"既包括个人性的使用（即自己使用），也包括家庭成员或朋友聚在一起的范围内的使用。② 可见，《日本著作权法》采用狭义的"个人使用"概念，将其划为"私人使用"内容之一部分。在总体思路上，著作权法第 30 条主要借鉴了德国的立法模式，即在对私人使用做出条件限制的基础上，将对私人使用而为的一般复制作为权利例外，而将个人录音、录像纳入到补偿金制度的适用当中。在界定私人使用的基础上，立法对"私人使用"规定了三项条件限制，分别为：1. 使用供公众使用而设置的自动复制机器进行复制；2. 可能避开技术保护措施，并且明知避开的结果会使该技术保护措施无法发挥阻止控制的行为发生的复制；3. 明知属于侵害著作权的自动公众传播而接收并进行数字化方式录音或者录像的复制。其中，第三项条件限制是 2009 年修改著作权法新增加的内容，③ 从立法上否定了网络环境下对作品（特别是音乐、电影、漫画等作品）进行数字下载的合法性。可见，日本著作权法的修订结果导致使用者只能在传统意义上实施个人使用目的而为的复制。如果权利人未对作品采用技术保护措施，同时使用的作品又不属于录音、录像复制等可适用对象，按条文则不属于数字环境下个人使用的条件限制范围。

---

① Nicola Lucchi, "Regulation and Control of Communication: The French Online Copyright Infringement Law (HADOPI)," *Max Planck Institute for IP and Competition Law Research Paper No. 11 - 07*, May 2011, pp. 24 - 25, Electronic copy available at: http://ssrn.com/abstract=1816287, 最后访问日期：2013 年 6 月 30 日。

② 〔日〕半田正夫、纹谷畅男：《著作权法 50 讲》，魏启学译，法律出版社，1990，第 229 页。

③ 《日本著作权法》，李扬译，知识产权出版社，2011，第 23 页。

(四) 美国版权法

对英美法系国家的个人使用考察，主要以《美国版权法》为蓝本。一直以来，美国遵循判例法传统，皆以合理使用（fair use）原则来判断使用是否构成侵权。在借鉴英国早期"合理节略原则"（fair abridgement doctrine）的基础上，美国法官约瑟夫·斯托里（Joseph Story）在1841年的一则判例中系统阐述了合理使用原则的构成要素，[①] 合理使用原则始被《美国版权法》所接收。[②] 所以，传统版权法并未像德法等国那样，制定出详细的权利限制清单。但在传统习惯上，却一直将包括私人复制在内的个人使用视为"一种合理的且符合惯例的使用方式"。[③]

迫于国内的政治压力，为了摆脱经济滞胀所造成的困境，重振信息产业在全球市场的竞争力，美国于1976年对版权法进行了全面修订。此次修订全面拓展了著作权的内容，在权利限制方面，新立法参考了大陆法系的立法优势（详尽列举模式），并结合自身的传统特征，制定了一整套列举加总括条款的"开放式"权利限制体系。[④] 美国版权法的指导思想是，合理使用原则与专有权限制的列举规定是衡平法与普通法的关系。两者并存，由衡平法填补普通法的缺陷，对普通法加以补充与修正。[⑤] 然而，版权法并未对个人使用进行明确规定，因而在考虑个人使用的合法性时，主要以版权法第107条的总括性规定为依据。

根据《美国版权法》第107条第1款的规定，"为了批评、评论、新

[①] 斯托里法官认为，判断一个摘选行为是否合理，应参照以下几点因素：1. 摘选行为的性质和目的；2. 被摘选内容的数量和价值；3. 行为对作品销售的损害程度，是否减少利润或者替代作品。参见 Folsom v. Marsh, 9 F. Cas. 342 (C. C. D. Mass. 1841)。

[②] 实际上，"合理使用"（fair use）作为规范术语在斯托里法官对 Folsom v. Marsh 案的阐释中并未出现，直到1869年的案例中，"合理使用"才作为规范术语被多次运用。参见 Lawrence v. Dana, 15 F. Cas. 26, 60 (C. C. D. Mass. 1869)。

[③] 〔美〕约纳森·罗森诺：《网络法——关于因特网的法律》，张皋彤等译，中国政法大学出版社，2003，第84页。

[④] 1976年美国版权法对权利限制的列举是选择性的，并非像大陆法系国家列举得那么详尽。如第108条至120条是从公共利益的角度规定权利限制，第107条是对"合理使用"的总括式规定。参见 Copyright Law of the United States and Related Laws (2009) Contained in 17 U. S. C. § 107 – 120。

[⑤] 张今：《著作权法第二次修订中的权利限制制度》，国家版权局编《著作权法第二次修改调研报告汇编（上）》（内参），2008，第10页。

闻报道、教学、学术或研究目的而使用（包括制作复制品、录音制品或以其他方式使用）版权作品的"，属于不侵犯版权的合理使用行为。有学者认为，这一条款为个人使用的适法性奠定了坚实的立法基础。① 而事实却是，大多数个人使用并不能符合上述条件，最终仍需经受第 107 条"合理使用原则"四要素的检验。根据第 107 条规定，判断对作品的使用是否属于合理使用，应考虑以下四要素：1. 使用的目的与性质，包括使用是否具有商业性质，抑或为了非营利的教学目的；2. 被使用作品的性质；3. 使用内容的质量、数量以及与作品的整体关系；4. 使用对作品价值和潜在性市场的影响。② 可是，在法官判断时，最重要的第一要素和第四要素都可能构成对个人使用合法性判断的不利因素，这使部分学者认为通过合理使用原则对个人使用的合法性加以判断并不成功。③ 比如，在对"使用行为的性质"判断时，普遍观点认为个人复制并不符合该使用标准，因为它不是创造性的转换行为，而是一种个人消费行为。如果不符合第 107 条第 1 款规定的条件（如评论、教学、学术研究等），个人复制就是违法行为。④ 对此，应该看到，是否具有"转换性"（transformative）不应作为判断使用是否"合理"的唯一标准，而应综合使用目的、市场影响等多种情况作出判断。在索尼案中，⑤ 联邦最高法院的判决就推翻了上述观点，认为使用行为是否具备转换性并不构成合理使用的绝对判定标

---

① L. Ray Patterson & Christopher M. Thomas, "Personal Use in Copyright Law: An Unrecognized Constitutional Right," *J. Copyright Soc'y U. S. A.* 50 (2003): 516.

② Copyright Law of the United States and Related Laws (2009) Contained in 17 U. S. C. § 107 (1), (2), (3), (4). 中译本参见《美国版权法》，孙新强、于改之译，中国人民大学出版社，2002，第 13～39 页。

③ Jessica Litman, "Frontiers of Intellectual Property: Lawful Personal Use," *Tex. L. Rev.* 85 (2007): 1882-1883. L. Ray Patterson & Christopher M. Thomas, "Personal Use in Copyright Law: An Unrecognized Constitutional Right," *J. Copyright Soc'y U. S. A.* 50 (2003): 516. Ashley M. Pavel, "Reforming the Reproduction Right: The Case for Personal Use Copies," *Berkeley Technology L. J.* 24 (2009): 1621.

④ 法官布莱克曼（Justice Blackmun）在索尼案讨论中就认为，"……合理使用原则仅允许为了能产生公共外部效益的社会价值目的而复制作品，……为了个人家庭使用而为的复制不符合合理使用原则，其理由在于，使用者因为价格过高而放弃使用作品，损失的只有使用者自己。" 参见 Julie E. Cohen et al., *Copyright in a Global Information Economy* (New York: Aspen Publishers, 2002), pp. 545-546.

⑤ Sony Corporation of America v. Universal City Studios, Inc. 464 U. S. 417 (1984).

准，还应综合考虑使用是否具备营利性目的，以及使用是否对作品市场造成实质影响。最终，判决将在该案与个人使用有关的"时移"（Time Shifting）视为一种合理使用。在联邦最高法院看来，虽然版权法的目的可被理解成"通过作品的转换性使用来推动科学和艺术的繁荣"，但作为个人使用目的的"时移"却使"公众自由接触广播电视信息得以拓展"①，具有积极的社会价值。

然而，在随后的案例和立法中，个人复制在版权法第107条的可适用性却遭到否定。在1994年美国地球物理学联合会诉德斯考公司一案②中，双方的辩论焦点集中在被告的一位研究人员对几份杂志文章的复印上。经事实认定，第二巡回法院认为，该研究人员在对杂志中八篇学术论文复印以后，只是"把这些复印件放在资料夹里留存，供以后需要参考时使用"③，在该研究人员发表的所有论文中，也从未引用该复印件的任何部分。在法院看来，该复制仅属于"存档式的"，而由于有这种复印行为，这些期刊的潜在市场将被取代，故该研究人员的复印行为不属于第107条规定的合理使用。最终，法院判决被告败诉。

伴随数字传播技术的迅猛发展，为了在立法上与因特网条约接轨，美国在20世纪90年代末通过了几部具有重大影响的法律，其中包括《反电子盗窃法》（No Electronic Theft Act，1997年生效）和《千禧年数字版权法》（简称DMCA，1998年生效）。这两部法对网络环境下个人使用的消极影响是深远的，是立法对使用者在网络环境下自由使用信息加以否定的又一明证。根据《反电子盗窃法》的规定，"经济收益"包括"获取或期望获取任何具有价值的东西，包括其他的版权作品"。④ 这导致数字网络环境下的个人使用（如下载）被视为获取"经济收益"的盗窃行为，除

---

① *Community Television of Southern California v. Gottfried*, 459 U.S. 458, 508 (1983).
② *American Geophysical Union v. Texaco, Inc.*, 60 F.3d 913 (2d Cir. 1995).
③ 〔美〕约纳森·罗森诺：《网络法——关于因特网的法律》，张皋彤等译，中国政法大学出版社，2003，第83~86页。
④ 英文版原文是"The term 'financial gain' includes receipt, or expectation of receipt, of anything of value, including the receipt of other copyrighted work"，参见 Copyright Law of the United States and Related Laws (2009) Contained in 17 U.S.C. §101, Added between "display" and "fixed".

承担民事责任外,还将视具体情形承担刑事责任。根据 DMCA1201 条款的规定,当著作权人采取技术措施对作品加以保护时,禁止使用者通过规避技术保护措施来接触(通过复制获取)作品以及禁止为接触提供规避技术保护措施支持的协助行为,同时,还禁止为了合法来源接触后的使用而提供规避技术保护措施支持的协助行为。[①] 对此,有学者认为,DMCA 造成作品复制件在数字环境下适用权利穷竭原则的彻底终结,个人使用的有限空间遭到进一步挤压。同时,"权利人凭借 DMCA 构建的友好氛围,可以将公共领域资源轻易编改后就纳入受版权保护的新作品当中"。[②] 在这样的立法背景下,个人使用(特别是私人复制)在数字环境下的合法性以及可适用性遭到否定,法院在随后的 DVD 案[③]、Napster 案[④]中判决被告败诉就可以预见了。

(五) 以我国为代表的发展中国家立法

除少数承袭英美法系传统的国家以外,发展中国家大多都在著作权限制规定中明确列举了个人使用情形。如《埃及知识产权保护法》第 171 条规定,对除实用艺术作品、数据库以及计算机软件以外的已发表作品,著作权人不得禁止第三人实施下列行为:1. 在家庭范围内或在教育机构内聚集的学生之间的作品表演,其未获得任何直接或间接的经济报酬;2. 仅为个人使用目的而为的单个复制,该复制既未阻碍作品的正常利用,也未对作者及其他权利人的合法利益造成不合理的损害。[⑤] 值得注意的是,埃及立法将"在教育机构内聚集的学生之间的作品表演"视同家庭类似范围内的私人表演,允许为了教育研究目的而在特定范围内对作品进行表演。在某种意义上,这可理解成埃及立法试图扩大个人(私人)使用情形的可适用范围。根据《越南知识产权法典》第 25 条的权利限制规定,在排除适用建筑作品、艺术品以及计算机软件的前提下,该国立法以

---

① 至于为什么 DMCA 未对合法来源接触后的使用行为进行规制,那是因为该使用行为主要依据版权法第 107 条"合理使用"原则加以合法性判断,不属于 DMCA 规制的行为范围。
② David Nimmer, "How Much Solicitude for Fair use is There in the Anti-Circumvention Provision of the Digital Millennium Copyright Act?" *U. Pa. L. Rev.* 148 (2000):673.
③ *Universal City Studios, Inc. v. Reimerdes*, 111 F. Supp. 2d 294 (S. D. N. Y. 2000).
④ *A&M Records, Inc. v. Napster, Inc*, 239 F. 3d 1004 (9th Cir. 2001).
⑤ Law on the Protection of Intellectual Property of A. R. E. (2002). §171 (1), (2).

"三步检验法"为填充规定,允许"为了个人研究和学习目的,对作品进行复制"及"为了个人目的而进口他人作品"的权利例外情形。① 又如《巴西著作权及邻接权法》第 46 条的相关规定,在第 1 款列举一些基于公共利益考量的复制权限制情形之后,第 2 款专门对个人使用加以规定。依第 2 款规定,如果"复制由本人实施且不具营利性目的",那么"为了私人目的对作品进行的节选性复制"则被视为合法。②

我国对个人使用的类似规定最早可追溯至"中华民国"于 1928 年制定的著作权法。该法第 28 条规定,"下列各款情形,经注明原著作之出处者,不得以侵害他人著作权论……二、节录引用他人著作,以供自己著作之参证注译者。"③ 可见,早在民国初期,我国立法就允许使用者为个人学习或研究目的而使用他人作品。改革开放以后,在无著作权法的尴尬处境下,文化部于 1984 年先行颁布了《图书、期刊版权保护试行条例》(以下简称《试行条例》)。该条例第 15 条规定,"为了个人学习或科学研究,摘录、复制或翻译,供本人使用",只要"说明作者姓名、作品名称和出处",可以不经许可也不支付报酬,对已发表作品进行使用。④ 在其后 1990 年生效的《中华人民共和国著作权法》第 22 条规定中,个人使用仍被视为免责的合理使用情形,但其措辞却由文化部《试行条例》的"为了个人学习或科学研究,摘录、复制或翻译(他人已经发表的作品,笔者加注),供本人使用"变更成"为个人学习、研究或欣赏,使用他人已经发表的作品",一直沿用至今。由上可见,个人使用在我国一直被视作著作权的合理使用情形之一。⑤ 然而,从《著作权法》第 22 条第 1 款

---

① Law on Intellectual Property of S. R. V. (No. 50/2005/QH11). §25 (1) (a) (j), (2), (3).
② 英文版原文是"the reproduction in one copy of short extracts from a work for the private use of the copier, provided that it is done by him and without gainful intent",参见 Law on Copyright and Neighboring Rights of F. R. B.. (No. 9610, 1998). §46 (2).
③ 中国人民大学知识产权教学与研究中心编《中国百年著作权法律集成》,中国人民大学出版社,2010,第 18 页。
④ 《图书、期刊版权保护试行条例》第 15 条第 1 款,该规章于 1984 年 6 月由文化部颁布,已失效。
⑤ 需要补充说明的是,国务院 2006 年制定施行的《信息网络传播权保护条例》第 6 条在合理使用情形中并未规定个人使用,这是因为个人使用的自身特性并不适用于对信息网络传播(属于"公开"或"向公众"提供、再现作品的范畴)权的限制,并不能就此推出网络环境下发生的个人使用是违法行为的结论。

有关个人使用的设计来看,确有不少亟待澄清的地方。

首先,对于"为了个人学习、研究或欣赏"的使用目的。可以看到,《著作权法》第22条第1款突破《试行条例》规定的"个人学习或科学研究"目的,在此基础上加上了"欣赏"。有观点认为,个人"欣赏"属于消费性使用目的,承认"欣赏"目的的个人使用将对音乐及影视产业造成不同程度的消极影响。同时,该规定并不符合著作权国际公约的要求,故应将此款中的"欣赏"删掉。[①] 必须承认,随着数字传播技术特别是网络技术的迅猛发展,个人使用(特别是数字下载)累计起来的确对著作权人的商业利益造成一定消极影响,同时,国际公约及各国立法也确未出现过将"欣赏"规定为个人使用目的的情况。但是,若排除个人使用的现实困境,仅从规范意义解释的话,"欣赏"这一措辞未必就不妥当。除英美法系国家外,参考前述各国规定个人使用作为著作权限制情形的,限制个人使用必须具备"学习或研究目的"的国家立法并不普遍。从具有代表性的《德国著作权法》第53条、《法国知识产权法典》L.122-5条及L.211-3条、《日本著作权法》第30条都不能得出这个结论。从《德国著作权法》第53条第2款甚至可以推知,个人使用的目的是开放性的,并非仅限于学习或研究目的。诚如雷炳德教授对德国联邦法院一则判例评价的那样,"这种使用行为(指个人使用)是在私生活领域发生的,与所追求的相关目的无关"[②]。另外,如果将个人使用的目的仅限于"学习或研究目的",将与我国《著作权法》第22条第6款"为了教学或科学研究目的使用"的规定相重叠。"为教学或科学研究目的"的使用,对于教学或科研人员而言,不就是一种个人使用行为吗?可见,第22条第1款的立法本意是想在教育、科研等公益之外的合理使用中,对使用行为专划一条"公/私"边界。在立法者看来,如果个人出于非营利性目的在私域范围内实施的使用行为,就应被划为合理使用。所以,我们可以质疑"欣赏"目的的个人使用在现实传播困境下是否还具有当然之合理性,进而根据政策考量,选择与"学习或科学研究"目的的个人使

[①] 吴汉东:《著作权合理使用制度研究》,中国政法大学出版社,2005,第330页。
[②] 〔德〕M. 雷炳德:《著作权法》,张恩民译,法律出版社,2005,第300页。

用是否作区分处理,抑或对作品类型做出特定限制。但不能简单地认为,个人使用目的仅指"个人学习或科学研究",这在规范意义上来说逻辑是不周延的。

其次,个人使用的范围。《著作权法》第22条第1款使用的"个人"措辞并不精确。如果将"个人"的作品使用范围解释成仅限于使用者自己使用(如废除的文化部《试行条例》那样),就不包括在诸如家庭或相当于家庭(三五个朋友之间)的限定主体范围内的使用。而如果把"个人"的作品使用范围解释成既包括使用者的本人使用,又包括在家庭或相当于家庭范围内的使用,则将"个人"的使用范围作了广义解释,还涵盖个人在私域范围内的使用。从各国立法情况来看,一般都允许使用者把作品分享给家庭成员、亲属或朋友,也允许在私域内对作品进行表演等。① 另外,《著作权法》第22条第1款文本未沿用《试行条例》"供本人使用"的限定性措辞。可见,立法本意是想把供本人使用的个人使用行为和个人在私域内的使用行为都涵括进来。我国著作权法允许的"个人"使用,可以理解成既包括仅供本人使用的个人使用行为,也包括个人在私域范围内的使用行为,等同于一般意义上的私人使用。

最后,个人使用的"使用"类型。《著作权法》第22条第1款对个人使用的"使用"类型并未做出解释。根据欧盟《2001/29/EC号指令》第5条第2款第2项、《德国著作权法》第53条、《日本著作权法》第30条的规定,"个人使用"皆作为复制权的限制情形被列举出来,个人使用反倒成了权利限制情形的复制目的存在。而根据《法国知识产权法典》的规定,个人使用仅包括私人表演和私人复制。可见,这些立法设计都压缩了个人"使用"的适用范围,对个人使用的规定并不周延。参照《突尼斯著作权示范法》第7节第1款第1项的相关规定,个人使用的"使用"被解释成"复制、翻译、改编以及其他转换性使用"②,主要包括个人复制和个人演绎两大类。就规范意义而言,《突尼斯著作权示范法》对

---

① 〔德〕M. 雷炳德:《著作权法》,张恩民译,法律出版社,2005,第298页;另参见《法国知识产权法典》L. 122-5条第1款、L. 211-3条第1款。

② UNESCO&WIPO, Tunis Model Law On Copyright for developing countries (1976), Section 7, (i), (a).

个人使用的"使用"类型概括得较周延。至于个人使用的"使用"类型为何没有包括"（公开）表演""展览""发行""放映""信息网络传播"等使用方式，囿于论证思路，将在后文关于个人使用的界定中详加阐释。

第二节 个人使用的价值考察

在哲学意义上，价值是人类对于自我发展的本质发现、创造与创新的要素本体，是人在不同领域发展中的范畴性的本质规律存在，包括社会价值、个人价值、经济学价值及法律价值等不同形态。而从一般意义理解的话，价值泛指事物对主体的意义或积极作用。在德国哲学家文德尔班看来，"一切哲学问题中最高的问题是存在对于价值和价值对于存在的关系问题"[1]，价值命题不表示事实之间的关系，而表示主体对于对象的评估和态度。在他看来，由各个特殊个体的心理倾向所决定的特殊价值不能作为对事物进行评价的标准，因此必须设定一种普遍价值。文德尔班认为，普遍价值反映的是一种关系范畴，应表征主客体之间的个人与社会关系。[2] 如果将著作权关系看作涵括著作权人和使用者在内的人与人之间的关系，那么个人使用的价值探讨既应考察个人使用对著作权之整体社会关系的"公共"价值，又无法脱离对"个人"价值的洞悉。同时，在对使用者"个人"价值与著作权人"个人"财产价值进行交叉考量后，我们发现这在某种意义上阐释的恰是一种关系价值论。站在关系价值论的基础上，个人使用的价值主要被划分成"公共"价值与"个人"价值两部分。

一 个人使用的"公共"价值

知识财产的天然属性（非损耗性和可共享性）表明其稀缺性是人为设立的。与有体财产不同，作品的价值最大化更多取决于它的社会利用及

---

[1] 丁晓金等编《现代西方哲学辞典》，上海辞书出版社，2007，第54~55页。
[2] 〔德〕文德尔班：《哲学史教程》（下），罗达仁译，商务印书馆，1993，第912页。

开放程度。立法创设著作权这种法定权利的根本目的并非仅限于给权利人的创作及投资提供激励,而最终是为了实现作品在社会中的福利最大化,促进作品的进一步创作与传播。在给权利人提供必要激励的前提下,只有允许使用者在市场架构外的一定空间内自由地接触、阅读、学习、交流信息,才能最终实现这一立法宗旨。某种意义上,正是使用者与作者形成文本上的互动,才使作品的意义被造就出来。诚如米勒所言:"一部文学作品的词语,(作者)没有创造它们描述的世界,而只是被读者发现了它,或揭示了它。"① 使用者不再是受众,而是文本意义的造就者和推动者。法律需要给公众以文化交往自由,使参与者自由地获取、表达、传播知识,才能推动知识在彼此间交流碰撞并不断衍生。可见,著作权关系不仅指人与人之间把作品作为商品的市场关系,还应塑造我们表达自由和文化交往的公共领域(public sphere)。

"公共领域"一词在著作权法和政治学中有着不同含义。在著作权法意义上,"公共领域"(public domain)虽是一个模糊概念,② 但却起着不容忽视的作用。它被视为"通过作者合理地运用创作内容,保证版权其余部分可以完善运作的工具"③,是一套"保证著作权制度运转、控制权利异化以实现著作权宗旨的步骤和方法"④。然而,公共领域经常被用于不同语境的现状,导致公共领域的界定时常要考虑不同语境下的构成因素。这在质疑者看来,琢磨不定的"公共领域"只不过在对抗著作权扩张保护主义时能平添些许道德色彩。⑤

政治学意义上的"公共领域"(public sphere)虽所指不同,但在实

---

① 〔美〕希利斯·米勒:《文学死了吗》,秦立彦译,广西师范大学出版社,2007,第117页。
② 著作权法意义的"公共领域"界定很模糊,有人认为是指"不受版权保护的材料";有人认为是指"版权不保护的领地";有人认为是指"解决知识产权不保护什么的一种思想倾向";有人认为是指"使版权非保护部得以良好运转的工具",等等。参见黄汇:《版权法上的公共领域研究》,博士学位论文,西南政法大学,2009,第6~10页。
③ Jessica Litman, "The Public Domain," *Emory Law Journal*. 39 (1990): 981.
④ 黄汇:《版权法上的公共领域研究》,博士学位论文,西南政法大学,2009,第10页。
⑤ Edward Samuels, "The Public Domain of Copyright Law," *Journal of Copyright Society of the U. S. A.* 41 (1993): 150. 转引自李雨峰《著作权制度的反思与改组》,《法学论坛》2008年第2期。

现著作权法目的的过程中发挥着重要作用。从信息生态学的观点来看，著作权关系不仅指信息作为一种商品的所有权关系，还应通过塑造表达自由和文化交往的公共领域以推动知识的发展与科学的进步。[1] 而这正为使用者实现公共福利下的信息自由找到契合点。从政治学意义来看，公共领域是供平等主体参与理性讨论以求得真理和共同善的空间。根据哈贝马斯的定义，"公共领域"意指能形成公共意见的社会生活领域。它由私人聚焦一起的各种对话构成。[2] 在公共领域内，人们可以自由地聚合，自由地表达和公开他们的意见。哈贝马斯对公共领域的研究主要关注公共讨论与国家活动相关的问题，即政治的公共领域。但从他对公共领域的历史梳理可以看出，政治的公共领域却最早滥觞于文学的公共领域。哈氏认为，早期的文学公共领域正是依赖狭义上的市民社会——这一类似于私人领域（包括室内沙龙、私人社交聚会、咖啡馆）的空间得以产生。[3] 这一空间的参与者包括文学艺术作品的接受者、消费者和批评者乃至作者本人。正是通过这种早期的文学公共领域（私域的信息交流空间），作者得以和参与者进行面对面的思想交流和碰撞。这一空间激励着公众不断摄取知识养分，使其智识不断提升。同时，在这一演化过程中，公众不仅变成促进作者修正思想的动力，还成为作者的主要经济支撑，这让作者摆脱王贵赞助体系下的窘迫状况，终以实现人格独立。从政治公共领域的前身来看，正是这种私域内的思想交往活动，推动着文化的繁荣、民主政治的大众化以及社会的进步。通过敏锐的观察，哈贝马斯指出，政治公共领域既是一个理念也是一种意识形态，作为现代意义上的资产阶级公共领域（比如报纸、杂志、广播、电视等大众媒介），服务于少数追逐个人私利的垄断财阀且成为一种控制手段，蜕变成操纵、支配民意的舞台；而公众舆论也逐渐失去其多向度的自主性，成为失去独立公共意见的受众。面对公共领域的衰落困境，他最后提出一种理想中的愿景：应将公共领域

---

[1] James Boyle, "A Politics of Intellectual Property: Environmentalism for the Net?" *Duke L. J.* 47 (1997): 110.
[2] 〔德〕尤根·哈贝马斯：《公共领域》，汪晖译，载汪晖、陈燕谷《文化与公共性》（第2版），生活·读书·新知三联书店，2005，第125页。
[3] 〔德〕尤根·哈贝马斯：《公共领域的社会结构》，曹卫东译，载汪晖、陈燕谷《文化与公共性》（第2版），生活·读书·新知三联书店，2005，第134~150页。

视为民主政治理想的本位,同时应培养并维系平等、自由、理性等民主精神。①

将政治公共领域的困境投射到著作权扩张的闭合体制中,会发现二者之间有着惊人的相似之处。在技术与法律的双重推动下,著作权的权利及类型扩张使其逐渐聚合成一种强大的"通用权"(general-use right)。② 如果说著作权控制的是信息的公开传播,那么其几乎涵盖所有的"公共"空间。在著作权人对信息公开传播的控制与公众对信息自由交流的诉求二者之间,势必构成一种相互对抗的紧张关系。基于对公共利益的考量,法律仅允许使用者在特定情形下的公开场合自由地交流(传播)信息,③ 而这只是作为特例被立法者所承认。在这样的法律困境下,我们又该如何塑造表达自由和信息自由交流的公共领域呢?对此,哈贝马斯并未给出具体答案。

"公共领域"一词应放到更宽泛的范畴中加以理解,它不仅指对政治性事务的公共商谈,而且可用于市民文化生活的集体塑造。④ 通过哈贝马斯对公共领域概念的探讨,我们至少可以得出,"公共领域"(public sphere)并非仅限于对政治事务商讨的"公共"空间,还可以是在社会文化生活中实现表达自由和信息自由交流的空间。⑤ 这种著作权生态关系中的公共领域意义在于,通过接触、交流、分享信息以帮助信息分享者提高智识、辨明是非,以实现人的自身价值,同时又能推动民主文化的互动繁荣和知识的进步。正是这一过程,使信息在社会中的福利最大化得以实现。然而,著作权控制的恰是信息的公开传播,这一语境导致表达自由和

---

① James Gordon Finlayson, *Habermas: A Very Short Introduction* (Oxford: Oxford University Press, 2005), pp. 12 – 13.
② Jessica Litman, "Creative Reading," *Law&Contemp. Probs.* 70 (2007): 180 – 183.
③ 根据《中华人民共和国著作权法》第 22 条第 9、11、12 款的规定,立法允许"免费表演已经发表的作品,该表演未向公众收取费用、也未向表演者支付报酬""将我国公民已发表的汉语作品翻译成少数民族语言作品在国内出版发行""将已发表的作品改成盲文出版"等。
④ Niva Elkin-Koren, "It's All About Control: Rethinking Copyright in the New Information Landscape," in Niva Elkin-Koren&Neil Weinstock Netanel eds., *The Commodification of Information* (New York: Aspen Publishers, 2002), p. 101.
⑤ 这点从哈贝马斯讨论的政治公共领域雏形——文学公共领域可以推知。

信息自由交流的"公共"空间势必受到挤压。基于这一冲突，个人使用的"私域"空间在表达自由和信息交流中的重要作用就更加凸显出来。哈贝马斯虽然对公共领域和私人领域作了区分，但他从不排斥私人领域，"公共领域可以被理解为集中形成公众的私人领域"①。公共领域由私人领域而来，并且两者相互依赖，彼此共存。如果说公开传播他人作品的复制件侵犯了著作权人的"向公众传播"利益，那么在私域（家庭或类似家庭的范围）内，我们则可以自由地交流彼此的信息、发表彼此的观点。一本好书、一份外文翻译资料、一盘唱片，有限私域内的参与者应被允许彼此分享。所以，正是个人使用"私域"这一有限的必要空间，维系着人与人之间的表达自由和文化交往自由，推动着信息在社会文化互动中产生的"涟漪"效应，实现信息在社会中的福利最大化。可见，在著作权生态关系中，个人使用具有实现表达自由和文化交往的重要"公共"价值。

二 个人使用的"个人"价值

如上所述，著作权生态关系不仅指信息作为商品的所有权关系，还应对大众文化参与下的"公共领域"（public sphere）进行塑造。正是个人使用的"私域"这一狭小的必要空间，构筑了大众文化参与的信息交流平台，让使用者实现对信息的自由获取、分享及传播。如果说鼓励学习、推动文化的繁荣与发展是著作权法的根本目的，那么个人使用则构成这一政策的潜在内涵之一。在这一过程中，使用者不仅是作品的消费者，更是文化互动过程的参与者和施动者，体现了使用者作为公共文化参与过程中的"市民品格"（civic virtue）。② 在美国版权学者帕特森看来，正是学习塑造了人的市民品格，如果个人使用被著作权法禁止，那么权利控制将从信息市场延伸至图书馆、家庭、研究室等科学文化交往空间，鼓励学习的

---

① 〔德〕尤根·哈贝马斯：《公共领域》，汪晖译，载汪晖、陈燕谷主编《文化与公共性》（第2版），生活·读书·新知三联书店，2005，第128页。
② Niva Elkin-Koren, "It's All About Control: Rethinking Copyright in the New Information Landscape," in Niva Elkin-Koren & Neil Weinstock Netanel eds., *The Commodification of Information* (New York: Aspen Publishers, 2002), pp. 103-104.

著作权法宗旨将无法实现。① 换言之，只有给使用者一定空间，使之彼此交流、分享和学习知识，才能促进个体的自身发展，实现其个人自治。如果说作者基于创作作品实现对作品的人格化，享有对作品的"个人"财产自由，那么个人使用者则基于公共文化交往中的表达自由和私域自治，享有使用作品的"个人"自由。

（一）作为表达自由的个人价值

"表达自由"又称"言论自由"或"信息自由"，是宪法赋予公民的一项基本人权。按著名宪政学者爱默生（Thomas I. Emerson）的定义，表达自由是指一系列的权利与自由，"包括通常意义上的言论和出版自由（Freedom of speech and press），也包括信息传播自由（Freedom of communication），同时还指一种特定的信息获取权（the right of access to information，或译为信息接触权）"②。作为一项基本人权，表达自由早在1966年联合国《公民权利和政治权利国际公约》中就有明确规定。根据该公约第19条的规定，人人有自由发表意见的权利，它包括"寻求（seek）、接受（receive）和传递（impart）各种信息和思想的自由"③。可见，表达自由既为作者的创作、出版自由提供了坚强后盾，也为信息使用者自由接触、分享及传播信息提供了理论支撑。如果将表达自由视为公民的基本人权，那么它就是使用者基于个人目的行使公共文化参与的"个人"自由。有学者对此提出质疑，表达自由侧重于政府不应随意干预人们的表达行为，诸如新闻自由、集会示威自由等，它仅为公民对政治性公共事务的"民主对话"（democratic dialogue）提供平台，并不适用于对私

---

① L. Ray Patterson & Christopher M. Thomas, "Personal Use in Copyright Law: An Unrecognized Constitutional Right," *J. Copyright Soc'y U. S. A.* 50 (2003): 485.

② Thomas I. Emerson, *The System of Freedom of Expression* (New York: Random House, 1970), pp. 6 – 7.

③ 值得回味的是，根据《欧洲人权公约》第10条的规定，"表达自由"包括"持有（hold）、接受（receive）和传播（impart）信息的自由"。联合国《公民权利和政治权利国际公约》的措辞"寻求（seek）"不同于《欧洲人权公约》的措辞"持有（hold）"，它意味着公民可以通过各种方式积极地收集信息。这在某些欧洲学者看来，"寻求"这一措辞为规避或移除版权作品中的技术保护措施提供了正当的人权理论基础。参见 P. Bernt Hugenholtz, "Copyright and Freedom of Expression in Europe," in Niva Elkin-Koren & Neil Weinstock Netanel eds., *The Commodification of Information* (New York: Aspen Publishers, 2002), p. 245。

权意义上的著作权进行限制。① 实际上，这一问题在个人使用的"公共"价值部分已有阐释。如哈贝马斯所言，政治的公共领域诞生于私域内（如室内沙龙、私人社交聚会、咖啡馆等）的文学公共领域，公共文化的构建无法脱离参与者的个人表达自由。对此，欧盟关于协调信息社会著作权及邻接权的《2001/29/EC 号指令》序言就曾明确宣示："本指令旨在协助执行欧盟内部市场、包括知识财产在内的财产、表达自由、公共利益这四者之间的自由关系。"② 同样，WCT 和 WPPT 序言也强调缔约各方应承认有必要保持作者以及著作邻接权人的权利与广大公众的利益，尤其是教育、研究和获取信息的利益之间的平衡。③ 可见，著作权生态关系不仅是指信息作为商品的所有权关系，还应包括对大众文化参与下的"公共领域"（public sphere）的塑造，以实现市民社会的民主互动，最终推动参与者实现自身发展的个人自治。这里作为个体的参与者仅限于作品的个人使用者，而非普遍意义上的所有使用者。可以说，使用者作为个体，只有通过更大程度的表达自由，才能使自我价值的实现程度更高，反之则越低。所以，著作权生态关系需要通过表达自由的"民主对话"功能，来保障个人使用者在必要的空间内行使公共文化参与下的"个人"自由。

（二）作为私域自治的个人价值

"私"（private）在西方源自一种"非公开的私生活"，早期意指可以躲避他人的视线，避免他人的监视。④ 在我国，"私"从长期作为"公"

---

① Melville B. Nimmer, "Does Copyright Abridge the First Amendment Guarantees of Free Speech and Press?" *UCLA L. Rev.* 17 (1970): 1196 – 1200. Paul Goldstein, "Copyright and the First Amendment," *Colum. L. Rev.* 70 (1970): 988.

② Directive 2001/29/EC of the European Parliament and of the Council of 22 May 2001 on the Harmonisation of Certain Aspects of Copyright and Related Rights in the Information Society, Preface (3).

③ 如 WCT 序言规定："缔约各方……承认有必要按《伯尔尼公约》所反映的保持作者的权利与广大公众的利益尤其是教育、研究和获得信息的利益之间的平衡"，WPPT 序言规定："缔约各方……承认有必要保持表演者和录音制品制作者的权利与广大公众的利益尤其是教育、研究和获得信息的利益之间的平衡"，参见〔匈〕米哈依·菲彻尔：《版权法与因特网（上）》，郭寿康、万勇等译，中国大百科全书出版社，2009，第 1036、1048 页。

④ 〔日〕佐佐木毅、〔韩〕金秦昌主编《公与私的思想史》，刘文柱译，人民出版社，2009，第 5 页。

的对立面逐渐演化成"公"的重要组成部分。在《说文解字》中,"公"被拆分为"八"和"厶"两部分,其中"厶"即"私","八"即背、相反的意思。可见,"私"在古代中国常被视为公的对立面而存在。① 我们说"公私不分""假公济私",都是从这一传统意义上理解的。自明清时期,"私"被赋予了更深刻的内涵,成为实现社会"天之公"的重要工具。如李贽就曾说:"夫私者,人之心也。人必有私,而后其心乃见;若无私,则无心矣。如服田者私有秋之获,而后治田必力。"② 在李贽看来,唯有安定服田者之"私",才能最终实现治田者之"公"。可见,公私之间互动合一,公私关系可以被概括为"合天下之私,以成天下之公(顾炎武语)"。

西方学者则站在更高层面来论证"私"和"私域"(private sphere)的价值。"私"借助"私域"侧重于实现人的市民品格和个人价值塑造,"私"的实现以"私域"为基础。"私""私域"隐含了个人对其生活、自身事务的自主控制和欲求,使个人特定行为(包括表达自由)免受干涉。举个例子,一对夫妻在家里看淫秽光碟,在传统道德观念来看是受到质疑的,但法律从不认为这一行为应受制裁。其原因一方面在于这种行为虽在道德上可能被否定,但并非发生在公共场所,不构成对公共秩序的影响;另一方面则在于,个人有权通过私域对其生活欲求进行自主控制,以实现其个人自治,不受他人的非法干涉和监视。③

从前面哈贝马斯对公共领域的历史梳理可以看出,公共领域可以被理解为集中形成公众的私人领域,公共领域甚至源自私人领域,故哈氏本人从不排斥"私域"。言及政治中的公共性,更脱离不了私域,政治公共性的前提就是家庭之私密空间及其功能的存在。④ 作为私域自治的基本人权

---

① 〔日〕佐佐木毅、〔韩〕金泰昌主编《公与私的思想史》,刘文柱译,人民出版社,2009,第37页。
② 〔日〕佐佐木毅、〔韩〕金泰昌主编《公与私的思想史》,刘文柱译,人民出版社,2009,第45页。
③ *Stanley v. Georgia*, 394 U.S. 557 (1969); *Lamont v. Postmaster General*, 108 U.S. 301 (1965).
④ 〔日〕佐佐木毅、〔韩〕金泰昌主编《公与私的思想史》,刘文柱译,人民出版社,2009,第21页。

在国际公约中早有体现,如联合国 1948 年《世界人权宣言》第 12 条就曾宣示:"任何人的私生活、家庭、住宿和通信不得随意干涉,……人人有权受到法律保护,以免受这种干涉或攻击。"普通法有句古谚叫"每个人的家即是他的堡垒"(Every man's house is his castle),正是私域塑造着人作为本体存在,通过个人对"独处和亲密关系的自决及控制"①,保证个人免受不法侵害。在公共哲学家阿伦特看来,一个人假如不能以自我为中心拥有私域空间,就不可能参与到社会事务当中,因为他在这个社会没有一个属于自己的位置。②可见,就个人使用者而言,"私域"是个人追求自我实践和发展的领域,它能实现自我的认知、自我形象的建立、生活目标的追求和形成等,是个人生活中实质的、终极的目的性部分,是由个人的价值、情感和自我认知所支配的领域。③

应注意的是,个人使用的私域自治无法脱离个人对"亲密交往"(intimate association)的自决。④ 所谓"亲密交往",是指"个人是某细小单位的一部分,而这个单位要求与外界隔离,以便在两个或以上的人之间建立亲密坦诚的关系"⑤。在这一关系中,人与人之间彼此交流着信息,实现互动,免受他人的干预和不法侵害。亲密交往关系一直是个人实现私域自治的重要内容之一,甚至成为解释公民私域自治的理论基础。⑥ 可见,个人的私域活动除了包括个人的自我独处一面,还包括个人与其他人亲密交往的一面。对此有学者分析道:"我们如果打算和自己愿意交往、自己信任的人交朋友,那么很重要的事就是,告诉他自己的情况,向他展示我们不愿告诉或展示给别人的个性"。⑦ 如果将此观点放在个人使用中

---

① Tom Gerety, "Redefining Privacy," *Harverd Civil Rights&Civil Liberties. L. Rev.* 12 (1977): 236.
② Hannah Arendt, *The Human Condition* (Garden City&New York: Doubleday Anchor Books, 1959), p. 124.
③ 屠振宇:《宪法隐私权研究》,法律出版社,2008,第 91 页。
④ Kenneth L. Karst, "The Freedom of Intemate Association," *Yale L. J.* 89 (1980): 635-636.
⑤ Alan F. Westin, *Privacy and Freedom* (New York: Atheneum Books, 1967), p. 32.
⑥ Tom Gerety, "Redefining Privacy," *Harverd Civil Rights&Civil Liberties. L. Rev.* 13 (1977): 236.
⑦ James Rechels, "Why Privacy is Important?" *Philosophy and Public Affairs.* 4 (1975): 327-328.

则可以得出，个人使用的范围并不仅限于使用者本人使用，还包括与亲密交往关系的亲友之间，自由地分享和交流信息。个体正是通过和亲密交往关系中的其他人进行交往，不断塑造着自我归宿感和身份认同感，实现着自我认知的个人自由。如果说在作为大众文化参与之"公共领域"（public sphere）的公开场域内使用作品，则与著作权主体利益之间存在着不可调和的冲突，那么允许在亲密交往关系中的私域范围内使用作品，将会有效发挥私域作为"公共空间"的大众文化互动及参与作用，进一步推动个人对知识信息的接触和获取，从而有效促进他们对知识养分的汲取和学习。换言之，"如果著作权法限制人们在亲密交往关系的私域内自由地传递知识和经验，将会严重压制人们思想和知识的提高"[1]。可见，个人使用的"个人"价值还体现在私域自治下的亲密交往关系中。

（三）个人价值与关系价值

在言及个人使用的"个人"价值时，不能脱离人与人之间的著作权关系。在著作权生态关系中，著作权人和使用者都是著作权关系的主体和参与者。如果仅从使用者的本体视角，一味强调个人使用具有非常重要的个人价值，而忽略著作权人（包括作者和投资者）的个人价值诉求，就会走入各说各话的无问题意识当中。

应看到，正是作者和投资者实现了作品的创造，推动了作品的有效传播。"如果人人都可以免费自由地收割你所种植的庄稼，你将没有任何动力去耕种"[2]。创作和传播都需要一定成本，如果作者及投资者不能收回成本，就没有创作和传播的积极性。所以，需要提供一定激励机制来实现作者及投资者的回报，而授予著作权则是可选择的激励机制之一。但是，若把著作权关系束足于著作权人的个人价值欲求，认为著作权仅为类同于有体物的财产支配关系，仅发挥着信息作为商品在自由市场中的配置功能，则会走入著作权价值判断的另一极端——使著作权滑入个人财产自由

---

[1] Jennifer E. Rothman, "Liberating Copyright: Thinking Beyong Free Speech," *Cornell L. Rev.* 95 (2010): 519.

[2] Richard A. Posner, "Do We Have Too Many Intellectual Property Right?" *Marq. Intell. Prop. L. Rev.* 9 (2005): 177.

的极端利己主义当中。文德尔班在批评施蒂纳所著的《唯一者及其所有物》时,就曾表达过对这种极端思想的不满:"他(施蒂纳)用其观念和意志创造出这个世界,因此他的所有物可以扩大到他愿意扩大的地方……除了他自身的福利以外他不承认任何东西。"① 在文德尔班看来,他更愿意将事物的价值判断放在个人与社会的关系中加以探讨,即把个人价值的实现放在与他人及整个社会关系中的联系和比较中加以反思。②

信息不同于有体物的重要特征在于它不具有天然稀缺性和可损耗性。更重要的是,信息具有服务公众文化欲求的公共属性,即可共享性。在著作权关系中,个人使用一方面发挥公共民主参与和文化交往的重要作用,以推动文化公共价值的实现;另一方面则实现着个人使用者在表达自由、私域自治中的个人价值。即使不谈个人使用的公共价值,将著作权人与个人使用者这二者之间的个人价值进行比较,也会得出应重视个人使用者"个人"价值的结论。如果你有一块面包,我掠夺而食,我确实实现了个人价值,但你作为所有者却失去了个人财产自由甚至生存权。信息则不同,它具有的公共属性在使著作权人获得回报的同时,也使他人获得教益,正如"我的蜡烛点燃了他的蜡烛,获得了光而并不使我的光变暗"③。如果将任何对作品的个人使用都视为侵权,那么使用者将失去表达自由和私域自治的个人自由;若给予个人使用以必要自由,只能说著作权人财产权预设的经济利益受到限制,并不能说著作权人的个人自由就受到了粗暴干涉。或许有人会说,如果法律允许使用者随意使用作品,著作权人的商业利益将受到损害,这实际上侵害了著作权人的个人财产自由。对此,沃尔德伦(Jeremy Waldron)认为著作权的财产权本质是一种为了激励作者而向使用者征收的税赋,并通过水资源的例子来说明问题:假如法律准许某人对水资源征税,那它也可被拟设为一种稀缺资源而成为一种财产,这个人会凭借对它的垄断而实现个人收益最大化。然而,水资源征税的结果却使每一个使用者受到损害,他们的个人生存自由也将受到严重破坏。但现实中法律并不会准许特定的某个人这

---

① 〔德〕文德尔班:《哲学史教程》(下),罗达仁译,商务印书馆,1993,第920页。
② 〔德〕文德尔班:《哲学史教程》(下),罗达仁译,商务印书馆,1993,第912页。
③ 〔美〕托马斯·杰斐逊:《杰斐逊选集》,朱曾汶译,商务印书馆,1999,第598页。

样做，每个人都可以自由地使用它，这个人的生活依然照旧，他的个人自由并不会受到任何直接损害。[1] 在这种情况下，这个人基于垄断水资源享有的个人收益最大化受到了"破坏"，就能被视为他的个人财产自由受到直接侵害吗？以此类推，从公共价值出发，著作权法允许包括个人使用在内的权利限制的存在，是对著作权人的必要激励前提下达成的社会共识，实现著作权人与使用者之间对作品进一步创作和传播的良性循环与互动。只有通过对作品的使用，后续作者才得以产生。可见，就著作权关系而言，法律对著作权人与个人使用者进行政策权衡时，应对二者关系的个人价值判断有所区分。

第三节 个人使用的界定

长期以来，个人使用并未被视为著作权法既定的规范概念，学术界也少有规范性研究。然而，从著作权不保护什么的否定性视角来看，作为著作权限制情形的个人使用，如同著作权保护什么一样，发挥着划定著作权保护边界的权利"焦点"功效。可见，只有界定清楚个人使用的内涵和外延，我们才能在著作权人与使用者之间，提供一种法律可操作的利益配置标准。

一 辨析："personal use"与"private use"

在英语文本中，著作权法指涉的"个人使用"主要有"personal use"和"private use"两种表达形式。根据英语释义，作为形容词使用时，"personal"是指"of an individual person"，汉语可翻译成"个人的、私人的"，故"personal use"一般译成"个人（或私人）使用"；而"private"指"of one person or group of people, rather than for the general public"，是"相对一般公众而言的某个人或某个群体的"，汉语翻译成"私人的、非公开的"，故"private use"一般译成"私人使用"或"非公开使用"。

---

[1] Jeremy Waldron, "From Author to Copies: Individual Rights and Social Value in Intellectual Property," *Chicago-Kent Law Review* 68 (1993): 841.

《突尼斯著作权示范法》将"personal use"和"private use"作了严格区分。① 根据 WIPO《著作权与邻接权法律术语汇编》中的解释,"personal use"仅限于狭义理解,即个人的"本人独自使用",而"private use"并不限于"personal use"情况下单一个人的独自使用,也用于某特定范围内的若干人的共同目的。② 一方面,"private"的含义并不明确,其主体可以是自然人,也可以是自然人以外的法人或其他组织。如 WIPO 定义的"private use"承认"可能由法人安排进行的使用"③;《瑞士著作权与邻接权法》第 19 条也规定"private use"包括"商事企业、公共事业单位、机构及类似组织内部的信息和文本复制"④,实际上已将"private use"的主体范围延伸至除自然人以外的其他民事主体。这种广义的"private use"可能涵盖以间接营利为目的的商业利用行为,与欧盟《2001/29/EC 号指令》、德法日等国著作权法规定的"private use"并不一致,已超出了本文"个人使用"的讨论范畴。有学者将其翻译成"非公开使用"⑤,这是比较妥切的。另一方面,从"personal"一词的英语释义来看,"personal use"的使用主体仅指自然人,这可以更好地表达"个人使用"的文本内涵。但是,"personal use"的表述缺点在于它并未指明使用的具体目的和范围。应该看到,"personal use"和"private use"一样,都可以指一种与一般公众对应的非公开行为,基于"亲密交往原则"⑥,"personal use"难以排除使用者与关系密切的亲友在私域内的使用。故可以认为,"personal use"在广义上不仅包括个人为自己目的而独自使用作品,也包括个人在私域内的作品使用。概言之,广义的"private use"应被译为"非公开使用",

---

① UNESCO & WIPO, *Tunis Model Law On Copyright for developing countries* (1976), Section 7, (i), (a).
② 参见世界知识产权组织《保护文学和艺术作品伯尔尼公约(1971 年巴黎文本)指南》,刘波林译,中国人民大学出版社,2002,第 180、194 页。
③ 参见世界知识产权组织《保护文学和艺术作品伯尔尼公约(1971 年巴黎文本)指南》,刘波林译,中国人民大学出版社,2002,第 194 页。
④ Federal Law on Copyright and Neighboring Rights of S. C. (1992), R. S. 101, Art. 19.
⑤ 参见世界知识产权组织《保护文学和艺术作品伯尔尼公约(1971 年巴黎文本)指南》,刘波林译,中国人民大学出版社,2002,第 194 页。
⑥ Kenneth L. Karst, "The Freedom of Intemate Association," *Yale L. J.* 89 (1980): 635 - 636. Jennifer E. Rothman, "Liberating Copyright: Thinking Beyong Free Speech," *Cornell L. Rev.* 95 (2010): 519.

狭义的"personal use"应被译为"个人（独自）使用"，而狭义的"private use"和广义的"personal use"可被译成"个人（或私人）使用"。

二 个人使用定义的观点评述①

学者帕特森（Patterson）在其早期著述中认为，"个人使用是指自然人不具备营利的任何动机，为了自己的学习或欣赏，抑或与同事、朋友进行分享的目的，在私域内对作品的使用。"② 在她看来，只要个人使用未构成对版权作品市场价值的实质性替代，就应成为一种脱离合理使用因素主义限制的、独立的权利豁免情形。③ 此后，帕特森修正其观点，认为仅从狭义上理解"个人使用"，是指个人为了非商业性的自身目的而对作品进行使用。④ 作品具有公共属性，法律仅保护著作权人对著作权使用的控制，她强调应将"使用"区分为"对作品的使用"和"对权利的使用"。⑤ 她将个人使用视为一种对"作品"的使用，而不是对"著作权"的使用。在此前提下，帕特森认为个人使用仅是出自本人的学习目的，不仅宪法赋予他这种使用的基本人权，著作权法的根本宗旨也隐含了这一自由。在帕氏看来，个人为自身目的而为的使用并不属于著作权的控制范围。帕特森在对个人使用界定时，一直在规范性界定与价值判断之间徘徊。从早期观点来看，她坚信着个人在私域内的非商业性使用在著作权法

---

① 由于笔者的语言能力限制，该部分主要是对英美法学者的观点评述，虽不周延，但也反映了"个人使用"定义的主流观点分歧。
② L. Ray Patterson & Stanley W. Lindberg, *The Nature of Copyright: A Law of Users' Rights* (Athens: University of Georgia Press, 1991), p. 193.
③ L. Ray Patterson & Stanley W. Lindberg, *The Nature of Copyright: A Law of Users' Rights* (Athens: University of Georgia Press, 1991), p. 194.
④ L. Ray Patterson & Christopher M. Thomas, "Personal Use in Copyright Law: An Unrecognized Constitutional Right," *J. Copyright Soc'y U. S. A.* 50 (2003): 480.
⑤ 帕特森将使用分为经济使用（economic use）、侵权使用（infringing use）、合理使用（fair use）及个人使用（personal use）四类：经济使用是著作权人自己或许可他人对著作权进行商业利用；侵权使用是为商业利益目的的使用，这种使用未经著作权人允许，是对著作权的非法使用；合理使用是法律为鼓励再创作而对著作权人进行的限制，是一种对著作权的限制性使用；而个人使用对于保障使用者学习的宪政人权必不可少，它是对作品的非商业性使用，而不是对著作权的使用。在帕氏看来，对作品的使用是一种自由使用，参见 L. Ray Patterson & Christopher M. Thomas, "Personal Use in Copyright Law: An Unrecognized Constitutional Right," *J. Copyright Soc'y U. S. A.* 50 (2003): 479-480。

中发挥着重要价值，但私域使用正当性的难以证成致使她放弃对这一内容的论证，转而从鼓励学习的宪政人权基础角度来论证使用者本人使用的正当性。然而，帕氏陷入了难以自圆其说的论证逻辑当中。她把对"作品"的使用和对"著作权"的使用作为论证的前提，对于为什么个人使用者使用的是"作品"而不是"著作权"，她没有提供充足的论据。或许在帕特森看来，个人自身目的的使用是正当的，所以不应受著作权的控制；而个人在私域范围内的使用不甚合理，所以就不属于她定义的个人使用。但这无疑产生了用所要论证的问题来说明问题本身的逻辑困惑。

相对于帕特森而言，黛博拉·达西（Deborah Tussey）则陷入另一极端。她从商标权、商品化权等类推出知识产权都不应限制非商业性目的的个人使用，进而得出，个人使用在著作权法中也应受到豁免。① 达西认为，个人使用是指个人为了自身及与他人免费分享的目的而对作品发生的"消费型使用"和"改编型使用"。同时，她将"个人消费型使用"分为"狭域的消费型使用"（small-circle consumption）和"广域的消费型使用"（redistributed consumption），将"个人改编型使用"又分为"狭域的改编型使用"（small-circle adaptation）和"广域的改编型使用"（redistributed adaptation）。② 虽然达西承认立法应对广域的消费型使用进行限制，但从她对个人使用的定义可以得出，个人使用就是自然人作为主体的使用，这种使用的范围限制不构成"个人使用"的界定前提。可见，达西理解的个人使用还涵盖自然人的公开使用，而这无疑构成对著作权人向公众传播利益的直接侵蚀。试想一下，如果任何人都可以自由地公开传播作品，那将对著作权人的创作或投资回报构成直接威胁。毕竟在对著作权关系进行权衡时，法律仅给使用者提供必要的使用空间。如果允许他们自由地传播

---

① Deborah Tussey, "From Fan Site to Filesharing: Personal Use in Cyberspace," *Ga. L. Rev.* 35 (2001): 1129.
② 达西认为，"狭域的消费型使用"是自然人基于本人或与关系密切的亲友之间对作品的直接获取和使用，"广域的消费型使用"是自然人为他人的消费目的而将作品原封不动地公开传播；"狭域的改编型使用"是自然人基于本人或与关系密切的亲友之间对作品的改编型使用，而"广域的改编型使用"是自然人公开与他人分享对作品的改编型使用。参见 Deborah Tussey, "From Fan Site to Filesharing: Personal Use in Cyberspace," *Ga. L. Rev.* 35 (2001): 1134–1138.

作品，既违背了著作权法的初衷，又超出了作为权利限制的个人使用的合理性基础。

学者杰西卡·李特曼（Jessica Litman）则站在更宽阔的著作权关系视野来探讨个人使用。她认为"个人使用"是自然人为了本人或在家庭、密友之间出于非商业目的的使用，包括阅读、观赏、浏览、运行、复制以及演绎等转换性使用行为。① 从社会实践出发，李特曼承认"个人使用"包括"合法的个人使用"和"法律处理模糊的个人使用"，故她将规范意义上的个人使用限定为"不能构成对作品'商业利用'（commercial exploitation）的直接竞争"② 的使用行为。在她看来，个人使用不构成对作品商业利用的直接竞争，是强调该使用对著作权人的经济利益未造成直接的实质性损害。对 Napster 案"直接经济利益"的泛化解释，③ 李特曼提出了异议。她认为"商业性"（commerciality）一词不能仅限于对著作权人商业开发之经济收益的考察，而应将其放到整个著作权关系的结构中，作为实现社会价值的经济正当性加以论证。这里的商业利益不应作泛化理解，而只能限于直接的商业利益。④ 由此可见，对著作权人的商业利益不构成重大危害和破坏是个人使用的必要前提，而个人使用仅造成较低限度的收益缩减和影响应被立法允许。可见，在李特曼看来，著作权生态关系的塑造除了要保护著作权人的专有权以外，还应包容促进公共利益实现的信息自由，而个人使用正是信息自由不可或缺的内容之一。

三 个人使用的界定及构成要素

通过梳理个人使用的立法现状与价值，辨析"personal use"和

---

① Jessica Litman, "Frontiers of Intellectual Property: Lawful Personal Use," *Tex. L. Rev.* 85 (2007): 1893 - 1894.
② Jessica Litman, "Frontiers of Intellectual Property: Lawful Personal Use," *Tex. L. Rev.* 85 (2007): 1894.
③ 法官在 Napster 案中认为："直接经济利益并非仅限于商业使用。对版权作品可开发的反复性复制，即使未将复制件用于销售，也可能构成商业性使用。对作品可开发的未许可复制将取代授权复制件的有偿购买。"参见 *A&M Records, Inc. v. Napster*, 239 F. 3d 1004, 1015（9th Cir. 2001）。
④ Jessica Litman, "Frontiers of Intellectual Property: Lawful Personal Use," *Tex. L. Rev.* 85 (2007): 1912 - 1914.

"private use"的关系以及对个人使用相关观点进行评述，本文认为"个人使用"应被理解成广义的"personal use"或狭义的"private use"，它是自然人出于不具商业性的本人目的及与关系密切的亲友在家庭或类似家庭范围内使用的目的，对作品实施的复制行为以及翻译、改编等演绎行为。具体可从以下几个方面加以阐释。

（一）个人使用的主体：自然人

个人使用的主体应限于自然人，不包括法人或其他组织等主体。之所以本文采"个人使用"（personal use）而非"私人使用"（private use），是因为"私"的界定模糊。从民法基本理论来看，"私"主体即民事主体，包括自然人、法人和其他组织，甚至国家有时都可以作为民事主体参与民事活动。若按这种理解，"私人使用"的主体就和WIPO《著作权与邻接权法律术语汇编》《突尼斯著作权示范法》第7节第1条第1款、《瑞士著作权与邻接权法》第19条解释的内容近似，① 将主体延伸至自然人以外的其他民事主体，而这可能涉及对作品直接或间接的商业性利用，与本文探讨的主旨不一致。所以，"personal use"更符合本文所指的个人使用，个人使用的主体仅限于自然人。

（二）个人使用的使用范围："私域"

个人使用的使用范围仅限于本人以及与其关系密切的亲属、朋友之间在私域内使用作品，应侧重强调使用者与使用范围内的其他人之间身份上的密切联系。严格意义上，"私域"比"非公开范围"的外延更小，仅应依据个人的"亲密交往"（intimate association）② 原则在特定身份联系的主体（如三五个亲友）之间得以建立，一般仅被理解成"本人、家庭或其他类似的有限范围"③。对于"私域""其他类似的有限范围"如何界定，国际公约及绝大多数国家立法并无相关解释。在TRIPs协议"布鲁塞尔草案"议程中，工作组认为，在对"公开"（public）一词做出定义时，

---

① 详见本节前述"personal use""private use"辨析部分。
② 详见个人使用的"个人"价值阐释部分，参见 Kenneth L. Karst, "The Freedom of Intemate Association," *Yale L. J.* 89（1980）: 635 – 636. Jennifer E. Rothman, "Liberating Copyright: Thinking Beyong Free Speech," *Cornell L. Rev.* 95（2010）: 519 – 522。
③ 《日本著作权法》第30条，参见《日本著作权法》，李扬译，知识产权出版社，2011，第23页。

应遵循"三步检验法"的判断标准,不得与作品的正常利用相冲突,也不得不合理地损害权利人的合法利益。① 这里的"公开"可以理解成"(指向)公众"。受众可以是不特定之一人,也可以是多数人,对象都指向"不特定人"。如果将"公开"与"私域"视为一对相对应的概念,则可以推知个人使用的"私域"界定也是由各国根据自身情况,依据"三步检验法"做出的政策选择。这点从部分国家及地区的立法实践可以推知:如日本、我国台湾地区著作权法等虽规定"公开"再现作品指向的"公众"包括"特定之多数人"②,但仍承认基于"亲密交往"原则形成之少数人(如身份上具备密切联系的三五个亲友之间)不在"公众"范围以内,将"家庭或其他类似家庭的有限范围"这一私域从"公开/向公众"范畴内加以排除。我国台湾地区《著作权法》甚至将"家庭及正常社交之多数人"排除在"公众"之外。而《瑞士著作权法》第19条则将"私域"范围延伸至"商事企业、公共事业单位、机构以及类似组织的内部关系",使"公开/向公众"这一概念的外延进一步受到限缩。再如《埃及知识产权保护法》第171条将"在教育机构内聚集的学生之间的作品表演"视同家庭类似范围内的使用,③ 这是埃及立法从教育研究的公益目的出发,对"私域"界定所做出的政策选择。

(三)个人使用的目的及影响:"非商业性"判断

个人使用仅限于非营利性的本人及私域使用目的,即个人的非商业性使用目的。至于这种个人或私域使用目的是学习、研究抑或欣赏、分享,其本身并不构成对个人使用目的的限制。诚如雷炳德教授对德国联邦法院一则判例评价的那样,"这种使用行为(指个人使用)是在私生活领域发生的,与所追求的相关目的无关"④。只要不具备商业性使用目的,学习、研究抑或欣赏、分享并不构成个人使用目的的限制条件,这一点构成个人

---

① Gervais, *The TRIPs Agreement: Drafting History and Analysis* (London: Sweet & Maxwell Press, 1998), p.102.
② 如《日本著作权法》第2条"定义"规定,"本法所称的公众,包括特定之多数人";又如我国台湾地区《著作权法》第3条第4款规定,"公众"是指"不特定人或特定之多数人,但家庭及正常社交之多数人不在此限"。
③ Law on the Protection of Intellectual Property of A. R. E. (2002).§171 (1),(2).
④ 〔德〕M. 雷炳德:《著作权法》,张恩民译,法律出版社,2005,第300页。

使用的重要内涵之一。从历史轨迹看，著作权法主要根植于对出版业在商业竞争中所产生冲突的解决，并由此不断完善、发展。① 著作权法规制的使用行为主要是以营利性目的为主的商业利用行为。对此，有学者甚至认为，盗版行为"偷的并非是财产或其他对象"，而是"一种市场或具有商业潜能的利用开发可能性的客体"。② 可见，个人使用的目的区别于著作权主要的支配客体——商业利用行为的营利性目的，"使用"（usage）不同于"利用"（exploitation）。"使用"对作品的市场影响，即是否损害著作权人在市场中的商业利益也构成个人使用的非商业性判断之一。在考虑个人使用的商业利益影响时，应将著作权人的商业利益限定于直接的经济收益，排除更大范围、不合理的间接利益适用。③ 严格意义上，任何著作财产权限制都可能对著作权人的商业利益构成消极影响，如果只因为使用行为影响到著作权人的商业利益，就认为它们不具有合法性，那几乎所有的合理使用情形都应废除。这在论证逻辑上将会陷入个人财产自由的极端利己主义当中。基于个人使用的"公共"价值和"个人"价值，我们在著作权关系的价值判断上应有所区分，个人使用的商业性影响仅限于对著作权人直接经济利益的影响。换言之，只要个人使用对著作权人的商业利益不构成直接的实质性危害和破坏，仅造成著作权人经济利益的间接缩减和较低限度的影响就应被允许。④

（四）个人使用的使用类型：个人复制和个人演绎

从语义上看，"使用"一词具有高度的涵括性，难以具体列明其具体行为类型。通常情况下，"使用"指依事物的性能或用途，在不改变事物本体及其性质的情形下对其加以利用，以供需求。它既可以涵括著作权人控制的与作品复制、传播、演绎等再现形式相关的一切行为，也可用于不

---

① Jessica Litman, "Revising Copyright Law for the Information Age," *Or. L. Rev.* 75（1996）: 45 – 46.
② Christopher Lind, "The Idea of Capitalism or the Capitalism of ideas? A Moral Critique of the Copyright Act," *Intellectual Property Journal* 7（1991）: 69.
③ Jessica Litman, "Frontiers of Intellectual Property: Lawful Personal Use," *Tex. L. Rev.* 85（2007）: 1912 – 1914.
④ Hiram Melendez-Juarbe, "Preliminary Remarks on Personal Use and Freedom of Speech," *SSRN*（2010）, p. 42, available at: http://ssrn.com/abstract = 1563543, 最后访问日期：2013 年 6 月 30 日。

纳入著作权范畴内的使用行为。从使用在信息获取的不同时间阶段来看，个人使用可以分为以下两类：一是个人以获取信息为目的的"接触"性使用。比如为学习、研究的目的，个人对图书馆文献部分内容的复印行为；二是个人获取信息后的使用，如阅读从朋友借来的书籍、在家庭范围内播放、混搭购买来的音乐唱片和影视光碟等。从使用的性质来看，个人使用又分为个人转换性（再生产性）使用和个人消费性使用。从使用时间上看，消费性使用一般先于转换性使用，如在写作中引用或撷取他人文献中的观点，首先需要获取和充分消化文献。同时，无论是个人消费性使用还是个人转换性使用，都是以获取信息后的使用性质和效果为区分标准，故不同于前面讲到的个人以获取信息为目的的"接触"性使用。所以，不能将个人消费性使用简单地等同于以获取信息为目的的"接触"性使用。当以获取信息为目的的"接触"性使用完成之后，既可能继之发生个人消费性使用，亦可能产生的是个人转换性使用。

需要说明的是，规范意义上的个人使用与社会实践中的个人使用是不同的。社会实践中的个人使用包括个人在私域内对信息的阅读、聆听、浏览、朗诵、学习、表演、引注、转换、分享等使用方式，难以列明其具体类型。而规范意义上的个人使用是指被著作权所涵盖的，被立法给予豁免或合法的作品使用方式。一般情况下，社会实践中的个人使用外延大于规范意义上的个人使用，当社会实践中的个人使用不被著作权所涵盖时，无所谓立法是否豁免的问题，其本身就是一种自由使用。如我买了本书，我有权阅读它，甚至我享有借给亲友阅读的自由。法律允许使用者对自己购买的作品复制件随意地阅读、演奏，也允许使用者在自己的私人圈子内自由地表演作品，甚至允许使用者将作品复制件转交给其他的家庭成员、亲属或朋友分享。[①] 可见，作为权利限制情形的个人使用类型，应从法律规范意义上加以界定。

可以认为，要认清"个人使用"在规范意义上的使用类型，就要通过著作财产权控制及约束的使用行为类型来界定。这需要著作财产权的划分标准作为界定依据。总体而言，依据我国《著作权法》的相关规定，

---

① 〔德〕M. 雷炳德：《著作权法》，张恩民译，法律出版社，2005，第298页。

著作财产权可以被划分为有形利用权（复制权、发行权、出租权）、无形再现权（展览权、表演权、放映权、广播权、信息网络传播权）及演绎权（摄制权、改编权、翻译权）三大类。① 在这三大类著作财产权中，一些权利基于本身的定义无法涵盖"个人使用"，故这些权利类型的"个人使用"都不属于规范意义上的个人使用方式，甚至不能纳入"个人使用"的概念当中。从这个意义上讲，虽然我国《信息网络传播权保护条例》在"合理使用"的权利限制情形中并未列举"个人使用"情形，但这并非否认个人使用在数字互联网环境中的合法性，而是从自身的"私域"特性来看，"个人使用"并不适用于对信息网络传播（属于"公开"或"向公众"再现或提供作品的范畴）权的限制。是故，我们不能通过《信息网络传播权保护条例》的条文推导出数字互联网环境下的个人使用行为在我国是违法行为的结论。而且，诸如发行权、展览权、表演权、放映权、广播权、信息网络传播权等，因其定义都强调是一种"公开"或"向公众"再现或提供作品的使用支配权，② 规制的使用行为方式根本就不可能发生在个人使用的私域内，所以这些权利不存在规范意义上的个人使用之说。实际上，我们谈到社会实践中的私人表演时，这里的"表演"含义已不同于"表演权"的"（公开）表演"。又如出租权，因其定义强调"有偿许可他们临时使用"③，故出租权的"出租"是指以营利为目的的使用。又因个人使用仅限于不以营利为目的的使用，故不存在个人"出租"的个人使用类型。

经上述分析，个人使用仅适用于对复制权与演绎权的权利限制，可划分为个人复制和个人演绎。从规范逻辑上看，作为主要类型的个人复制，其权利限制的可适用性当无疑问。但个人演绎（如翻译、改编等）能否作为个人使用对著作权进行限制的类型之一，不仅很少有人分析，也存有争议。或许有人会提出如下质疑：某些情况下，作者并不满意演绎者对作品的演绎表达，认为它会造成作者声誉的污损。如果允许他人随意对作品

---

① 《中华人民共和国著作权法》第9条。需要补充的是，笔者认为汇编权并无独设的必要，其可以被复制权涵盖，各国立法也少有规定独立的"汇编权"。
② 《中华人民共和国著作权法》第9条第6、8、9、10、11、12款。
③ 《中华人民共和国著作权法》第9条第7款。

进行演绎转换，则不能有效保护作者的著作人身权（精神权利），将对作者的保护作品完整权构成侵害。本文认为：首先，本文仅从规范意义上探讨著作财产权视阈内的个人使用，使用者确有必要对作者的著作人身权（诸如发表权、署名权、保护作者完整权等）给予尊重，但并非是说因为承认作者的著作人身权，才使著作权人有权控制他人对作品的所有使用行为。毕竟，著作权法维系的是一种"信息作为一种商品的市场利益和信息表达自由之间的平衡"①。其次，这里探讨的"演绎"仅就个人使用类型而言，不涉及"公开"使用。如果个人仅出于学习、研究或其他目的在私域内翻译、改编作品，且未在公开场所传播，那又何以能证明会对作者声誉构成污损呢？笔者以为，与民法之名誉权相似，受保护的作者声誉也是一种社会公众评价，这正是在家里发泄对某人的不满和在公共场所侮辱人之间的关键区别。② 社会实践中，使用者基于个人目的都可以对他人作品进行翻译或改编，从未有人指责过他们。如果使用者想把演绎作品公开传播，就必须征得原作品的作者同意。这种同意，一方面是作者对演绎权许可使用的同意，另一方面则是作者对保护作品完整权的默示放弃。可见，个人演绎可以作为著作财产权限制的个人使用类型之一。

综上所述，社会实践中的个人使用方式包括个人在私域内对信息的阅读、浏览、学习、表演、批注、转换、分享等。从规范意义上理解，个人使用主要包括个人复制和个人演绎（翻译、改编等③）两类，并以个人复制为主。

---

① Directive 2001/29/EC of the European Parliament and of the Council of 22 May 2001 on the Harmonisation of Certain Aspects of Copyright and Related Rights in the Information Society, Preface (3).

② 名誉是指名望和声誉，广义的名誉包括外部名誉和内部名誉，外部名誉是指他人对特定自然人和法人的属性所给予的社会评价，内部名誉是指人对其内在价值的感受（即名誉感），民法所保护的名誉仅指外部名誉，不包括内部名誉。参见张玉敏主编《民法》，高等教育出版社，2007，第182页。

③ 就摄制权而言，原本可以被改编权涵盖，但基于产业利益的考虑，《伯尔尼公约》斯德哥尔摩会议（1967年）将其作为一项单独的著作财产权加入《伯尔尼公约》文本当中。就个人使用而言，若个人仅出于自娱自乐的非营利目的对作品进行摄制且未向公众传播，则应属于规范意义上的个人使用类型。

本章小结

通过对个人使用的立法考察可以发现,个人使用的立法设计一直是国际公约及各国著作权法极具争议的问题。从个人使用的"公共"价值和"个人"价值可以得出如下结论:个人使用在著作权生态关系中发挥着鼓励学习、实现表达自由和促进公共文化交往的积极作用,这正是著作权法公共政策所隐含的重要内容。在此基础之上,综合对"personal use""private use"的辨析以及对个人使用定义的观点评述,本文认为个人使用的概念可以从主体、使用范围、使用目的及影响、使用类型四个方面来界定,具体是指自然人为了不具商业性的本人目的及与关系密切的亲友在家庭或类似家庭范围内使用的目的,对作品实施的复制行为以及翻译、改编等演绎行为。然而,本章仅解决了个人使用是什么以及为什么需要个人使用的理论基础问题。伴随数字传播技术特别是网络技术的飞速发展,个人使用一方面受益于网络技术带来的传播效率,另一方面却更受制于技术对作品传播的有效控制。技术在著作权扩张乃至个人使用困境中扮演何种角色将构成下一章论证的主要内容。

第二章　数字环境下的个人使用困境：文化向技术投降？

> 复制对于数字生活的重要性，不亚于呼吸对于现实生活的重要性。
>
> ——劳伦斯·莱斯格
>
> 假如每个人都相信经济规律是独立于人类而自然存在的，那么工人就更容易接受低工资作为他们的劳动回报，而不是把这种交易看成是需要改革的结构性不公。
>
> ——哈贝马斯

第一节　数字技术对著作权传统格局的影响

一　数字技术对著作权的冲击与挑战

著作权制度的发展史也是传播技术不断发展与进步的演化史。[①] 传播技术的革命不仅带来著作权法的产生与发展，也给著作权传统格局造成冲

---

① 一般而言，著作权制度所经历的传播技术发展阶段可以被概括为印刷技术时期、模拟技术时期和数字技术时期三个阶段。其中的模拟技术和数字技术可以被统称为电子技术。本文侧重于对数字技术（特别是互联网技术）环境下的个人使用问题阐述，故未采用一般的分类方法，而将著作权制度所经历的传播技术发展阶段概分为前数字技术时期和数字技术时期。

击与挑战。有学者将传播技术的发展带给著作权法的影响分为三个阶段：第一次浪潮是催生著作权制度产生的印刷技术普及，而模拟复制技术在私人领域的普及可以被视为著作权制度的第二次浪潮。随着数字互联网时代的到来，著作权法迎来了技术挑战的第三次浪潮。[①]

伴随数字技术特别是互联网技术的迅速发展，人类进入史无前例的信息社会。信息社会又称信息化社会，是信息在后工业时代发挥主要作用的社会模式。从技术特征来看，信息社会即一种"3C"社会，主要包括社会的"通讯化"（Communication）、"计算机化"（Computerization）及"自动控制化"（Cybernation）。[②] 可见，信息社会的技术特征主要表现为技术的数字化，故信息时代也可以被称为数字技术时代。[③] 这一时期的数字技术与前数字技术时期模拟技术的区别是处理对象的不同。模拟技术处理的是模拟信号，它依靠电流或电压的不同来表达信号内容。而数字技术处理的则是由1和0串行或并行编码的数字信号。数字技术的优势在于联通计算机、信息处理设备和信息传播网，使计算机发挥强大的数据处理能力。同时，数字技术还有较高的抗干扰和抗失真能力，从而使各类信息的传播、复制更加精确。[④]

数字技术带来的巨大变化及革新主要表现在以下几个方面。首先，数字技术使传统媒介能够集中起来并实现一体化。传统著作权具有媒介的单一性，即不同媒介对应着不同的著作权类型。[⑤] 随着数字技术的一体化发展，所有的媒介都以1/0二进制的数字形式进行传播，传统作品的所有媒介演变成集中的单独形式。这种一体化的数字多媒体形式集中了各类传统媒介的优势，避免了媒介分离的各自缺陷，从而实现视、听、读的有效结合。正是数字技术的一体化特性，文字、声音、图像、数据等各类媒介形

[①] 〔日〕田村善之：《日本知识产权法》（第4版），周超、李雨峰、李希同译，知识产权出版社，2011，第458～459页。

[②] 百度百科"信息社会"阐义，http://baike.baidu.com/view/45594.htm，最后访问日期：2012年1月30日。

[③] 总体而言，数字技术主要包括通信技术、微电子技术以及计算机技术等，参见吴汉东等：《走向知识经济时代的知识产权法》，法律出版社，2002，第101页。

[④] 张今：《版权法中私人复制问题研究》，中国政法大学出版社，2009，第126页。

[⑤] 吴伟光：《数字技术环境下的版权法：危机与对策》，知识产权出版社，2008，第28页。

式被压缩成数字形式，使得信息在互联网环境中发生有效的传播。其次，数字互联网传播技术还改变了人们获取和传播信息的方式。通过数字技术和互联网技术，各类信息可以被转化成不同序列的二进制代码，在全球范围内联结起来的计算机之间进行自由传送。正是数字技术和网络技术的不断发展，人们只需轻松点击鼠标，就可以获取海量的有用信息。在数字技术时代的互联网环境下，人类可以自由地接触、获取全球范围内的各类信息，有效地促进了人自身知识的提高。最后，互联网增进世界各个角落人与人之间的交往和联系，丰富了作品创作的大众参与活动，积极推动了人与人之间的社会互动和文化表达自由。在数字技术的互联网时代，由于技术支持，公众可以实现诸如图像拷制（image copying）、音乐混搭（music remixing）、博客创作（blog writing）等各式各样的消费、转换型使用活动，这不仅发挥了人们彰显市民品格的文化参与和互动作用，而且激发了他们的创作构想和创新能力。正如苹果公司在销售 iPhone 多功能手机时，又有谁会预见到斯坦福大学的一帮学生会通过编改软件把 iPhone 变成一种乐器，甚至会有人组建一支 iPhone 乐队呢？[①]

应该看到，数字技术的自身特性使复制信息的成本几乎降至为零，同时复制件的图效、音质等又和作品原件无异，这是前数字技术时期硬拷贝（印刷）技术乃至模拟复制技术都无法实现的。在前数字传播技术时期，作品固定的形式大多以直接感知的实体形式存在，即难以脱离载体而独立存在。如印刷技术时期，信息的复制成本极为高昂，需要对复制设备进行高额投入，这让为个人使用目的的复制可能性几乎不存在。即使在模拟技术时期，虽然个人复制问题在技术的推动下日渐凸显，但随着复制的持续性发生，复制件的效果（如图像、音质等）依然会产生实质性减损。换言之，以模拟量形态存在的作品会随着每次复制的进行，丢失其中的部分模拟信息。最直观的例子就是录音或录像带的翻录，录有声音或影像的磁带在多次翻录以后，其音质或画质会不断下降，最终导致无法使用。而随着数字技术的不断发展特别是互联网时代的到来，复制的一切天然障碍已

[①]〔美〕丹尼尔·莱昂斯：《苹果的未知数》，美国《新闻周刊》网站 2010 年 1 月 5 日，转引自《参考消息》，2010 年 1 月 8 日，第 7 版。

不复存在。以数字化形式传播作品的媒介特性在于，作品的复制件与原件相比，在信息的质或量上没有任何差异，不会出现硬拷贝和模拟复制技术所造成的内容失真。同时，作品在数字技术的渗透下成为一种脱离物理介质的独立存在形式，无需再借助有形载体即可独立传播。数字信息在互联网中的传播效率和获取便利性，使人们不但可以实现作品"点对点"特定 IP 地址之间的高保真传输，而且还可以实现"一点多址"的高效传播。只要有人点击鼠标、将作品上传链接至网络共享系统（如电子公告板 BBS），任何人通过访问该共享系统，都可以下载该作品。特别是在 P2P 分享技术系统迅速普及的互联网环境下，两个不特定用户的计算机之间可以实现信息的自由交换，这引起了著作权人（特别是著作权投资者）的恐慌，他们发现沿用传统方式已难以控制对作品的数字化传播。以往，著作权人在控制作品有形载体的基础上就能实现对作品公开传播的驾驭，而数字技术产生的作品与载体分离，使信息无需再依赖于有形的复制件就可以毫无成本地独立传播。这使著作权人面对具有复制和传播能力的网络使用者群体处于一种两难境地：一方面，放任自流将使权利人的商业利益受到巨大冲击；另一方面，向使用者追索经济利益的损失又面临诉讼成本、立法定性等一系列棘手的问题。

二 质疑与回应：数字环境下的个人使用解读

主流观点认为，未授权的个人使用（如下载数字作品）在数字环境下对著作权人的利益构成了巨大威胁，"著作权迎来了史无前例的私人复制挑战，其经济影响比历史中的任何时期都更为深远"。[1] 对此，有学者甚至主张法律应赋予著作权人一种完全意义上的复制专有权——接触权（access right），以加强权利人对作品的控制，减轻未授权的私人复制活动对著作权的消极影响。[2] 然而，通过强化与扩张复制权来控制数字环境下的个人使用行为，正如美国著名学者帕特里与波斯纳所言，这在一定程度

---

[1] Marshall Leaffer, "The Uncertain Future of Fair Use in a Global Information Marketplace," *Ohio St. L. J.* 62 (2001): 850.

[2] Jane C. Ginsburg, "From Having Copies to Experiencing Works: the Development of an Access Right in U. S. Copyright Law," *J. Copyright Soc'y U. S. A.* 50 (2003): 125.

上"恰恰是造成著作权运转失灵及失败的主要原因"。①

总体而言,目前认为个人使用在数字环境下对著作权人甚至使用者本人将产生难以弥补之消极影响的主流观点包括两种。第一种观点认为,私人复制的泛滥使著作权人不得不压低作品复制件的售价,因而剥夺了著作权人的经济收益,将严重打击著作权人的创作与投资积极性。在这种观点看来,"私人复制的竞争将迫使著作权人的作品价格降至使用者复制的边际成本",虽然单个的个人使用行为影响甚微,但累计起来将对著作权人的创作与投资积极性造成替代性竞争的消极影响。② 然而,使用者在很多情况下是因为可以自由接触、获取作品(如下载、在线体验等)才会尝试消费作品的。如果不能接触、获取作品,使用者可能选择放弃并转向其他的免费作品。举个例子,使用者会消费免费的卡巴斯基杀毒软件,如果免费的卡巴斯基软件没有了,使用者可能会放弃消费,转而下载、使用免费的360杀毒软件。是故,难以认定为了个人使用目的的下载行为对著作权人的市场利益构成完全替代性的竞争,著作权人将每一次私人复制行为计算成作品复制件的市场份额损失更难以成立。③ 再者,当著作权人授权他人在互联网环境向公众传播作品时,被许可人很可能允许使用者免费下载或在线体验作品,如果著作权人从复制权出发,认为个人使用行为对其市场利益造成实质影响,进而要求使用者支付费用,将导致著作权人对作品复制件的同一批市场供给构成重叠性寻租,违背著作权的立法本意。有观点认为,就以娱乐性消费为主的音乐、电影作品来说,原始创作者的收益与作品复制件的销量之间并无必然联系,作品复制件销量的市场影响并未完全转化为原始创作者的收益损失。④ 数据显示,原创性艺人从唱片公

---

① William F. Patry & Richard A. Posner, "Fair Use and Statutory Reform in the Wake of Eldred," *Cal. L. Rev.* 92 (2004): 1643.
② Raymond Shih Ray Ku, "Consumers and Creative Destruction: Fair Use Beyond Market Failure," *Berkeley Tech. L. J.* 18 (2003): 548. Glynn S. Lunney, "The Death of Copyright: Digital Technology, Private Copying, and the Digital Millennium Copyright Act," *Va. L. Rev.* 87 (2001): 818.
③ 从这个意义上讲,个人使用(如数字下载)并不能完全等同于进入商店行窃的"盗版"行为。
④ Rufus Pollock, "The Value of the Public Domain", Institute for Public Policy Research, July 2006, pp. 9 - 10. http://www.ippr.org, 最后访问日期: 2013年6月30日。

司发行的音乐制品销售额中获取的收益仅占3%,①在一些作者看来,真正的"盗版者"并非分享作品的使用者,而是那些未按授权合同支付作品收益的作品投资商。②实际上,数字(如互联网)技术在推动公众自由接触作品的同时,还能产生"抽样效应"(sampling effect),进一步提升著作权人特别是原始创作者的公众知名度,增加著作权人在多元领域的经济收益。③如使用者通过互联网下载一首新歌,他很可能会对此产生兴趣,转而购买整个音乐专辑。对于原始创作者而言,也可能因为作品的自由接触与使用而获得公众的认同,在现场表演、广告等其他方面获取额外的丰厚收益。实际上,从作品复制件的市场供给来看,真正对著作权人的利益造成实质性影响的是未经授权的作品传播行为(如上传数字作品)。作品复制件的非法公开传播从根源上增加了作品复制件的市场供给,对著作权人的作品复制件价格造成实质性的消极影响。如果说"复制"在数字环境下对著作权人利益构成了"威胁",那是因为不断发展的技术推动着使用者可以近乎零成本的方式实现对作品复制件的"完美"复制,技术导致非法传播作品的侵权人身份由传统意义上的行业竞争者转向大众化的使用者。任何人只需轻松点击鼠标,就能通过互联网将版权作品发送给成千上万的陌生者。可见,数字技术虽改变了个人使用的"复制"质量,却极大提高了增加作品供给的"传播"效率和范围。第二种观点认为,私人复制的泛滥致使著作权人的经济利益受成巨大损失,著作权人不得不抬高作品复制件价格来收回成本,因而也损害作为低价消费者的使用者福利。在学者特罗特·哈代(Trotter Hardy)看来,在没有竞争性复制件出现的情况下,著作权人能较快地收回成本,有利于作品复制件价格尽快降下来。当市场上存在大量的非法复制件时,著作权人不得不通过抬高价格

---

① Tobias Regner & Javier A. Barria, "Do Consumers Pay Voluntarily? The Case of Online Music", October 2007. http://ssrn.com/abstract=721596,最后访问日期:2013年6月30日。
② 文献披露,美国多家音乐发行巨鳄未付给原始创作者的版税累计超过5000万美元,参见〔美〕约翰·冈茨、杰克·罗切斯特:《数字时代盗版无罪?》,周晓琪译,法律出版社,2008,第183页。
③ Rufus Pollock, "The Value of the Public Domain", Institute for Public Policy Research, July 2006, pp. 9-10. http://www.ippr.org,最后访问日期:2013年6月30日。

来收回成本,这终将对消费者福利产生不利影响。① 然而,如果私人复制导致著作权人失去作品的大量市场份额的话,那么通过提高作品复制件价格来弥补经济损失的做法将适得其反,著作权人应考虑的是如何拓展市场,而不是通过提高价格来挤压已有的市场空间。对此,有学者以音乐产业的例子来说明问题:面临非法传播作品的互联网危机,音乐公司将考虑如何开拓新的商业模式(如苹果公司的"iTunes 网络音乐商店"模式等),使消费者愿意以较低的费用有偿使用作品,而不是选择抬高价格,这会导致音乐公司在市场竞争中迅速倒闭。② 所以,著作权人坚持抬高价格的做法只会导致作品的市场份额流入价格相对较低的替代作品市场,是一种"损人不利己"的选择方案。

在学者帕特森看来,复制权应被视为一种"预示权"(predicate right),即复制权因具备判定后续非法传播作品之侵权发生的预兆功能才得以存在。③ 如果不存在后续对作品的非法传播行为,使用者"复制"作品本身并不会对著作权人的经济利益构成替代性竞争的实质影响。而与此同时,"复制"在数字环境下对公众自由获取信息、文化参与以及鼓励学习等公共利益的实现发挥着不容忽视的积极作用。在笔者看来,著作权法的立法宗旨在于实现作品的社会价值最大化,而非仅限于著作权人个体的市场利润最大化。有学者运用经济学的分析方法,认为作品的"价值"是指"社会价值"(social value),主要包括"使用者价值"(user value)与"商业价值"(commercial value)两部分。其中,"商业价值"等于作品价格减去作品的生产成本,而"使用者价值"是指使用者愿意支付的作品价格。在该学者看来,由于作品的"社会价值"是"使用者价值"与"商业价值"之和,故作品流入公共领域并不会绝对性地减少作品的社会价值。④ 虽然该观点旨在证明作品流入公共领域并不一定会减少作品的社会价值,但却存在一个严重的缺陷,即仍将使用者视同作品的完全消

---

① Trotter Hardy, "Property and Copyright in Cyberspace," *U. Chi. Legal F.* (1996): 222.
② Sara Stadler, "Copyright as Trade Regulation," *U. Pa. L. Rev.* 155 (2007): 945.
③ L. Ray Patterson, "Understanding Fair Use," *SPG Law & Contrmp. Probs.* 55 (1992): 262.
④ Rufus Pollock, "The Value of the Public Domain", Institute for Public Policy Research, July 2006, p. 5. http://www.ippr.org,最后访问日期:2013 年 6 月 30 日。

费者，而忽视了使用者的创造与文化参与身份，故遗漏了作品在"使用者价值"层面作为后续作品创作素材的衍生性价值。换言之，如果法律授权著作权人对包括私人复制在内的所有使用行为进行控制，将作品外溢的任何价值都内化成私人的市场利益，将会阻碍公众对作品的必要接触与获取自由，这不仅破坏了文化互动的公众参与氛围，还可能削弱科学文化事业的进一步创新与繁荣。从知识创造的动态过程来看，版权作品不应被简单地看成完结的成品，而应是满足公众推动文化创新与社会价值提升的原始素材之一。[①] 可见，我们不应片面强调个人使用对著作权人市场利益的消极影响，而应从作品发挥的公共效用出发，关注个人使用在实现文化互动、参与、鼓励学习以及表达自由等社会价值对著作权法发挥的积极作用。

第二节　数字环境下的制度扭曲：个人使用的空间受到多重挤压

数字技术在推动信息自由传播的同时，也史无前例地为人所左右，控制着公众对信息的接触与交往自由。在结构性控制系统（包括代码、合同、法律等）的多重作用下，传统著作权法给使用者自由接触、分享信息的必要空间受到严重限制。个人使用在数字环境下受到的多重挤压，主要表现在以下几个方面。

一　技术控制下的作品拟物化：信息公共属性的消减

"技术问题要由技术解决"[②]。在认识到数字技术可以自由、便捷地传播信息的同时，著作权人意识到数字技术还有另一个卓有成效的作用——实现对信息的拟物化控制。如果说数字技术的迅猛发展对著作权的行使带来了威胁，那么技术则给著作权的实现提供了更多有效的保障手段。[③] 在

---

① Glynn S. Lunney, "The Death of Copyright: Digital Technology, Private Copying, and the Digital Millennium Copyright Act," *Va. L. Rev.* 87 (2001): 888.
② 由国际出版商协会法律顾问查尔斯·克拉克（Charles Clark）在1995年阿姆斯特丹举行的著作权研讨会讲演中提出，参见〔美〕保罗·戈斯汀：《著作权之道：从谷登堡到数字点播机》，金海军译，北京大学出版社，2008，第169~170页。
③ 朱理：《著作权的边界：信息社会著作权的限制与例外研究》，北京大学出版社，2011，第151页。

劳伦斯·莱斯格看来，一只看不见的手正在构建一种与网络空间诞生时完全相反的架构。这只看不见的手就是代码，它正在构筑一种架构，能够实现著作权人的最佳控制并使高效规制成为可能，也使网络空间出现伊始所呈现的诸多信息自由消失殆尽。[①]

在硬拷贝甚至模拟技术时期，作品的发行主要通过作品有形载体（复制品）的所有权转移方式而实现，一旦著作权人将复制品公开销售出去，这些已售的复制品就不再受著作权人的控制，立法允许公众自由地使用和分享它，例如个人使用。这构筑了传统著作权法首次销售原则的主要内涵。在这样的传播模式下，使用者除了能从付费获取信息以外，还可以更多地从其所处的社交环境中获取这些信息，例如通过他的亲属、朋友、同事、师生之间的介绍、借阅、分享中获取。[②] 可见，作品在这里发挥着公共属性的重要作用，使用者因此可以不受阻碍地获取、使用信息，从而更多地吸收信息、掌握知识和从事创作活动。

信息的代码控制主要依靠"数字权利管理"（DRM）手段得以实现，包括数字加密、数字水印、非视性通讯等，能够控制、监测、追踪他人对数字作品的任何使用。[③] 在 DRM 的"数字锁定"（digital-locked）下，使用者使用甚至浏览作品都要征求权利人的许可并支付对价，人们面临一个"每次使用必须付费"（pay-per-used）的技术控制世界。这样的例子俯拾皆是，如《纽约时报》《金融时报》等网站对新闻、财经报道采用了计费的技术控制系统，仅允许浏览者每月免费浏览 10 篇文章，除此之外，用户必须缴纳数额不等的费用才能浏览相关信息。[④] 这一技术控制无疑将导致个人使用在数字环境下接触信息的机会日益缩减。

与此同时，DRM 也使网络空间的信息供给成为一种服务，而不再像

---

① 〔美〕劳伦斯·莱斯格：《代码 2.0：网络空间中的法律》，李旭、沈伟伟译，清华大学出版社，2009，第 5~6 页。
② Julie E. Cohen, "The Place of the User in Copyright Law," *Fordham L. Rev.* 74 (2005): 370.
③ Kenneth W. Dam, "Self-help in the Digital Jungle," in Rochelle C. Dreyfuss, Diane L. Zimmerman and Harry First eds., *Expanding the Boundaries of Intellectual Property* (Oxford: Oxford University Press, 2001), pp. 107 – 110.
④ 〔美〕安德鲁·海宁：《〈纽约时报〉将按照潘多拉网站和〈金融时报〉的模式计费》，美国《基督教科学箴言报》2010 年 1 月 20 日，转载于《参考消息》2010 年 1 月 22 日，第 6 版。

以前那样,消费者获取的是一种产品(有形载体)。这使著作权人得以实现作品的真正拟物化,作品不再能被随意使用,只有向权利人付费后才能实现对作品的获取和使用。更有可能发生的是,使用者付费后的接触仅为一种作品"浏览",你可以体验它,但消费完之后,你发现它既不能被批注也不能被修改,甚至不能转换它的体验格式。借助技术保护措施,实现它在行业中的系统运行标准化,权利人不但可以控制作品本身,而且还可以控制浏览作品的运行设备。在美国 DVD 案[1]中,原告环球影业公司为防止他人非法复制"数字化多功能光盘"(Digital Versatile Disk,简称 DVD)中的电影作品内容,在 DVD 中嵌入"内容扰乱系统"(Content Scrambling System,简称 CSS),并将 DVD 设置成仅能与 Windows 运行程序兼容。该案被告 Reimerdes 公司在自己的商业网站上公开传播可以破解 CSS 系统的 DeCSS 程序,它不但可以破解原告插入 DVD 中的 CSS 技术保护系统,而且能使原告销售的 DVD 可以和未经原告授权的其他运行程序如 Linux 开源系统兼容。法院没有看到这一反向解码使用对于破除行业垄断的格式控制带来的积极作用,依据《千禧年数字版权法》(DMCA)中 1201 条款得出结论,"某一设备或技术,如果具有实质性非侵权功能,可以依据索尼案要求免责,但不能适用于 DMCA 第 1201 条款对它的限制"[2],最终被告惨遭败诉。在美国立法者看来,在保护著作权人对作品的技术控制和实现公众自由接触、使用作品两者面前,利益平衡无疑应摆向前者。[3] 可见,在技术和法律的双重扭曲下,合理使用作品的基本自由已被剥夺。在著作权人看来,作品可以被限定次数地有偿体验,但不能再自由使用与分享,包括社会实践所达成的公共认同——个人使用。

---

[1] 该案是对备受争议的 DMCA1201 条款的首次考验,参见 *Universal City Studios, Inc. v. Reimerdes*, 82 F. Supp. 2d 211 (S. D. N. Y. 2000), aff'd, 273 F. 3d 429 (2d Cir. 2001)。

[2] *Universal City Studios, Inc. v. Reimerdes*, 82 F. Supp. 2d 211 (S. D. N. Y. 2000), aff'd, 273 F. 3d 429 (2d Cir. 2001)。

[3] 虽然美国国会根据每三年的政策评估为规避技术保护措施规定了六类"但书"设计(至 2010 年),但这六类例外情形仅适用于规避技术保护措施的获取和使用行为,并不适用于为规避技术保护措施的获取和使用提供技术支持的行为。对于不具备技术破解能力的广大使用者而言,并无实际意义。参见朱理《著作权的边界:信息社会著作权的限制与例外研究》,北京大学出版社,2011,第 156 页。

更严重的是，数字技术（如数字水印技术、数字监控技术等）将作品的使用和传播置于著作权人的监控和审查当中。如索尼－贝图斯曼（Sony－BMG）公司于2005年将两款监控系统（MediaMax和XCP）安装至其销售的CD唱盘里，当CD唱盘在电脑中运行时，这两款监控系统就可以通过电脑来监控、审查音乐作品的所有使用行迹。① 数字技术的发展能使权利人通过将数字监控系统安插至作品载体硬件中，追踪并记录使用者的个人行踪，这无疑可能动摇宪政赋予公民的基本人权——基于个人"私域"不可侵性的隐私权。

数字技术的有效控制，使著作权俨然聚合成一种强大的"通用权"（general-use right）。这意味着技术控制下的数字作品发行使复制件的可续性使用不复存在，前数字技术时代以有形载体为依托的作品传播方式在网络环境下日渐式微。同时，传统发行方式中的首次销售原则在技术控制下的网络环境中也难以为继，信息作为公共物品的属性在这里逐渐消减。技术和法律的双重呵护，即使作品不再受著作权保护期的束缚成为可能，也使"公共领域资源在权利人的简单转换下就可以轻易地划入技术控制下的新作品当中"②，作品已彻头彻尾地蜕变成权利人的私人物品。对此，美国知识产权与新兴信息基础建设委员会曾提出警示："立法为权利人提供的技术控制保障仅出于必要的激励目的，如果过度控制将会危及重要的公共政策目标……传统著作权法提供给使用者接触信息的有限空间应在数字环境下继续维存"。③

总而言之，由于著作权人利用技术手段可以对作品实施拟物化的有效控制，使用者在数字环境下如同传统发行方式那样在私域范围内接触、分

---

① 对此，美国消费者组织对索尼－贝图斯曼公司提起集体诉讼，美国国安部对此也表示关注。在多重压力下，索尼－贝图斯曼公司采取了包括公开致歉、收回添加监控系统的唱片、损害赔偿等补救措施。参见Electronic Frontier Foundation, Sony－BMG Litigation Info, http：//www.eff.org/cases/sony－bmg－litigation－info，最后访问日期：2013年6月30日。
② David Nimmer, "How Much Solicitude for Fair Use is There in the Anti-Circumvention Provision of the Digital Millennium Copyright Act?" *U. Pa. L. Rev.* 148（2000）：673.
③ Committee on Intellectual Property Rights & the Emerging Information Infrastructure, *The Digital Dilemma：Intellectual Property in the Information Age*（Washington：National Academy Press, 2000）, E. S. p. 2, p. 7.

享信息的空间受到严重挤压,导致他们介绍、评论、引用、再创作作品的参与机会减少,这影响到著作权生态关系的良性循环——通过作者与后续作者之间、作者与公众之间的信息互动,推动信息在社会文化互动中产生"涟漪"效应,以实现社会的福利最大化。

二 合同规则的"意思自治"?

按特罗特·哈代的观点,著作权人的作品控制方式主要包括四类,分别是"现有(复制)技术水平限制"(state-of-the-art limitations)、"法律保护"(entitlement-like protection)、"专有化技术限制"(即技术私力控制)(special-purpose technical limitations)和"类合同保护"(contract-like protection)。[①] 这里的"现有(复制)技术水平限制"是复制技术水平对作品的事实控制。如在硬拷贝时期,使用者要复制作品必须具备高额投入的复制设备,这对于一般公众而言是遥不可及的。即使到模拟拷贝时期,虽然个人复制问题日渐凸显出来,但复制的持续性发生使作品复制后的效果(如图像、音质等)依然会逐渐产生实质性减损,这些都构成了使用作品的天然屏障。在数字环境下,现有(复制)技术水平限制的天然屏障不复存在,著作权人主要通过其他三种方式对作品进行保护。如哈丁所言,除加强数字技术(如代码)控制和法律保障以外,合同规则正逐渐成为著作权人行之有效的作品控制方式之一。"类合同保护"的消极影响在于,著作权人可以通过合同的格式条款把任何不利于己的作品使用方式加以排除,加上代码和法律的有效配合,合同规则中的"意思自治"可以使权利人名正言顺地实现作品的拟物化控制。

著作权人在数字环境下利用合同规则实现对信息的控制,主要包括点击许可合同和拆封许可合同两种类型。点击许可合同(click-wrap license)的特征在于,使用者在软件安装或网络浏览过程中,会出现对其不利的格式条款附加说明的提示框,权利人仅给使用者提供"同意"或"不同意"的按键选择。这对于获取信息的使用者而言,根本没有做出更多选择的自

[①] Trotter Hardy, "Property and Copyright in Cyberspace," *U. Chi. Legal F.* (1996): 220 - 228.

由，个人使用的必要空间在这里受到严重排挤。拆封许可合同（shrink-wrap license）①的特征则在于，该合同的格式条款印刷在产品的外包装上，一旦使用者打开包装产品的塑料外膜，就视为使用者同意接受权利人的所有格式条款，合同即产生效力。这无疑苛加给使用者更多的合同义务。②在格式条款面前，消费者只能做出要么全盘接受要么放弃使用的选择。在数字技术的拟物控制下，著作权人正是凭借合同规则中的所谓"意思自治"原则，实现对用户合理使用行为的不当限制与排挤。

由于数字环境下商品化的信息服务呈批量发行趋势，故许多著作权人利用其技术和地位优势，在信息交易中使用格式合同，强迫消费者接受格式合同的条款。在数字环境下，著作权人利用格式合同挤压个人使用主要表现在以下两方面：第一，著作权人利用合同条款可以限制作为法定豁免情形的个人使用行为；第二，著作权人利用合同条款还可以保护自己对作品采用的技术保护措施。通过合同约束，著作权人可以禁止或限制使用者对作品的任何个人复制、改动以及其他转换行为，甚至可以禁止使用者对其数字权利管理技术的任何反向编译或解码。以腾讯公司的《软件许可及服务协议》为例：③

腾讯公司 QQ2010 软件许可及服务协议

……本协议可由腾讯随时更新，更新后的协议条款一旦公布即代替原

---

① 有关拆封许可合同的概念、基本特征以及法律效力请参见张平《拆封合同的特点与效力》，张平主编《网络法律评论》（第1卷），法律出版社，2001，第67~75页；苟正金《论启封许可中的合同自由与知识产权法冲突》，《社会科学研究》2009年第5期，第80~83页。

② 2007年上海市徐汇区法院判决过一个"金山词霸"外包装未加授权说明引起消费者索赔的案件。在该案中，原告马某购买了一套正版的"金山词霸"软件，但回家打开包装发现，该软件只限于一台电脑使用，马某一气之下将软件销售商告上法庭，要求被告退货并索赔经济损失一元钱。法院审理后认为，被告涉及对消费者使用产品的限制，并支持了原告的诉讼请求。有学者对此案判决提出质疑，并通过国外立法的相关分析进而认为，著作权人授权消费者在多少台计算机上使用，本身就是著作权人的权利，而不是对消费者权利的限制，这一观点值得深入探讨。参见单晓光等：《中国著作权法著作权人权利的完善研究报告》，载国家版权局编《著作权法第二次修改调研报告汇编（上）》（内参），2008年9月，第42~43页。

③ 笔者仅以自己最近安装的 QQ2010 程序为例，在此并无指责腾讯公司之意。

来的协议条款,恕不再另行通知。在腾讯修改《协议》条款后,如果用户不接受修改后的条款,请立即停止使用腾讯提供的软件和服务,用户继续使用腾讯提供的软件和服务将被视为已接受了修改后的协议。……1.2 未经腾讯书面同意,用户不得为任何营利性或非营利性的目的自行实施、利用、转让或许可任何三方实施、利用、转让上述知识产权,腾讯保留追究上述未经许可行为的权利。……3.4 用户无权对本"软件"进行反向工程、反向汇编、反向编译等;对于本"软件"相关信息等,未经腾讯书面同意,用户不得擅自实施包括但不限于下列行为:使用、出租、出借、复制、修改、链接、转载、汇编、发表、出版……不得擅自借助本"软件"发展与之有关的衍生产品、作品、服务、插件、外挂、兼容、互联等。

可见,在要么全盘接受格式条款要么放弃使用软件的"选择"面前,使用者丧失合同自由下的真正"意思自治"能力,沦为著作权人格式条款的被动受众。对此,2000年美国有关部门的研究报告也曾预言,"合同规则在不久的将来有可能造成深远的消极影响……技术控制下的合同许可将成为信息发行的通用方式,与知识产权法的宗旨可能形成潜在冲突"。[①] 对这种潜在冲突,研究报告做出的回应是"数字困境的相关研究应将知识产权法、合同法、传播的公共政策及公民在宪法意义上的基本权利结合起来加以综合考量"。[②] 个人使用的数字困境预言已成为现实,而美国报告提供的展望路径却值得我们深入反思:我们究竟为何设立著作权?著作权关系是否仅为权利人将信息作为商品的一种所有权关系?

三 复制权的无限延伸——临时性复制和个人复制的规制

数字技术在提高信息传播效率和复制效果的同时,也使著作权人的复制权在数字环境下延伸至在传统环境中不受限制的个人使用空间。在传统

[①] Committee on Intellectual Property Rights & the Emerging Information Infrastructure, *The Digital Dilemma: Intellectual Property in the Information Age* (Washington: National Academy Press, 2000), E. S. p. 19.

[②] Committee on Intellectual Property Rights & the Emerging Information Infrastructure, *The Digital Dilemma: Intellectual Property in the Information Age* (Washington: National Academy Press, 2000), E. S. p. 19.

模式下，作品复制件一经公开发行即不受著作权人的控制，他人可以对它进行自由地阅读、欣赏甚至有限范围的分享。这些使用方式在传统著作权法看来，与其说是法律调整下的豁免行为，毋宁说是法律调整之外的使用自由。

然而在数字环境下，几乎所有的作品使用行为都可以被"复制"所涵盖。如软件在计算机的运行过程中，会在计算机的自动控制下进入计算机内存（RAM），在计算机内存中形成对软件程序的临时存储。一旦关闭计算机电源或终止软件程序的运行，内存中暂时存储的信息就会消失。这种临时存储不同于将作品固定在有形载体上的传统复制方式，被称为"临时复制"（temporary copy）。① 互联网环境下的"临时复制"现象则更为普遍。用户在线"体验"互联网中的数字化作品，包括在线浏览电子书、欣赏数字电影、图像以及音乐等，都会将作品的数字信息暂存到计算机的缓存区，形成临时性文件。如果使用者下次登录同一网址以体验数字作品，计算机程序将直接从缓存区中调取数据，这样就可以加快网络运行的速度。只有当使用者长期未访问该站点，计算机程序才会从缓存区中自动删除该临时性文件。可见，数字环境下的"复制"几乎囊括了所有的使用方式，无论是传统著作权法规范意义上的使用，还是法律调整之外的"事实"使用，都被数字环境下的"复制"所覆盖。

在立法层面上，复制权的延伸及宽泛解释始于欧洲20世纪90年代制定的《计算机程序指令》（1991年）与《数据库指令》（1996年），并在随后的《信息社会著作权协调指令》（即《2001/29/EC号指令》）第2条中被提升成一般性规范，"复制权"逐渐变成一种"数字化消费作品的通用专有权"。② 对此，欧共体早在1991年《计算机程序保护指令》中就规

---

① Katrine Levin & Mai V. Peak, "Should Loading Operating System Software into RAM Consitute Copyright Infringement?" *Golden Gate University L. Rev.* 24 (1994): 670, 转引自王迁《网络环境中的著作权保护研究》，法律出版社，2011，第11页。
② Natali Helberger & P. Bernt Hugenholtz, "No Place Like Home for Making a Copy: Private Copying in European Copyright Law" [R], *Conference on Copyright, DRM Technology and Consumer Protection, Co-sponsored by the Berkeley Center for Law and Technology, the Berkeley Technology Law Journal, and the Institute for Information Law at the University of Amsterdam, University of California at Berkeley, Boalt Hall School of Law*, March 9 - 10 (2007): 4. http://ssrn.com/abstract=1012305，最后访问日期：2013年6月30日。

定权利人对"以任何方式、在任何介质上的,部分或全部内容的永久性复制或临时复制"享有复制权。① 2001年的欧盟协调指令虽然承认无独立经济价值的"附带性"(incidental)或"短暂性"(ephemeral)复制不受复制权控制,但指令第2条将"复制权"明确规定为权利人享有的"授权或禁止他人直接或间接地、临时或永久地通过任何方式及任何形式,进行的全部或部分复制"的专有权。② 美国司法实践在延伸复制权范围方面也与之相似。在1993年MAI诉Peak案[③]中,被告作为一家经营计算机维修业务的公司,为了给原告MAI公司的计算机客户提供维修服务,被告技术人员运行了原告开发且享有著作权的系统软件以检测计算机的故障。对此MAI公司将被告告上法庭。美国第九巡回上诉法院支持了原告的诉讼主张,判定被告技术人员的使用行为侵犯了原告的复制权。法院认为,在这一运行过程中,操作系统与内存产生了信息数据存储,进而形成内存中的"临时复制",而这种"临时复制"应受到权利人的复制权控制。在欧美看来,使用作品必须接触作品,而"在数字环境下对作品的任何接触行为都构成复制,即使只存在临时性或短暂性的固定……浏览作品全部或实质性部分应受到复制权的控制"④。

数字环境的技术特征及其带来的影响使各国因立场不同而在重新界定"复制权"上产生分歧。在1996年因特网条约(WCT和WPPT)制定前的议定会议上,美国和欧盟代表团就想将"临时复制"纳入复制权范畴。专家委员会提交的WCT草案就以美国和欧盟的立场为基础,建议《伯尔尼公约》赋予权利人的复制权应包括"许可以任何手段或形式,直接或间接复制其作品,而无论是永久还是临时复制"。⑤ 虽然,该提案承认可由各国依据国内法来决定是否将附带性及短暂性复制作为复制权限制情

---

① Council Directive 91/250/EEC on the Legal Protection of Computer Programs (1991), §4.
② Directive 2001/29/EC of the European Parliament and of the Council of 22 May 2001 on the Harmonisation of Certain Aspects of Copyright and Related Rights in the Information Society, §2, §5 (1).
③ *MAI Systems Co. v. Peak Computer Inc*, 1992 U. S. Dist (C. D. Cal. 1992), aff'd 991 F. 2d 511 (9th Cir, 1993).
④ 王迁:《网络环境中的著作权保护研究》,法律出版社,2011,第18页。
⑤ WIPO, *Doc. CRNR/KC/4*, 转引自王迁《网络环境中的著作权保护研究》,法律出版社,2011,第36页。

形，但这无疑已将复制权的控制触角延伸至数字环境下的任何接触行为，如在线浏览、体验等，而这些使用在著作权法传统意义上都是法律调整之外的使用自由。这一建议立即遭到包括中国在内的广大发展中国家的反对，故"临时复制"未出现在 WCT 有关"复制权"的正式文本当中。在会议结束前的最后时刻，欧美代表团使出惯用伎俩：欧美代表团在工作组的安排下，于 63 个代表团不在场时，强行要求把"受保护作品以数字形式在电子介质中的存储构成《伯尔尼公约》第 9 条意义上的复制"① 加入 WCT 第 1 条第 4 款的议定声明并进行集体表决，这实际上仍在为复制权延伸至临时复制寻找立法突破口。最后有 49 个代表团（主要是欧美发达国家）投赞成票，13 个代表团投反对票，28 个代表团弃权。② 尽管文本远未达到一致意见，但根据执行程序，该议定声明获得表决通过。在欧美看来，议定声明和 WCT、WPPT 文本构成条约的完整部分，加入因特网条约意味着也要受议定声明的约束。由于条约文本已获表决通过，对此不满的发展中国家只能要么选择加入，要么选择放弃加入。这与数字技术控制下的个人使用者一样，面对著作权人的格式条款提示框，只能选择同意或放弃。

第三节 技术决定论的贫困

在技术、合同规则、法律的人为因素控制下，著作权法传统意义上允许的个人使用自由日益受到挤压，这违背了著作权法的根本宗旨——通过给权利人以及投资者必要回报的著作权激励机制，来维系著作权关系中著作权人与使用者之间的生态平衡，以实现旨在推动文化交往和信息表达自由的社会福利最大化。

伴随技术的不断发展，著作权呈现不断扩张的趋势，这一结论已毋庸

---

① 当时中国代表团团长沈仁干先生在发言中曾提议在"构成"前加入"可以"（may）一词，遭到欧美代表团的一致反对。王迁：《网络环境中的著作权保护研究》，法律出版社，2011，第 43~44 页。
② WIPO, *Doc. CRNR/DC/102*，转引自王迁《网络环境中的著作权保护研究》，法律出版社，2011，第 40~42 页。

置疑。以美国为例，1978~2000年这22年中，国会先后修订著作权法文本的次数达35次之多。就著作权的扩张趋势而言，从著作权保护对象（行为客体）来看，由早期的文学作品、图表等延伸至现在的计算机软件、数据库乃至作品标题、字体等，"独创性"与"思想/表达二分法"的内涵之确定性一再受到挑战。从著作财产权内容来看，由《安妮女王法》最早仅保护作者的印制权（包括印刷和翻印权）扩张至现在多数国家规定的复制权、发行权、出租权、展览权、表演权、放映权、播放权、向公众传播权、摄制权、改编权、翻译权等诸多类型。同时，权利（如复制权、发行权以及表演权等）的边界在数字环境下也得到不断延伸。从著作财产权保护期限来看，由最早《安妮女王法》规定的14年延长至现在欧美规定的作者有生之年加70年或首次出版（发表）后的95年，这被讽刺为"版权保护期正以'分期付款'的方式被无限定地永久化"[1]。对此，有学者认为，"我们有理由认为人们忽视了著作权限制的作用，这使著作权为了能迎合权利人攫取许可收益而蜕化成权利人的绝对控制权……然而，著作权法的本质精神从未赋予权利人对所有可能使用其作品的行为进行完全控制"。[2] 如果将权利与权利限制视为一对正反关系的零和矛盾体，著作权制度（包括对象、权利内容以及期限）的扩张势必构成对著作权限制的反限制。在著作权扩张的同时，也造成了对著作权限制内容的合理使用与公共领域的侵蚀。边界被重划，包括个人使用在内的著作权限制空间遭到排挤。技术发展促生的新市场空间诱发利益的不断膨胀，导致著作权制度逐渐脱离回报作者激励创作的必要目的，这使著作权片面倾向于由新技术创造出来的信息市场价值，而这是以牺牲社会价值为代价实现的。在肯定技术发展导致著作权欲望膨胀的同时，我们应反思的问题是：个人使用实现的信息交往自由在技术偏向的人为操控下是否已迷失方向，技术是否已导致著作权制度的公共价值发生蜕变，使著作权法偏

---

[1] Pamela Samuelson, "Copyright, Commodification, and Censorship: Past as Prologue-but to What Future?" in Niva Elkin-Koren & Neil Weinstock Netanel eds., *The Commodification of Information* (New York: Aspen Publishers, Inc., 2002), p. 70.

[2] L. Ray Patterson & Christopher M. Thomas, "Personal Use in Copyright Law: An Unrecognized Constitutional Right," *J. Copyright Soc'y U.S.A.* 50 (2003): 517.

离其草创伊始的、推动文化互动和社会进步的福利最大化目的。

通说认为,著作权制度是科学技术的产物,并随着科学技术的不断发展而发展。① 20世纪90年代后的数字传播技术特别是互联网技术的飞速发展,再次对既有的著作权制度发起了挑战。著作权法面临的技术挑战既非历史的第一次,也未必是历史的最后一次。对此,有学者乐观地预测:"就像历史上成功应对每一次作品传播技术的挑战一样,著作权制度也能够应对数字技术和网络传播技术的挑战。"② 更有学者站在技术决定论的立场上,主张著作权法应赋予著作权人一种对使用者接触作品进行有效控制的"接触权"(access right),其论证逻辑无异于表明"'接触权'是著作权人与立法者应对科技发展所做出的应然设计,是作品利用方式因科技变革的结果"③,即"通过'接触权'促进一个'按次付费'的数字化著作物市场的形成是不可逆转的趋势"④。在该观点看来,合理使用因难以克服的交易成本与市场失灵就应被限定于特殊情形。随着技术的不断发展,当著作权人能够通过数字技术(代码)控制作品以实现交易成本与市场失灵的可控性消减时,包括个人使用在内的著作权限制情形也应随之消减。可以说,此类观点尝试站在历史唯物主义的高度对著作权制度与科学技术之间的关系及走势做出预测、展望。从历史唯物主义观来看,生产力决定生产关系,经济基础决定上层建筑。"科技是第一生产力"(邓小平语),作为第一生产力的科技必将影响经济基础的整体走向,也必将导致作为上层建筑的法律制度产生变迁乃至权利发生变化。

然而,历史唯物主义意义上的经济决定论仅强调"人类为了生活,首先就需要衣食住以及其他东西,因此第一个历史活动就是生产满足这些物质需要的资料,即生产物质生活本身……这是一切历史的基本条件"

---

① 李明德、许超:《著作权法》,法律出版社,2003,第179页。
② 吴伟光:《数字技术环境下的版权法危机与对策》,知识产权出版社,2008,第3页。
③ Jane C. Ginsburg, "From Having Copies to Experiencing Works: The Development of an Access Right in U. S. Copyright Law," *J. Copyright Soc'y U. S. A.* 50 (2003): 113;熊琦:《论"接触权"——著作财产权类型化的不足与克服》,《法律科学》2008年第5期。
④ John R. Therien, "Exorcising the Specter of a 'Pay-per-Use' Society: Toward Preserving Fair Use and the Public Domain in the Digital Age," *Berkeley Tech. L. J.* 16 (2001): 979.

这一有限论域,① 作为生产力因素的技术也仅能从这个意义来理解。对此,恩格斯补充道:"按照唯物史观,历史过程中的决定性因素,归根到底是现实生活的生产和再生产……马克思和我一样,都没有肯定比这更多的东西……如果有人在这里加以歪曲,说经济(科技)因素是唯一的决定性因素,那么他就把这个命题变成毫无内容的、抽象的、荒诞无稽的空话。"② 在马克思和恩格斯看来,历史唯物主义既是唯物的,亦是辩证的。如果形而上学地把历史唯物主义歪曲为"唯物质论"和"唯客观主义",抽去实践性、主体能动性的灵魂,只讲规律的决定作用,无视人的意志、目的在社会历史中所起的作用,将使唯物历史主义的经济(技术)决定论倒退成机械决定论,进而把社会历史的规律绝对化了。可见,历史唯物主义的技术决定论只是从哲学角度出发,就人类总体历史上的"吃饭"哲学——人的物质生产活动而言的,它"既非机械公式,也非时时处处"。③ 马克思和恩格斯并不否认资本主义社会产生背离人的需求和目的的社会异化现象(如劳动、技术、制度异化等),并批判这种资本主义意识形态中的社会现实。诚如哈贝马斯所言,假如每个人都相信经济规律是独立于人类而自然存在的,那么工人就更容易接受低工资作为他们的劳动回报,而不是把这种交易看成是需要改革的结构性不公。④ 著作权制度也一样,如果我们仅简单、机械地套用技术决定论,就会得出随着技术的不断发展,出于社会价值及公共利益考量的权利限制情形(包括个人使用)受到著作权的挤压是历史必然的谬论。如果说技术发展决定著作权扩张,则无法解释欧美立法将著作财产权保护期延长至作者死后 70 年或出版后 95 年。而这一设计与数字环境下的信息作为一种商品在市场中的利用周期是相悖的。同时,更无法解释著作权各权利类型之间界限不清、逻辑关系混乱的现象,如放映权与表演权、摄制权与改编权之间的内容重叠与含混。⑤ 在笔者看来,这些"乱"象是规律之外利益集团政治博弈的结果。

---

① 《马克思恩格斯选集》第 1 卷,人民出版社,1972,第 32 页。
② 《马克思恩格斯选集》第 4 卷,人民出版社,1972,第 477 页。
③ 李泽厚:《历史本体论》,生活·读书·新知三联书店,2002,第 15 页。
④ James Gordon Finlayson, *Habermas: A Very Short Introduction* (Oxford: Oxford University Press, 2005), p. 11.
⑤ 何鹏:《知识产权概念研究》,博士学位论文,中国人民大学,2009,第 82 页。

可见，作为第一生产力的科技的进步能引起作为上层建筑的著作权制度的变迁，如果将其理解成著作权在技术的影响下势必扩张，则忽视了生产力与生产关系、经济基础和上层建筑之间的作用和反作用关系。毕竟，社会发展过程是在相互作用的形式中进行的，"政治、法律、社会结构等发展以经济发展为基础，但它们又相互影响……甚至会产生（异化的）背离现象"①。著作权的非理性扩张导致个人使用空间受到人为挤压，与其说是为了激励文化创新，还不如说是为了实现文化投资的市场价值最大化，著作权强保护成为一种资本扩张性的逻辑前提。应看到，著作权扩张甚至异化的结果，亦可能是由西方资本主义国家的政治、文化、社会结构及意识形态的作用力推动而成的。这也是美国学者在洞悉到"著作权话语和思维方式中已形成一种引导对知识产权过度保护而不是弱化保护的趋势"时，提出"应构建一种知识产权的政治经济学研究范式"的原因所在。②正如19世纪的英国经济腾飞一样，究竟是先进的现代工业生产力还是海外殖民市场使当时的英国资本主义获得巨大成功，不能简单套用技术决定论，而必须加以具体研究才能证成。③

某种意义上，正是技术一方面展现了人类总体的"度"的本体存在，另一方面又被人为运用于扼杀个体的本体存在。④ 尼尔·波斯曼（Neil Postman）试图从传播学的角度论证技术控制下的受众如何失去自我的独立判断，进而蜕变成技术的附庸。他用技术的演化方式将人类文化历史划分为三个阶段，即工具使用文化阶段、技术统治文化阶段和技术垄断文化阶段。在波斯曼看来，工具使用文化阶段从远古时期延续到17世纪，这一时期人与技术之间构成友好的关系，技术工具在物质和精神生活两方面都可以较好地服务于人的需要。⑤ 在工具使用文化时期，公众话语往往是"事实和观点明确而有序的组合"，这需要受众（如阅读者）具有相当强

---

① 马克思、恩格斯:《马克思恩格斯选集》第4卷，人民出版社，1972，第506页。
② James Boyle, "The Second Enclosure Movement and the Construction of the Public Domain," *Law&Contempt. Probs.* 66 (2003): 59.
③ 李泽厚:《历史本体论》，生活·读书·新知三联书店，2002，第16页。
④ 李泽厚:《历史本体论》，生活·读书·新知三联书店，2002，第9页。
⑤ 〔美〕尼尔·波斯曼:《技术垄断：文化向技术投降》，何道宽译，北京大学出版社，2007，第23页。

的分类、推理和判断能力,这是"受众不受文本情感影响的特征所决定的"①。技术统治文化滥觞于18世纪末,直至20世纪初。这一时期技术和人的关系开始逆转,"工具在思想世界里开始扮演核心角色,社会世界和符号象征世界都服从于工具发展的需要"②。工具试图向文化发起攻击,以便取而代之,但工具没有整合到文化中去,技术并未"摧毁人类借助工具使用文化的世界观"③。然而到了技术垄断时期,人类一切形式的文化生活都臣服于技术的统治,成为技术的附庸。在技术垄断时期,展现的信息虽多,却无需受众动一点脑筋,如大众看电视的目的只是为了情感上得到满足;作为商品的娱乐节目(著作权法意义上的作品)为博一笑不遗余力。同时,媒介技术也成为统治阶级控制人们意识形态的工具。波斯曼将这种技术垄断视为一种文化状态,他认为资本主义意识形态通过技术渗透到人类生活的每一个技术设备、符号甚至社会结构当中,并形成一种信息控制机制。④ 对此,波斯曼从作为一种控制手段的广义性技术出发,就技术对符号和社会结构产生的影响展开令人深省的解构:在技术手段控制下的资本主义"管理时代",信息控制机制从构想到制定(提案、附议、通过、完善条文)都是在窗明几净、温暖舒适……的室内完成,参与的人都是谦谦君子,他们衣领清洁、不留胡须……技术性手段使行动流程看似理性化,但舍弃的却是注意力分散的关键信息,以便最大限度达到预设目的的效果。⑤ 事实上,一些我们熟知的法案(如北美自由贸易协定)都是因受到公共辩论和公证会的阻挠后,依照立法决策中"快速通过"条款表决执行的。⑥"快速通过"这一技术性设计表面看是一种程序

---

① 〔美〕尼尔·波兹曼:《娱乐至死·童年的消逝》,章艳、吴燕莛译,广西师范大学出版社,2009,第47~48页。
② 〔美〕尼尔·波斯曼:《技术垄断:文化向技术投降》,何道宽译,北京大学出版社,2007,第28页。
③ 〔美〕尼尔·波斯曼:《技术垄断:文化向技术投降》,何道宽译,北京大学出版社,2007,第28页。
④ 〔美〕尼尔·波斯曼:《技术垄断:文化向技术投降》,何道宽译,北京大学出版社,2007,第42页。
⑤ 〔美〕尼尔·波斯曼:《技术垄断:文化向技术投降》,何道宽译,北京大学出版社,2007,第47~48页。
⑥ 〔美〕迈克尔·帕伦蒂:《少数人的民主》(第8版),张萌译,北京大学出版社,2009,第249页。

正义，实际上导致立法机构要么全盘接受该议案，要么整体加以否决，不能对此提出修正案，而且公共辩论的时间又有严格限制。这使代表们基于立法成本而被迫接受并不满意的立法草案，他们的自由协商机会被技术所剥夺。将这投射到欧美发达国家引领的国际知识产权制度的闭合化建构，如前述因特网条约关于复制权议定声明的决议程序中，欧美代表团在工作组的"精心"安排下，也是通过类似的"快速通过"程序，通过信息控制机制实现对议程的技术性操纵。

如果将机械式的技术决定论者看成技术决定论的乐观派，那么波斯曼实际上可以被视为技术决定论的悲观派。波斯曼的论证局限于把技术作为决定社会结构塑造的完整部分。在他看来，是技术引发文化互动中的传播蜕变，破坏了媒介生态环境中的多元结构。令人遗憾的是，他没有洞悉到技术和政治、法律、文化以及意识形态之间的互动作用，甚至在人为意识的左右下，政治、法律、文化以及意识形态可能对技术和社会结构构成深远影响，以至出现异化。马尔库塞对后工业时代的资本主义社会也持一种悲观态度，但他脱离对技术单一论证的束缚，转而从发达工业社会意识形态角度来论证资本主义社会结构呈现一种单向度的趋势。在马尔库塞看来，"社会理论是历史的理论，而历史是必然王国的偶然王国"[①]，因此他的论证前提就是质疑对历史的规律性预测，即对经济（技术）决定论的否定。马氏认为，技术并非作为脱离政治和意识形态影响的单纯工具存在，而是作为一个系统来发挥作用。换言之，技术和政治、法律及意识形态一起塑造了资本主义发达工业国家的社会结构。在发达工业社会，技术的进步延伸到整个统治和协调制度，其与资本主义意识形态结合在一起，共同创造了种种权力形式，使其成为一个控制系统。正是这一控制系统，使社会的政治诉求变成个人私利的欲求和愿望，它们的满足刺激着个人私欲的商业利润最大化的实现，而所有这些看起来似乎都是"理性"的具体表现形式。[②] 正是这一控制系统拒斥所有历史替代性选择，才造成社会

---

① 〔美〕赫伯特·马尔库塞：《单向度的人：发达工业社会意识形态研究》，刘继译，上海世纪出版集团，2008，导言第3页。

② 〔美〕赫伯特·马尔库塞：《单向度的人：发达工业社会意识形态研究》，刘继译，上海世纪出版集团，2008，导言第1页。

结构的话语体系封闭化,使之呈现单向度的趋势。① 同时,也正是这一控制系统,造成个人的思想从多元的否定性思维蜕变成单向度的肯定性思维。② 在这一单向度的社会结构中,个人失去了具有问题意识的独立思考能力,社会实现了话语体系的自我闭合。在他看来,资本主义当代工业社会是一种新型的极权主义社会,因为它成功地压制了社会中的反对派和反对意见,压制了人们内心中的否定性、批判性和超越性的向度,从而使这个社会成为单向度的社会,生活其中的人成了单向度的人。③ 对这一社会问题,马氏的回应是,要构建自由而合理的社会结构,必须以普遍满足公众的根本需要作为发展、利用全部可用资源的先决前提,而这需要破除特殊利益目的的利己欲求干扰。④ 法律的最大力量在于"它强化、反映、建构、合法化处在支配地位的社会和权力关系",当法律逐渐屈服于本质上带有利益取向和具体"社会出身"的一系列特殊科技时,法律就俨然成为一种"政治等价物"。⑤ 如果将马尔库塞的理论观点映射至本文的个人使用主题中,我们就可以发现:欧美产业利益集团将"盗版"(piracy)这一隐喻式符号从早期对作品大量的非法印制、销售延伸至数字环境下的个人下载以及对著作权强化保护宣传的技术性手段等,正是通过类似的控制系统在社会结构中实现着话语体系的自我闭合。

马氏的解构应使我们省思著作权法指向的公共福利目的,即"行为(包括财产权的自由行使)标准并非行为者本人的最大幸福,而是全体相关人员的最大幸福"⑥。通过授予作者及其他人以"著作权"这一创作和投资的必要激励,著作权法的本质目的并非在于实现信息泛商品化的个人

---

① 〔美〕赫伯特·马尔库塞:《单向度的人:发达工业社会意识形态研究》,刘继译,上海世纪出版集团,2008,第68~83页。
② 〔美〕赫伯特·马尔库塞:《单向度的人:发达工业社会意识形态研究》,刘继译,上海世纪出版集团,2008,第115~136页。
③ 〔美〕赫伯特·马尔库塞:《单向度的人:发达工业社会意识形态研究》,刘继译,上海世纪出版集团,2008,第205页。
④ 〔美〕赫伯特·马尔库塞:《单向度的人:发达工业社会意识形态研究》,刘继译,上海世纪出版集团,2008,第198页。
⑤ 〔美〕罗纳德·V.贝蒂格:《版权文化——知识产权的政治经济学》,沈国麟、韩绍伟译,清华大学出版社,2009,第149页。
⑥ 〔英〕约翰·穆勒:《功利主义》,徐大建译,上海世纪出版集团,2008,第12页。

利润最大化，而是为了推动表达自由和文化交往以最终实现"最大多数人的最大幸福"。在把握技术发展与版权扩张之间的关系时，应避免片面套用机械主义的技术决定论，把社会历史的规律绝对化。如果我们忽视个别事件，以验证历史规律为唯一目标，将会助长历史偶然的规律化。是故，应抛弃机械主义的技术决定论"宏伟史诗"般的叙述方式，在肯定技术能够催生制度环境变迁的同时，我们应进一步反思技术与制度本身基于人为因素可能出现的价值偏向与消极影响。

本章小结

在数字环境下，技术在有效推动信息传播的同时，也史无前例地被人所左右，控制着公众对信息的接触与交往自由。在受到信息控制架构（代码、合同、法律等）的多重挤压下，立法传统意义上给予个人使用者自由接触、分享信息的必要空间和合法性皆不复存在。仅就技术而言，它不是非此即彼的结果，而是利弊同在的产物。技术的发展仅构成著作权扩张乃至个人使用受到人为排挤的直接诱因。个人使用困境的"技术决定论"阐释具有一定局限性。诚如学者所言："以验证历史规律为唯一目标，即借助自然科学的规律性判断范式，是史学研究易犯的弊病。……忽视个别事件的史学，非但无益于解释制度的起因，还会助长历史偶然的规律化。"① 对此，笔者尝试就个人使用困境构建一种国际政治经济学的阐释框架，即数字环境下个人使用日益受到挤压，与其说是技术发展造成的必然结果，毋宁说是特定历史条件下人为因素（由欧美发达国家主导）引致的体系闭合使然。这一体系闭合模式借助技术（代码）、法律、合同规则等有效控制手段，使著作权沿着持续扩张的单向路径发展，从而强化了权利人对信息的拟物性支配，而推动表达自由和文化交往等重要价值的个人使用行为，却日益受到权利人有效控制力的挤压与限制。这种阐释框架尝试回答：为什么从欧美发达国家控制系统主导下的体系闭合来看，个

---

① 李琛：《"法与人文"的方法论意义——以著作权为模型》，《中国社会科学》2007年第3期。

人使用会受到人为地排挤？一方面，受欧美遵循极端化的经济自由主义思想，推崇信息泛商品化的价值观念驱动；另一方面，欧美产业利益集团通过政策参与、院外游说以及隐喻式的单向话语宣传等手段，积极推进国内政策实现自上而下的逆向制定，并协助政府通过贸易方式将这一知识产权强保护模式强加给发展中国家，最终使知识产权制度的全球性闭合得以实现。这将构成下一章的论证主题。

第三章　个人使用困境的体系闭合阐释

——以国际政治经济学为研究方法

> 在很少有政府规制的竞争条件下，几乎全部生产资料都由私人拥有并运作以实现利润，它表明个人由最大化满足其偏好的欲望所驱使，并且人们普遍认为在自由放任资本主义经济中最能实现这一目的。在这种经济中，财产将会不平等分配。
>
> ——斯蒂芬·芒泽
>
> 造成现今竞争优势和高科技行业分工的是寡头格局中的竞争以及寡头公司与政府间策略的行动，而不是市场配置这只看不见的手。
>
> ——诺姆·乔姆斯基

诚如苏珊·塞尔所述，"知识产权是一个体系的描述，描述了不可阻挡的全球化进程和跨国资本家的力量"①。在塞尔看来，全球知识产权规则是体制化的机构产物，制度是与体系、机构互动作用后的结果。私人机构（跨国企业）运用其影响力，利用体系和制度的作用，完成了知识产权扩张的全球体制塑造，并借此来保护、影响他们的市场。数字环境下的个人使用困境并非仅仅由技术决定，在一定程度上可以说是由欧美发达国

---

① 〔美〕苏珊·K.塞尔：《私权、公法——知识产权的全球化》，董刚、周超译，中国人民大学出版社，2008，第3页。

家主导下的体系闭合使然。所谓"体系闭合",是指国际知识产权制度呈现体系的封闭化状态,同时失去多向度发展的开放型空间,而以一种知识产权强保护甚至非理性扩张的单向趋势不断延伸。本章主要运用国际政治经济学的方法对造成个人使用挤压的体系闭合动因进行解读,侧重于强调由欧美发达国家主导的国际力量对广大发展中国家制度体系的作用及影响,进而阐释国际体系中经济因素与政治因素之间相互影响与制约的关系。按学者帕加彻(Pugatch)的观点,知识产权利益纷争的国际政治经济学方法可以从国际发展的经济与政治环境、利益集团的行动方式以及欧美主导性国家在国内、国际双重层面的政策制定等方面进行剖析,它可以使我们理解与知识产权相关的私人利益如何被转化成法律现实。[①] 笔者借鉴帕氏的研究进路,尝试从欧美发达国家的形而上的经济思想观念流变和形而下的内外政策制定等方面来阐释造成个人使用困境的主要驱动力,探析由少数发达国家向全球推行的、挤压个人使用的体系闭合趋势在国际发展中得以产生的经济与政治环境。在此基础上,通过分析欧美发达国家的知识产权强保护逻辑与演化发展经济理论的非一致性,进而得出:发展中国家在遵循国际著作权闭合制度最低保护标准的基础上,应积极开拓符合自身国情的著作权立法思路。

第一节 新自由主义经济学的观念"宰制"[②]

著作权法自产生伊始就受到自由主义观念的深远影响。可以说,将作品类同于有体物的财产保护逻辑,其本身就预示着自由主义观念贯穿于早期西方国家的制度设计当中。只不过在欧美早期著作权制度设计中,大陆法系国家(如法、德等)侧重于秉持作品 的个人主义观念(知识财产的劳动、人格理论作为知识产权的正当性 证成,但 被视为强有

---

① Meir Perez Pugatch, "Political Economy of Intellectual Property Policy-Ma   ry and Practice—An Observation from a Realistic (and Slightly Cynical) Perspective," in Fiona Macmillan eds., *New Directions in Copyright Law* (Volume 5) (Cheltenham: Edward Elgar Publishing, Inc, 2007), pp. 102 – 104.

② 本文论述的新自由主义经济学主要是指以芝加哥学派为主的右翼新自由主义经济思想阵营,它构成当下西方经济学的主流思潮。

力的理论支撑），而英美法系国家（如英、美等）遵循的主要是效用主义观念。就英美法国家而言，英国因其知识资本积累的长期优势，在遵循著作权保护的效用主义观念上一直重视作品在市场中的经济价值；而美国则是在经历长期知识"偷窃"的盗版阶段逐渐转型为知识的主要生产国以后，才发生偏重市场价值最大化这一观念的转化。① 总体而言，自发达国家20世纪80年代进入信息社会伊始（也是全球化形成时期）②，信息在国民经济中的价值增长作用就成为欧美发达国家关切著作权保护问题的主要推动力。诚如布莱克斯通所言，"财产的本质前提是它必须具有经济价值……因此，具有经济价值的任何东西都可以成为财产权对象"③。在自由市场论者看来，市场机制的好处在于，它既发出消费者偏好的信号，又引导私人投资转至正确的方向。当作品作为财产预设成推动国民经济增长的重要组成部分，使其能够解决国内的经济衰减、就业及国民收入问题，并能激励本国成为信息商品的主要出口国时，发达国家的著作权强保护逻辑就易于理解。作品的财产权逻辑表明，"人们在哪里能够从文学艺术作品中获得享受与价值，就要把财产权扩展至哪里"④。在这一点上，两大法系的发达国家得出了完全相同的结论："只要作品谈判成本不至于过高，著作权就应当扩展至经济价值的每一个角落"⑤。"有价值便有权利"的著作权观念在现实中已走入市场利益至上的极端主义路线，逐渐偏离了早期著作权法效用主义的公共目的。著作权法真正意义上的效用主义目的并非仅限于推动作品作为商品的经济价值，而是实现"最大多数人最大

---

① 美国一直站在工具主义的实用立场来看待著作（版）权制度的，参见 B. Zorina Khan, "Intellectual Property and Economic Development: Lessons from American and European History" [R], *Commission on Intellectual Property Rights of UK* (2002), pp. 35 - 44. http://www.iprcommission.org，最后访问日期：2013年6月30日。
② 在时间上，全球化和信息社会的形成保持同步，正是由于新技术在推进信息社会的过程中被广泛运用，全球化才变得可能。参见〔俄〕C. A. 坦基扬：《新自由主义全球化——资本主义危机抑或全球美国化》，王新俊、王炜译，教育科学出版社，2008，第2页。
③ W. Blackstone, *Commentaries on the Laws of England* (London: T. Cadell and J. Butterworth and Son (16th edn, 1765 - 69), 1825), p. 405.
④ 〔美〕保罗·戈斯汀：《著作权之道：从谷登堡到数字点播机》，金海军译，北京大学出版社，2008，第147~148页。
⑤ 〔美〕保罗·戈斯汀：《著作权之道：从谷登堡到数字点播机》，金海军译，北京大学出版社，2008，第147~148页。

幸福"的社会福利最大化，即包括公众通过自由接触信息，可以在文化的互动和参与过程中产生的创造力价值。市场价值决定论具有内在局限性，它激发市场自由机制下的极端利己行为，致使著作权人与使用者之间脱离良性循环的著作权生态关系，影响市民社会的公共文化塑造。这种市场利益至上的极端思想滥觞于盛行已久的自由主义经济学，这就需要对自由主义经济学的历史形成及其对著作权保护观念的深远影响加以认识。

一　古典自由主义经济学的兴与衰

从发展过程来看，自由主义经济学是在17、18世纪作为欧洲国家的新兴资产阶级意识而发展起来的思想，其典型代表人物是英国的亚当·斯密（Adam Smith）和大卫·李嘉图（David Ricardo）。就思想谱系来看，古典自由主义经济学最早可追溯至曼德维尔（Mandeville）于1714年出版的《蜜蜂的寓言》一书。在《蜜蜂的寓言》中，曼德维尔将蜜蜂和人做类比，断言所有个体都是为私利及其个体自由而活动的，即一种"私心公益"。这就在道德上对人行动的根本动机进行了再认识。[①] 亚当·斯密是古典经济自由主义的典型代表人物，在承继曼德维尔思想的基础上，他出版了对资本主义市场经济观念影响深远的巨作——《国富论》（即《国民财富的性质和原因的研究》）。在该著作中，斯密通过对"经济人"和"看不见的手"原理的假设，认为在商品经济中，每个人都是受利益驱使的理性判断者。假如不受干涉，经济人在"一只看不见的手"的指引下（即通过市场机制自发调节的作用），不仅会达到自身的最高目标，而且自然而然地会使社会资源获得最优配置，这将有利于推进整个社会的公共福利。诚如斯密所言，"我们每天所需要的食物和饮料，不是出自屠户、酿酒家或面包师的恩惠，而且出于他们自利的打算"[②]，而"企业家雇用工人来为自己劳动的同时，他们同穷人一起分享他们所作一切改良的成果，一只看不见的手引导他们对生活必需品做出几乎同土地在平均分配给

---

① 曼德维尔的论证详见〔英〕曼德维尔：《蜜蜂的寓言》，肖聿译，中国社会科学出版社，2002。
② 〔英〕亚当·斯密：《国民财富的性质和原因的研究》（上卷），郭大力、王亚南译，商务印书馆，1972，第14页。

全体居民的情况下所能做出的一样分配，从而不知不觉地增进了社会利益，并为不断增长的人口提供生活资料"①。在他看来，个人追求自己的利益，往往使他比在真正出于本意的情况下更有效地促进社会的利益。在斯密的市场经济理论中，"人性与社会性、私利与公益、经济动机与经济利益、经济行为与经济目标、经济要素与过程都由'看不见的手'均衡地汇集和合理地引导"②。在此论证基础上，亚当·斯密认为应实施一种市场自由放任的基本国策，"要使国家富强，一切应留待事物的自然进程来完成"③。在他看来，自由放任原则最能促进经济发展、最符合社会利益、最能调动人们的积极性和主动性，而国家仅应充当"守夜人"的角色，即充分保障私人财产权和维系自由的经济秩序。

斯密的理论体系被大卫·李嘉图所完善。一方面，李嘉图深化了经济自由主义哲学基础。他认为，在商业完全自由的制度下，资本家进行生产追求的是个人利益，即利润。为了追求个人的利润最大化，资本家就必须不断积累资本，而"资本积累又是生产力发展的条件，生产力的不断发展推动社会财富的增加，将给整个社会带来繁荣"④。李嘉图对亚当·斯密理论完善的另一方面则表现在国际自由贸易理论方面。他认为，国际自由贸易的优越性在于通过自由的国际贸易交往，国际资本和劳动可以得到有效的分工和组织，促使资本和劳动得到最有效的利用，从而提高各国生产力的效率，促进各国的经济繁荣。⑤可以认为，古典自由主义经济观念即一种自由市场思想，它与个人主义效率性呈现一种逻辑上的递进关系。在古典自由主义经济学看来，经济自由主义的市场模式必然以国家对私人财产权的强保护为基础，这使得经济上的自由主义从个人主义效率性延伸至财产权个人主义上。然而，在一个不具备自由竞争的经济体制（如跨国财阀控制的垄断市场体系）下，自由贸易和私有化的利益将被垄断企业寻求个人利润最大化所泯灭，而不是促进整个国民经济的财富创造。换

---

① 〔英〕亚当·斯密：《道德情操论》，蒋自强等译，商务印书馆，1997，第230页。
② 王振东：《自由主义法学》，法律出版社，2005，第39页。
③ 王振东：《自由主义法学》，法律出版社，2005，第39～40页。
④ 王振东：《自由主义法学》，法律出版社，2005，第43～44页。
⑤ 王振东：《自由主义法学》，法律出版社，2005，第44～45页。

言之,"如果财产的私有化是通过被大多数人认为不合理的手段实现的,并且是在缺乏必要的机构监督的环境中进行的,那么一个着眼更长期的市场经济同样可能受到损害"①。

在20世纪以前的整个自由资本主义时期,斯密和李嘉图的古典自由主义经济学对欧美贸易和经济发展模式都产生了深远影响。实际上,早在自由资本主义向垄断资本主义转型阶段(即19世纪末20世纪初),是市场自由放任还是国家干预就已经成为社会广受争议的焦点。② 直到20世纪20至30年代,资本主义社会因垄断资本主义引发经济大危机时,以自由放任为原则的古典自由主义经济学才遭到公众的质疑。1929~1933年席卷整个欧美资本主义世界的大危机成为一个重大转折,它因市场的极度自由放任而起,对欧美资本主义经济造成了巨大破坏,也宣告了古典自由主义学经济自由放任的终结。在这一时期,英国经济学家凯恩斯先后出版了《自由放任主义的终结》《就业、利息和货币通论》两部著作,主张摈弃市场自由放任的自由主义经济观,并提出了国家干预经济的一系列政策主张。在当时的经济大萧条背景下,凯恩斯主张的政府干预论受到包括美国罗斯福新政在内的积极响应,使其成为西方经济思想界的主流思潮,凯恩斯主义进而成为政府干预主义的代名词。自由主义经济学自这一时期起彻底失势,更多是"作为小范围的理论交流和抨击政府的不和谐音出现在人们的视野当中"③。

二 新自由主义经济学的勃兴

1973~1975年,欧美发达国家因经济滞胀出现了严重的经济危机。这次经济危机被认为是"政府失灵"(政府过度干预)而非"市场失灵"产生的恶果。凯恩斯主义的政府干预政策饱受社会的严厉抨击,而承继斯密古典自由主义经济学思想的芝加哥学派(以哈耶克、弗里德曼等人为代表)提出应限制政府干预、发挥市场机制自由调节功能的观点,开始

---

① 〔美〕斯蒂格利茨:《社会主义向何处去:经济体制转型的理论与证据》,周立群等译,吉林人民出版社,1988,第15页。
② 王振东:《自由主义法学》,法律出版社,2005,第54页。
③ 王振东:《自由主义法学》,法律出版社,2005,第55页。

获得社会的广泛认同。诚如学者指出的那样,"一个新的自由主义政策从20世纪70年代中期开始取代凯恩斯主义,那时针对70年代前期发生的经济危机,证明凯恩斯主义刺激经济扩张的方法已经失败"①。自由主义经济学就是在这样的背景下重获勃兴。

代表新自由主义经济学的芝加哥学派虽强调政府作用应由古典自由主义经济学的"守夜人"角色转向自由市场的"裁判员"角色,但从本质来看,他们依然反对任何形式的国家干预,倡导实行竞争性私人货币制度下的自由主义市场经济。芝加哥学派认为,发挥市场机制的自由调节作用,将使生产效率得到不断提高,同时社会资源将获得最优配置,进而推进整个社会的公共福祉。诚如弗里德曼在《资本主义和自由》一书中所言,"获取利润乃民主之本,任何寻求反市场政策的政府都是反民主的,不管其得到民众多大程度的理解和支持。……因此,把政府职能仅限于保护私有财产和实施合同,把资源生产和分配以及社会组织等实际问题交由市场力量决定乃是上策。"②在他看来,以个人主义为基础的私人企业制度和自由市场制度是迄今为止最好的制度选择,这种制度存在的基础就在于完全的个人自由。而在自由之中,经济自由是最重要的,是其他自由的前提,私有制是自由的最重要保障。③可见,新自由主义经济学在倡导自由市场机制具有优化生产分工、提高生产效率以及推进社会资源合理配置的积极作用时,还强调财产私有化以及政府对私人财产的有效保护对市场发挥自由调节作用的重要意义。尽管弗里德曼和哈耶克也强调机会平等的自由竞争,但是,在一个垄断企业控制下的市场体制当中,过度强调财产的私有化,势必会导致为了"效率"而失去"公平",通过市场自由发挥调节作用来实现资源有效配置的预想将难以成行。如果财产的私有化是通过被大多数人认为不合理的手段实现的,并且是在缺乏必要的机构监督的环境中进行的,那么一个着眼更长期的市场经济同样可能受到损害。正如

---

① 〔美〕苏姗·K. 塞尔:《私权、公法——知识产权的全球化》,董刚、周超译,中国人民大学出版社,2008,第19页。
② 〔美〕诺姆·乔姆斯基:《新自由主义和全球秩序》,徐海铭、季海宏译,江苏人民出版社,2001,导言第3页。
③ 王振东:《自由主义法学》,法律出版社,2005,第62~63页。

学者乔姆斯基所言,"真正意义上的自由竞争市场永远不存在,因为在资本主义发达国家的经济结构中,占统治地位的往往是那些具有庞大规模的跨国集团,它们能够牢牢地控制住自己在市场中所占有的份额"①。

20世纪70年代中后期,欧美政府的国内外政策开始受到新自由主义经济学的深远影响。以美国为例,1973~1975年的经济危机使美国陷入经济增长低迷、通货膨胀率高及失业率激增的滞胀困境,这被认为是由凯恩斯主义的政府过度干预引发的全球竞争力不足所导致的。例如,美国自1971年起连续出现对外贸易的整体逆差,至1987年,贸易赤字已累积高达1700亿美元。② 特别是在对日贸易中,逆差由60年代的几亿美元激增至80年代的几百亿美元,这在美国国内产生了本国技术创造力及竞争力被日本赶超的恐慌情绪。③ 于是,美国国内就形成了一股期望通过开放自由竞争的市场来重振企业全球竞争力的需求,新自由主义经济学正好与这种需求不谋而合。这点从20世纪70年代政府经济发展委员会报告中的政策转变可见一斑。在1971年报告中,经济发展委员会讨论的重心是企业的社会责任以及企业同政府合作解决社会问题的必要性;而1979年的经济发展委员会政策报告则强调有必要重新定义政府在市场体系中的角色。④ 当里根作为一个自由市场的信仰者在1981年总统就职典礼上宣称"政府并不是解决问题的方法,政府本身才是问题所在"⑤时,新自由主义经济学在美国政治意义上被正式固定下来,放松管制运动也正式开始。⑥

---

① 〔美〕诺姆·乔姆斯基:《新自由主义和全球秩序》,徐海铭、季海宏译,江苏人民出版社,2001,第6~7页。
② 〔澳〕彼得·达沃豪斯、约翰·布雷斯韦特:《信息封建主义》,刘雪涛译,知识产权出版社,2005,第97页。
③ 郑万青、傅智操:《从日本遭受的337调查看中国的应对策略》,《中国法学会知识产权法研究会2009年会暨"经济全球化背景下的知识产权保护研讨会"论文集》,同济大学,2009年10月,第104页;Richard A. Posner, "Do We Have Too Many Intellectual Property Right?" *Marq. Intell. Prop. L. Rev.* 9 (2005): 184。
④ 〔美〕威廉·多姆霍夫:《谁统治美国:权力、政治和社会变迁》,品鹏、闻翔译,译林出版社,2009,第242页。
⑤ 百度百科"里根"简介,http://baike.baidu.com/view/22981.htm,最后访问日期:2012年6月30日。
⑥ 〔美〕威廉·M. 兰德斯、理查德·A. 波斯纳:《知识产权法的经济结构》,金海军译,北京大学出版社,2005,第512~513页。

实际上，早在20世纪70年代中后期，交通运输、电信（包括广播）、能源以及金融服务部门等诸多重要行业已逐渐被政府整体或部分地放松管制。① 正是在这种延续至今的放松管制运动中，信息作为商品的市场价值最大化功效如同滚雪球一般被人为放大，而它作为公共文化互动、参与的社会价值却被人遗忘。对这一背景进行考察后，美国知识产权（包括著作权）的急剧扩张逻辑就不再难以理解了。

里根和时任英国首相的撒切尔夫人都是新自由主义经济思想的坚定拥护者。在对外政策上，美国和英国都极力鼓吹市场自由的新自由主义经济观，并通过国际货币基金组织、世界银行以及后来20世纪90年代中期形成的世界贸易组织等"传教"机构，向那些亟须贷款援助和贸易扶持的发展中国家灌输新自由主义经济思想。例如1989年所谓的"华盛顿共识"（Washington Consensus），就是欧美向以拉丁美洲为主的发展中国家推销的新自由主义经济政策。而这一政策的主旨就是要求拉丁美洲国家实行外贸交易自由化、财产私有化以及为私有财产权提供强保护的司法手段。② 可见，"华盛顿共识"与美国官方思想具有同源性，都反映了芝加哥学派的新自由主义经济观。然而，正由于90年代贯彻执行"华盛顿共识"这一新自由主义经济政策，使得墨西哥从资源富庶的中等规模国家变成负债累累、失业率激增、经济衰退的失败国家。③ 可以说，之所以出现商品（包括信息作为一种商品）市场的全球化趋势，是因为以美国为首的发达国家政府将种种贸易合约和协定强加到各国头上，使那些跨国垄断企业能够轻而易举地主宰他国的经济命脉，却无需为它们承担任何责任。而在欧美发达国家政策主导下的经济全球化趋势中，新自由

---

① 〔美〕威廉·M. 兰德斯、理查德·A. 波斯纳：《知识产权法的经济结构》，金海军译，北京大学出版社，2005，第511页。
② "华盛顿共识"被指欧美发达国家杜撰出来的一种说法，是由美国首席经济学家兼世界银行副行长约翰·威廉森于1989年提出的，全称是"位于华盛顿的若干机构向拉丁美洲国家提供政策建议的最低共识"。参见 J. Williamson, "What Should the World Bank Think about Washington Consensus?" *The World Bank Research Observer* 15（2000）：252－254。
③ 〔墨〕阿尔瓦雷斯·贝让：《新自由主义在墨西哥导致全面社会危机》，李春兰、李楠译，《国外理论动态》2008年第5期；仇华飞：《对引发墨西哥金融危机原因的再认识》，《世界经济研究》2005年第12期。

主义经济学对著作权制度价值取向的消极影响值得我们加以警惕并深入反思。

三 公共福祉抑或市场利益至上？

由芝加哥学派经济学家提出来的新制度经济学财产理论，20世纪80年代初开始就一直受到主张知识产权强保护的学者追捧，成为著作权学术文献竞相引证的主流理论。① 这种深受新自由主义经济学影响的著作权主流文献以戈登（W. J. Gordon）于1982年在《哥伦比亚法律评论》上发表的《作为市场失灵的合理使用》一文为典型代表。② 追捧新自由主义经济思想的著作权学者认为，著作权的制度功能在于发挥作为一种商品的信息在市场机制中的经济价值最大化效用。当权利人通过财产权充分控制作品时，著作权就能实现这一功能，即通过消费者偏好的市场反馈，权利人可以将作品的私人投资方向转移至产生最高经济价值的使用方式当中。这有利于国民经济的不断增长，最终将促进公共福利的提高。传统著作权法的激励理论被视为是浅显粗陋的。③ 在他们看来，著作权法应赋予权利人对他人接触作品的有效控制权，这并不是为作者和投资者提供必要的激励，而是通过对作品的市场开发利用以传递作品的市场偏好，最终实现信息资源在市场中的有效配置。同时，这些学者认为，只有对作品实现像有体物那样类似所有权的控制，才能实现信息像有形商品那样的市场开发和投资指向。④ 客观上，跨国财阀控制下的垄断体系很难形成公平竞争的自由市场。如美国音乐市场的84.8%仅由环球音乐集团、BMG、索尼音乐娱乐、

---

① Neil Netanel, "Why Has Copyright Expanded? Analysis and Critique," *New Direction in Copyright Law*, Public Law & Legal Theory Research Paper Series No. 07-34, 6 (2007): 18. http://ssrn.com/abstract=1066241，最后访问日期：2013年6月30日。

② W. J. Gordon, "Fair Use as Market Failure: A Structural and Economic Analysis of the Batamax Case and its Predecessors," *Columbia Law Review*, 82 (1982): 1600.

③ R. P. Merges, "Are You Making Fun of Me? Notes on Market Failure and the Parody Defense in Copyright," *American Intellectual Property Law Association Quarterly Journal* 21 (1993): 306.

④ Neil Netanel, "Why Has Copyright Expanded? Analysis and Critique," *New Direction in Copyright Law*, Public Law & Legal Theory Research Paper Series No. 07-34, 6 (2007): 18. http://ssrn.com/abstract=1066241，最后访问日期：2013年6月30日。

华纳音乐集团及 EMI 五家公司控制,[①] 这很难说有所谓的自由公平竞争。在部分学者看来,信息在著作权制度的强保护下成为发挥市场价值最大潜能的一种商品,最终仅使具有垄断地位的跨国投资者受益最大,而智力成果创造者、小型企业以及信息使用者等却未受惠泽。[②] 在不少创作者和艺人看来,真正的"盗版者"并非是分享信息的使用者,而是那些未按授权合同来支付作品收益分成的垄断投资商。[③] 有文献披露,美国多家音乐发行巨鳄未付给创作者的版税累计超过 5000 万美元,"有许多艺人勉强维生,但他们曾创作过大受欢迎的歌曲……这些唱片公司拖欠巨额的版税,并未按规定支付给艺人"。[④] 创作者、垄断投资商以及使用者之间的受益性价值量被信息垄断市场扭曲成一种抛物线构状,即抛物线的两端分别是信息生产阶段的作者和信息消费(当然,从社会价值考量不限于此)阶段的使用者,而获益最大的却是抛物线最高端信息流通阶段的垄断投资商。[⑤]

新自由主义经济学对著作权合理使用的理论解释影响深远。在《作为市场失灵的合理使用》一文中,戈登极力鼓吹合理使用仅因难以克服的市场失灵而应被限定在特殊情形中。这种市场失灵,被戈登解释成一种因著作权人与使用者之间交易达成的双向负外部性,即无论是著作权人还是使用者,都将以超过正常交易成本的方式达成许可使用协议。[⑥] 戈登认为,只有符合这种引发双向负外部性的市场失灵条件时,使用者的行为才

[①] 〔美〕劳伦斯·莱斯格:《免费文化:创意产业的未来》,王师译,中信出版社,2009,第 132 页。
[②] Yochai Benkler, "Free As the Air to Common Use: First Amendment Constraints on the Enclosure of the Public Domain," *N. Y. U. L. Rev.* 74 (1999): 354.
[③] Peter K. Yu, "P2P and the Future of Private Copying," *University of Colorado L. R.* 76 (2005): 668.
[④] 〔美〕约翰·冈茨、杰克·罗切斯特:《数字时代盗版无罪?》,周晓琪译,法律出版社,2008,第 183 页。
[⑤] 这让笔者联想起国内蔬菜的"卖难买贵"现象,其怪象产生的原因就在于作为生产者的菜农和作为消费者的老百姓对蔬菜市场都没有话语权,最终获得最大收益的只有控制市场流通的中间投资商,这和市场自发机制调整下的信息商品关系具有异曲同工之"妙":作为生产知识的作者和作为消费知识的使用者对信息市场都没有话语权,而控制信息市场流通的垄断投资商却获得了最大收益。
[⑥] W. J. Gordon, "Fair Use as Market Failure: A Structural and Economic Analysis of the Batamax Case and its Predecessors," *Columbia Law Review* 82 (1982): 1600.

应被视为合理使用。在追捧新自由主义经济学的著作权学者看来，合理使用行为仅因交易成本过高，使双方产生市场中的交易不能而存在。同时，随着数字技术的不断发展，著作权人可以通过控制代码实现著作权交易成本与市场失灵的可控性消减，故著作权的权利限制规定（如个人使用等）也应随之取消。在 Harper & Row 一案中①，法官曾两度引用戈登文献的观点，认为仅当双方产生双向负外部性的市场失灵时，才存在合理使用原则的适用问题。② 可见，新自由主义经济学对著作权学术界及司法界都产生了深远影响，合理使用在市场失灵理论解释下被限制在极小的范围内。然而，他们忽视了一个问题：正是因为包括个人使用在内的合理使用行为，人们才可以实现对信息的必要接触、获取和交流，从而实现后续作品再创作的社会创造力价值，而这一价值却未被计算在新自由主义经济学考量的经济价值以内。

新自由主义经济学对延长著作权保护期的理论解释也有影响。在兰德斯和波斯纳看来，过度使用会造成信息的"拥塞性外部成本"（congestion externality）。如米老鼠这一角色，如果进入公共领域将导致使用者在后续作品创作中篡改故事情节，将米老鼠描述成一个浪荡公子、动物权利倡导者抑或怕老婆的角色，这会冲淡角色已有的商业价值。③ 在此论证基础上，兰德斯和波斯纳提出，应倡议建立一种著作权保护期的有偿续展模式，使那些有价值的作品留在市场上，充分发挥其经济价值。④ 在他们看来，作品流入公共领域势必会造成具有市场需求的作品价值消减，不利于发挥信息作为商品的市场价值提升作用。然而，受新自由主义经济学影响的著作权学者忽略了一点：作品的价值提升应建立在文化互动中，而非仅限于单一作品垄断下的市场价值。正是人们通过对作品的不断转

---

① *Harper & Row*, *Publishers v. Nation Enterprises*, 471 U. S. 539 (1985).
② Neil Netanel, "Why Has Copyright Expanded? Analysis and Critique," *New Direction in Copyright Law*, Public Law & Legal Theory Research Paper Series No. 07 – 34, 6 (2007): 19. http://ssrn.com/abstract=1066241，最后访问日期：2013 年 6 月 30 日。
③ William M. Landes & Richard A. Posner, "Indefinitely Renewable Copyright," *University of Chicago Law Review* 71 (2004): 441.
④ William M. Landes & Richard A. Posner, "Indefinitely Renewable Copyright," *University of Chicago Law Review* 71 (2004): 488.

换和衍生性创作，知识资源的基数才不断丰富，才能使作品的文化多样性价值得到充分体现。① 换言之，米老鼠故事随着著作权保护期届满后进入公共领域未必不是好事，后续使用者将米老鼠描述成一个浪荡公子、动物权利倡导者抑或怕老婆的角色也未必就是坏事。它丰富了作品的单一认知模式，使作品中的角色原型呈现多样性文化的活力，而这从长期来看将可能实现作品的社会价值潜能甚至包括经济价值潜能的更大发挥。

同时，新自由主义经济学也影响着欧美政府的著作权保护政策走势。正是新自由主义经济思想的新制度经济学财产理论，驱动着欧美将有体财产保护逻辑类推至信息，使它们相信通过权利人对作品独占式的强控制，实现其作为商品的市场效益最大化。在这样的观念指导下，欧美政府视市场引导下的信息商品化可以推动整个国民经济的增长，从而使著作权法传统意义上的效用主义目的（即实现最大多数人的最大幸福）与市场利益最大化原则融会贯通。特别是进入经济全球化的信息时代，信息作为商品的市场价值潜能被欧美发达国家普遍夸大。为了推动欧共体达成加强知识产权保护的共识，欧委会高级智囊团于1994年向欧委会提交了一份研究报告，被称作"班格曼报告"（Bangemann Report）②。该报告宣称："首先进入信息社会的国家将获得最大收益……相反，阻碍或拖延跨入信息社会的国家将在几年内陷入投资衰退和失业激增的灾难之中。"③ 同时，该报告将知识产权保护视为信息社会的重要构成因素："全球化的信息市场必须就一般规则达成普遍共识，欧共体极其关切知识产权保护，并希望确

---

① Neil Netanel, "Why Has Copyright Expanded? Analysis and Critique," *New Direction in Copyright Law*, *Public Law & Legal Theory Research Paper Series* No. 07 - 34, 6 (2007): 20. http://ssrn.com/abstract = 1066241，最后访问日期：2013年6月30日。

② 该研究报告由班格曼（Martin Bangemann）牵头，包括时任欧委会主席的普罗迪（Romano Prodi）也参与制定，该研究报告全称为《欧洲与全球化的信息社会：欧委会的推荐报告》，参见 David Vaver, "Copyright Developments in Europe: The Good, the Bad and the Harmonized," in Niva Elkin-Koren&Neil Weinstock Netanel eds., *The Commodification of Information* (New York: Aspen Publishers, 2002), p. 224。

③ David Vaver, "Copyright Developments in Europe: The Good, the Bad and the Harmonized," in Niva Elkin-Koren&Neil Weinstock Netanel eds., *The Commodification of Information* (New York: Aspen Publishers, 2002), p. 224.

保知识产权维持在强保护水平上。"① 同样在美国，学者在一份商务部研究报告中也鼓吹道："当信息通过知识产权的强保护，发展成积极有益的商品与服务时，将会推动消费者的利益和需求……结果，就业机会被创造，经济得以增长，社会也得到进步。"② 对此，该报告还列举了一组美国 2000~2007 年个体劳工的单元经济指数来证明知识产权行业的国民经济价值（见表 3-1）。③

表 3-1　2000~2007 年美国个体劳工的单元经济指数

单位：美元

	收入价值	销售价值	增加价值	出口价值	研发投入	资本投入
IP 行业	59041	485678	218373	91607	27839	15078
非 IP 行业	37202	235438	115239	27369	2164	6831
倍数	1.6	2.1	1.9	3.4	12.9	2.2

由此可见，作为一种财产权，著作权被欧美政府视为活跃市场机制、推动国民经济增长的关键手段。然而，在新自由主义经济学的深远影响下，人们过于关注对手段的强化保护，却忽视了作品价值本身的内涵。知识的创造是一个积累的过程，作者因为站在前人的肩膀上而变得更有创造力。"如果一个人不能从其他人的作品中得到启发或借鉴，知识创造的过程将变得毫无效率"④，新自由主义经济学在观念上反映的仅是信息作为商品在市场机制中创造出来的经济价值，而这是以社会价值为代价实现的，它忽略了后续作品再创作的社会创造力价值。这一单向度的闭合思维定式导致著作权出现急剧扩张，立法传统意义上不受限制的个人使用受到人为排挤。

---

① David Vaver, "Copyright Developments in Europe: The Good, the Bad and the Harmonized," in Niva Elkin-Koren&Neil Weinstock Netanel eds., *The Commodification of Information* (New York: Aspen Publishers, 2002), p. 225.

② Nam D. Pham, "The Impact of Innovation and the Role of IPR on U.S Productivity, Competitiveness, Jobs, Wages, and Exports" [R], *N. D. P. Consulting* (April 2010), p. 3. e-copy available at: http://www.ndpconsulting.com, 最后访问日期：2013 年 6 月 30 日。

③ Nam D. Pham, "The Impact of Innovation and the Role of IPR on U.S Productivity, Competitiveness, Jobs, Wages, and Exports" [R], *N. D. P. Consulting* (April 2010), p. 4.

④ Federal Communication Commission, "In the Matter of Compulsory License for Cable Retransmission," *FCC Rcd* 4 (1989): 671.

四 亚当·斯密晚年留给世人的反思

在结束批判新自由主义经济学对著作权保护观念造成的深远影响之前,笔者想以自由主义经济学的开创者——亚当·斯密晚年的思想转变来完成这一论证主题。众所周知,亚当·斯密一生只有两部著作,即《国富论》和《道德情操论》。其中的《道德情操论》自首次出版起始,斯密就用毕生精力多次进行修正,先后共历经五次修订再版。在初版以及前四次修订再版中,斯密一直坚持个人利益是人们从事经济活动的出发点,并同《国富论》思路保持一致,认为"把资本用来支持产业的人,既以牟利为唯一目的,同时也努力使他用其资本所支持的产业的生产物能具有最大价值,而这自然而然地增进了社会福祉"①。斯密将这种基于个人利益的利己主义称为"自爱"(self-love)。斯密指出,人的自爱本性与"同情共感"(sympathy)②是相伴而生的。虽然人的本能是自私的,但总是在自爱心与同情共感的引导下,不知不觉地增进着社会利益。③可见,斯密视人性与社会性、私利与公益之间具有一致性联系。然而,就在斯密逝世(1790年)前两个月出版的《道德情操论》第六版文本中,我们感受到的是一个内心苦楚且矛盾的斯密。

在《道德情操论》第六版中,斯密在第一卷第三篇加入"论由钦佩富人和大人物、轻视或怠慢穷人和小人物的这种倾向所引起的道德情感的败坏"一章。由于第一卷主要讨论同情共感的基本原理问题,第六版第一卷的修正势必意味着将人类天性可能导向道德情感的腐败这一基本观点作为后续论证的出发点。④ 斯密在新加的内容中指出:

> 钦佩或近于崇拜富人和大人物、轻视或至少是怠慢穷人和小人物

---

① 〔英〕亚当·斯密:《国民财富的性质和原因的研究》(下卷),郭大力、王亚南译,商务印书馆,1974,第27页。
② 蒋自强先生将《道德情操论》中的"sympathy"译成"同情心",笔者借鉴了罗卫东先生的译法,参见罗卫东:《情感·秩序·美德:亚当·斯密的伦理学世界》,中国人民大学出版社,2006。
③ 〔英〕亚当·斯密:《道德情操论》,蒋自强等译,商务印书馆,1997,序言第13页。
④ 罗卫东:《亚当·斯密的启蒙困境》,《读书》2010年第12期。

的这种倾向，虽然为建立和维持等级差别和社会秩序所必需，但同时也是我们道德情操败坏的一个重要而又最普遍的原因。……而那种只宜对罪恶和愚蠢表示的轻视，却经常极不适当地落到贫困和软弱头上。①

通过这段话，我们看到斯密已经洞悉到听任人类自然情感倾向作用所产生的后果多重性和不确定性，他对基于天然自利性产生的道德情感腐化有了明确意识。同时，斯密在第六版第一卷还加了一句话："为了获得这种令人羡慕的境遇，追求财产的人们时常放弃通往美德的道路，不幸的是，通往美德的道路和通往财产的道路二者的方向有时截然相反。"② 这个论断表明，斯密对财富和商品市场的评价已不再像早先那么积极，而是对财富和商品市场能够带来的德性和"最大多数人的最大幸福"持怀疑态度。这一态度与他早先一直主张"看不见的手"分配正义的逻辑合理性观点已截然不同，"斯密晚年的思想已经从早先的市场放任的自由主义转变成具有某种建构倾向的德性主义"③。作为自由主义经济学的开拓者，斯密晚年意识到自由放任的市场机制可能会造成社会的不公，而我们面临信息泛商品化的经济全球化思潮时，是否也该好好反省著作权制度侧重的效用主义本质究竟为何？

第二节 自上而下的政策制定：私人利益集团的行动策略影响

个人使用困境的著作权体系闭合，除受新自由主义经济学的深远影响以外，还在于欧美私人利益集团策略型的系统推动。美国自信息产品的消费国逐渐转变成生产输出国以来，改变了著作权强保护的传统消极态度，转而积极参与并鼓动国际知识产权新秩序的构建。就国际政治而言，步入经济全球化的信息时代（约自20世纪80年代起始）以后，国际知识产

---

① 〔英〕亚当·斯密：《道德情操论》，蒋自强等译，商务印书馆，1997，第72页。
② 〔英〕亚当·斯密：《道德情操论》，蒋自强等译，商务印书馆，1997，第76页。
③ 罗卫东：《亚当·斯密的启蒙困境》，《读书》2010年第12期。

权（包括著作权）规则正是在由美国引领的欧美发达国家主导下完成的。因此，从美国著作权的政策制定入手，分析私人利益集团在这一动态过程中的行动策略及产生的消极影响，将有利于进一步解读造成个人使用困境之体系闭合的驱动力。

一 政策制定中的利益集团政治

从政治学来看，公共政策制定中的利益集团参与在西方国家都不同程度地存在。利益集团是西方权力结构的重要组成部分，任何一项政策的出台，必定是众多利益集团相互竞争和妥协的结果。[1] 麦迪逊将美国建国初期业已存在的政党和集团雏形统称为"党争"（Clique Struggle），"利益集团"（Interest Groups）一词的定义，最早可追溯至此。"党争"就是"多数或少数的一些公民，团结在一起，被某种共同利益所驱使，反对其他公民的权利，或者反对社会的集体利益"[2]。在麦迪逊看来，各利益集团之间的争斗是一种自私的表现，它们通过彼此竞争和相互制约以实现控制政府和社会的目的。同时他也承认，"因为自由会助长党争而废除政治生活不可缺少的自由，这同因为空气给火以破坏力而希望消灭动物生命必不可少的空气是同样的愚蠢"[3]。可见，在美国开拓者看来，利益集团之间的争斗是一种游荡于民主政治之中难以消除的恶。

当代主流的西方政治学观点将"利益集团"视为多元主义的政治参与者，即一种"持有共同态度、向社会其他集团提出要求的政治性利益群体"[4]，认为利益集团构成民主政治进程十分重要的因素。这种观点认为，利益集团自行发展，相互竞争，利益自决，无等级高低之分。同时，在各种利益集团之间，并不存在一个支配性的阶级或者一组拥有制度性基础的垄断精英。在多元主义观点看来，利益集团的权力和财富虽存在巨大

---

[1] 唐昊：《竞争与一致：利益集团政治影响下的美国霸权逻辑解析》，人民出版社，2010，第80页。

[2] 〔美〕亚历山大·汉密尔顿、约翰·杰伊、詹姆斯·麦迪逊：《联邦党人文集》，程逢如等译，商务印书馆，1980，第45页。

[3] 〔美〕亚历山大·汉密尔顿、约翰·杰伊、詹姆斯·麦迪逊：《联邦党人文集》，程逢如等译，商务印书馆，1980，第46页。

[4] Truman, David B, *The Government Process*, 2nd ed. (New York: Alfred A. Knopf, 1971), p. 37.

差异，但它们却分配在好几个不同的群体当中。利益集团自身过于分化，以至于无法支配政府及政策走势。这意味着，利益集团之间存在一种"多元政治"（polyarchy）而非等级制。① 利益集团的多元主义基础，和新自由主义经济学设想的自由市场经济如出一辙。在他们看来，利益集团在政策制定中为获得政府支持而相互竞争，这种情况就和商家在市场上争夺消费者一样。政府在各个利益集团的争议中却是中立的，如同裁判员或法官一样，政府自身并没有任何与生俱来的利益倾向。因此，政府可以在各个自由竞争的利益集团之间进行公正仲裁。

然而，现实中的政治权力分配并不平等。类似自由市场的竞争机制本身并不会给社会各利益集团带来公平的结果一样，造成这种不公平的原因在于这些利益集团的政治"议价"能力对比悬殊。分散性的社会力量由于自身的集体行动逻辑，导致其很难在政策制定过程中发挥像财富和权力集中的垄断利益集团一样的作用。在美国，大约有2300万家雇员在500人以下的小企业。② 小企业数量过于庞大、规模上过于多样，同时缺少足够的金融资产，它们更多是"以大企业为中心的经济网络的组成部分"③，因而无法形成任何集体性力量来挑战垄断企业组成的企业共同体。在许多焦点问题的政策取向上，公众的意向、观点与现行的国家政策也存在着明显的分歧。2005年的盖洛普民意调查显示，有90%的美国民众觉得大公司对政府的影响过大。④ 诚如戴伊（Thomas R. Dye）所言，即使在西方所谓的民主政体下，政府也不能保证让其公民充分有效地参与影响他们生活的所有决策制定。贯彻执行政策过程的权力虽掌握在政府机构手中，但"这一过程却密切地受到寡头精英的直接操纵和私人利益集团的监控"⑤。

---

① 〔美〕威廉·多姆霍夫：《谁统治美国：权力、政治和社会变迁》，品鹏、闻翔译，译林出版社，2009，第40页。
② 〔美〕威廉·多姆霍夫：《谁统治美国：权力、政治和社会变迁》，品鹏、闻翔译，译林出版社，2009，第88页。
③ 〔美〕威廉·多姆霍夫：《谁统治美国：权力、政治和社会变迁》，品鹏、闻翔译，译林出版社，2009，第89页。
④ 〔美〕迈克尔·帕伦蒂：《少数人的民主》（第8版），张萌译，北京大学出版社，2009，第40页。
⑤ 〔美〕托马斯·R. 戴伊：《自上而下的政策制定》，鞠方安、吴忧译，中国人民大学出版社，2002，第113~116页。

正如一位美国参议院下属委员会成员所言，"政府在这里实行的绝对是双重标准，我们几乎将所有重要信息都透露给实业界，但对公众保持缄默"①。西方政体表面上是政策自下而上制定的"民主"形式，而实际上却是寡头精英和私人利益集团通过政策的形成过程、利益集团的运作过程、政府及议会代表的选举过程和民意的制造过程四种运作模式，将自己的价值观念、利益欲求转化为公共政策的过程。在戴伊看来，西方所谓的民主政体是一种自上而下压迫式的制定过程，它描述利益集团如何将他们的私利转化为公共政策。这种自上而下的政策制定模式结构如图 3-1 所示。②

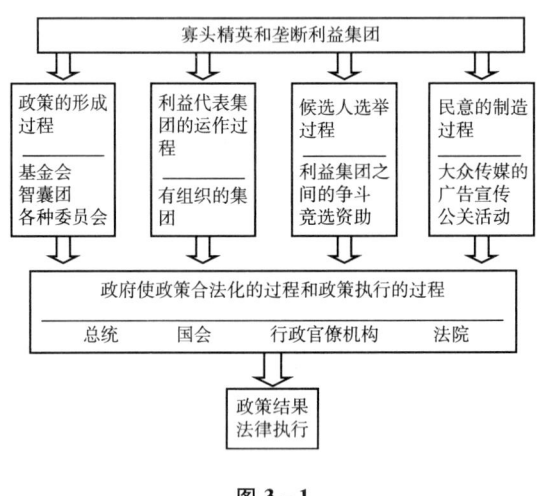

```
            ┌──────────────────────┐
            │   寡头精英和垄断利益集团   │
            └──────────────────────┘
              ↓       ↓       ↓       ↓
       ┌────────┬────────┬────────┬────────┐
       │政策的形成│利益代表集│候选人选举│民意的制造│
       │  过程   │团的运作 │  过程   │  过程   │
       │        │  过程   │        │        │
       ├────────┼────────┼────────┼────────┤
       │ 基金会  │        │利益集团之│大众传媒的│
       │ 智囊团  │有组织的 │间的争斗 │广告宣传 │
       │各种委员会│ 集团   │竞选资助 │公关活动 │
       └────────┴────────┴────────┴────────┘
              ↓       ↓       ↓       ↓
       ┌──────────────────────────────────┐
       │  政府使政策合法化的过程和政策执行的过程  │
       ├──────┬──────┬──────────┬──────┤
       │ 总统 │ 国会 │行政官僚机构│ 法院 │
       └──────┴──────┴──────────┴──────┘
                      ↓
               ┌──────────┐
               │  政策结果  │
               │  法律执行  │
               └──────────┘
```

图 3-1

图 3-1 解构的是西方政治体制自上而下政策制定的现实逆向状况，而并非像西方民主政治鼓吹者宣扬的那样，是一种自下而上的民意体现。政策的制定过程始于决定什么事情需要做出决策。从一开始，寡头精英和私人利益集团认为不应被界定为问题的社会状况就不会成为政策问题，就不会成为公共舆论的新闻并引起政府的关注。当发现某一社会问题影响其切身利益时，他们就会运用包括咨询参与、院外游说、竞选资助及媒体造势等有组织的运作方式，经过形式上合法的政策制定程序来最终实现利益。

---

① Mark Green et al., *Who Runs Congress?* (2nd ed.) (New York: Bantam Books, 1972), p. 56.
② 〔美〕托马斯·R. 戴伊：《自上而下的政策制定》，鞠方安、吴忧译，中国人民大学出版社，2002，第5页。

在直接的政策制定者忙于政策制定过程之前,有关政策制定主要内容的日程表就已被设定好,同时大众传媒也早就做好舆论造势。寡头精英和私人利益集团的活动主导着政府及国会的政策制定进程,仅从院外游说和竞选资助方面就可见一斑。据统计,约有 1.5 万人被美国官方界定为院外活动者,其中约四分之三的人代表的是公司、商业、贸易和行业组织的利益。[①] 可见,企业界的私人利益集团构成院外活动者的主要部分。这些人包括大公司的律师、商界领袖或以及与政府有良好关系的前任官员,他们的主要工作就是竭力减少和避免现行法律对他们集团利益的损害,并获取种种政治优惠和倾向性政策。[②] 而为民众代言的公共利益群体很难做到这一点,"相对稀缺的权力资源限制了他们的努力,大多数公民社团将过多的精力花在筹集资金支付办公和职员的日常开销上"[③]。根据联邦选举委员会 1997 年~1998 年的数据统计,院外活动经费支出排名的前 25 位全是企业界的私人利益集团,仅电视、电影及音乐产业的私人利益集团,其院外活动支出金额就高达 2764 万美元,占据排行榜的第 18 位。[④] 政治活动委员会是利益集团发挥政治潜力的平台,私人利益集团正是通过政治活动委员会这一渠道积极从事院外游说和竞选资助活动。根据统计数据,公司组织和劳工组织 1974~1998 年对政治活动委员会的捐资情况如表 3-2 所示。[⑤]

表 3-2 政治活动委员会的捐资增长情况

单位:百万美元

年 份	1974	1980	1988	1998
公司组织	89	1206	1816	1836
劳工组织	201	297	354	358

---

① 〔美〕托马斯·R. 戴伊:《自上而下的政策制定》,鞠方安、吴忧译,中国人民大学出版社,2002,第 110 页。
② 〔美〕迈克尔·帕伦蒂:《少数人的民主》(第 8 版),张萌译,北京大学出版社,2009,第 239 页。
③ 〔美〕迈克尔·帕伦蒂:《少数人的民主》(第 8 版),张萌译,北京大学出版社,2009,第 241 页。
④ 〔美〕托马斯·R. 戴伊:《自上而下的政策制定》,鞠方安、吴忧译,中国人民大学出版社,2002,第 114 页。
⑤ 数据资料来源于 Federal Election Commission (1998),转引自〔美〕托马斯·R. 戴伊《自上而下的政策制定》,鞠方安、吴忧译,中国人民大学出版社,2002,第 121 页。

从表 3-2 可以看出，仅 1974~1980 年这七年时间里，与劳工组织相比，公司组织的政治活动委员会捐资已实现质的突破，激增至约 14 倍。正是在这一时期，美国逐渐放松对产业整体或部分的管制，开始大规模的产业私有化进程。这一导向也体现在"政府对反托拉斯环境的放松，从而为推动知识产权强保护政策铺平了道路"①。在强调自由贸易的同时，知识产权强保护的财产理念也正是在这一阶段成为美国政策制定中的主流导向。在某种意义上，一方面这是由于美国在经济滞胀背景下亟须实现经济的再次腾飞，转而接受新自由主义经济学的自由放任市场理念；另一方面则体现了私人利益集团对美国政策制定的主导性影响。

二 私人利益集团的行动策略及其政治影响

知识产权（包括著作权）在传统意义上一直被视为反垄断规则例外的"特权"。而在现代社会，知识产权被明确规定为一种"私权"②，这意味着法律有义务将它们作为一种类似于有体物的财产权加以保护。总体而言，私人利益集团之所以可以在西方发达国家的知识产权政策制定中发挥重要影响，主要由于欧美国家的生产方式发生重大转型，导致其更加依赖信息产品在国民经济和对外贸易中的增值优势。进入信息社会以来，新兴国家的制造业水平不断提高，这使欧美在传统制造业的技术优势被日益赶超。与此同时，欧美企业以知识产权为核心的无形资产在国家整体资产中所占的比重越来越大，这使信息产品成为国家生产力、竞争力和经济增长的关键因素。③ 正是在这样的大背景下，私人利益集团通过各种手段向政府及国会极力宣扬需要强有力的著作权来保护信息产业，充分保护著作权将意味着创造更多的就业机会，而这些产业恰使欧美得以重建世界贸易平衡。如 1982 年，当美国遭受国际贸易的整体逆差时，著作权产业却为

---

① 〔美〕苏姗·K.塞尔：《私权、公法——知识产权的全球化》，董刚、周超译，中国人民大学出版社，2008，第 34 页。
② 如《与贸易有关的知识产权协议》（TRIPs）引言部分"承认知识产权为私权"的规定，参见郑成思：《WTO知识产权协议逐条讲解》，中国方正出版社，2001，第 1 页。
③ 熊琦、王太平：《知识产权国际保护立法中私人集团的作用》，《法学》2008 年第 3 期。

美国赢得12亿美元的贸易顺差。① 在传统制造业因受到新兴国家的挑战而日渐乏力的背景下，这一宣传逻辑不仅具有说服力，而且带有明显的政治色彩。就著作权而言，权利的极速扩张趋势以及个人使用困境的产生，不可否认与技术发展下的经济全球化背景有关，更不可否认它是私人利益集团行动策略驱使的结果。在西方（以美国为典型代表）著作权政策的国内外制定中，私人利益集团的行动方式及策略主要表现在以下两个方面：

（一）对国内立法的政治影响

私人利益集团对著作权立法的政治影响在很大程度上依赖于国内的制度和机构支持。② 西方的利益集团政治体制，可以使权力和资金集中的私人利益集团意见及时传递至政策决策部门的中介组织（如各类智囊团、基金会及政策委员会），从而有效实现私人利益集团的利益诉求。这里，国会甚至被戏称为是"金钱能买到的最好东西"③。在美国1998年院外游说支出中，仅时代华纳（Time Warner）这一家横跨出版、电影和电视产业的媒体公司，其费用就高达73万美元，排在所有单个企业中的第7位。④ 同时在1998年国会选举中，涉及动画、电影及音乐业的沃尔特·迪士尼（Walt Disney）公司的资助费用累积达到60万美元，排在个体企业捐资的第9位。⑤ 恰好是在这一年，国会通过了《松尼波诺版权期限延长法》（Sonny Bono Copyright Term Extension Act），将米老鼠行将到期的著作权又延长了20年。诚如美国知识产权委员会前成员帕特里（Patry）所言，"著作权利益游说者为国会议员的竞选慷慨资助，并邀请他们以公办的名义开展私人旅游，其目的就是希望国会能原封不动地通过由游说者亲自草拟的立法文本……有时，当法案被通过时，国会议员甚至都不清楚

---

① 〔美〕苏姗·K. 塞尔：《私权、公法——知识产权的全球化》，董刚、周超译，中国人民大学出版社，2008，第85页。
② 熊琦、王太平：《知识产权国际保护立法中私人集团的作用》，《法学》2008年第3期。
③ 〔美〕迈克尔·帕伦蒂：《少数人的民主》（第8版），张萌译，北京大学出版社，2009，第237页。
④ 〔美〕托马斯·R. 戴伊：《自上而下的政策制定》，鞠方安、吴忧译，中国人民大学出版社，2002，第117页。
⑤ 〔美〕托马斯·R. 戴伊：《自上而下的政策制定》，鞠方安、吴忧译，中国人民大学出版社，2002，第97页。

由这些利益游说者起草的委员会报告究竟在说些什么。"① 同时，由于知识产权专业具有高度技术性，私人利益集团可以通过参与立法咨询以及法案起草来给政府提供专业支持，政府也依赖于这些私人利益集团的知识产权专家。正如评论家所言，"著作权立法的绝大部分变革，都是在深受变革惠泽的利益集团支持和鼓动下才得以通过"②。

李特曼在回顾美国近百年的著作权立法史后指出，"国会通过的绝大多数著作权新立法的文本语言，都是在行业利益游说者博弈和相互妥协的基础上孕育而出"③。她认为，1976年著作权法的全面变革在著作权自身的哲学指向方面发生了重大转型，"准确地讲，新变革不再是一般意义上的修订，而是对1790年著作权法传统精神的激进式背离"④。同时，立法文本充斥着晦涩而复杂的语言表述，这让一般公众难以理解。著作权政策导向的重大转型和令人困惑的立法语言，揭示了其文本设计并非由国会成员起草，而是著作权产业利益集团之间博弈和妥协的结果。⑤ 在李特曼看来，立法绝大多数的关键性条款都是在利益集团之间进行博弈而逐字达成的妥协性共识。在这一过程中，产业利益集团发挥的主导作用难以否认。如1976年版权法第107条的合理使用条款，就是在著作权产业利益集团（包括出版商、音乐及电影公司等）、图书馆联盟以及教育机构等代表之间历经长时间的博弈性谈判，最终达成的妥协性文本。⑥ 在合理使用条款的博弈性谈判中，图书馆联盟、教育机构和著作权产业利益集团针锋相对，双方的焦点集中在非营利性的个人使用（主要指复制）是否应设定

---

① W. F. Patry, "Copyirght and the Legislative Process: A Pesonal Perspective," Cardozo Arts & Enterntainment L. J. 14 (1996): 141.
② T. P. Olson, "The Iron Law of Consensus: Congressional Reponses to Proponses Copyright Reforms Since the 1909 Act," J. Copyright Soc'y U. S. A. 36 (1989): 111; Jessica Litman, " The Politics of Intellectual Property," Cardozo Art & Entertainment L. J. 27 (2009): 315.
③ Jessica Litman, "The Politics of Intellectual Property," Cardozo Art & Entertainment L. J. 27 (2009): 313 – 314.
④ Jessica Litman, "Copyright, Compromise, and Legislative History," Cornell L. Rev. 72 (1987): 859.
⑤ Jessica Litman, "Copyright, Compromise, and Legislative History," Cornell L. Rev. 72 (1987): 860 – 861.
⑥ See U. S. Copyright Office, Briefing Papers on Current Issues, reprinted in Copyright Law Revision: Hearings on H. R. 2223 Before the Subcomm, 94th Cong. , 1st Sess. 2053 (1975).

为著作权的限制情形上。名义上代表公共利益的图书馆联盟及教育机构本可以为使用者争取更大的权益，但迫于产业利益集团的压力，它们将博弈性谈判的重心转移至图书馆和教育机构复制作品的狭隘行业利益当中，而并未真正顾及社会群体的公共利益需求。[1] 除此之外，1992 年通过的《家庭录制法》、1998 年通过的《千禧年数字版权法》（DMCA）以及《松尼波诺版权期限延长法》等，都是主要从美国产业游说者的利益出发，由私人利益集团共同起草并发起的扩张性著作权法案。[2] 正如一些观点所言，《松尼波诺版权期限延长法》的通过正是在米老鼠著作权保护期行将届满的背景下，由迪士尼公司等私人利益集团强大压力推动下的结果。[3] 应注意的是，松尼·波诺（Sonny Bono）生前就曾公开宣扬"版权应是永久的"。[4] 以他的姓名来命名法案，其本身就意味着应把著作权作为与有体物类同的永久财产权来看待，由此可见私人利益集团对著作权立法政策导向的影响之深。

上述分析路径解释了著作权法何以倾向于经济寻租行为的扩张趋势，以及著作权法何以出现内容重叠和逻辑关系含混的复杂现象，这在某种程度上正是西方产业利益集团游说者通过博弈而反复修改立法文本的妥协结果。[5] 由于出版商、动画、唱片以及电影等产业利益集团联合控制着著作权立法进程，故一旦著作权立法导向和文本被固定下来，就很难再改变。近年来，美国各类公益性组织试图为公共利益发出呼声，这些组织包括"美国公民自由联盟"（American Civil Liberties Union）、"消费者联盟"（Consumers Union）、"电子前沿基金会"（Electronic Frontier Foundation）

---

[1] Laura N. Gasaway, "Impasse: Distance Learning and Copyright," *Ohio St. L. J.* 62 (2001): 783.

[2] Neil Netanel, "Why Has Copyright Expanded? Analysis and Critique," *New Direction in Copyright Law*, Public Law & Legal Theory Research Paper Series No. 07 - 34, 6 (2007): 5. http://ssrn.com/abstract = 1066241，最后访问日期：2013 年 6 月 30 日。

[3] Richard A. Posner, "Do We Have Too Many Intellectual Property Right?" *Marq. Intell. Prop. L. Rev.* 9 (2005): 181.

[4] Richard A. Posner, "Do We Have Too Many Intellectual Property Right?" *Marq. Intell. Prop. L. Rev.* 9 (2005): 181.

[5] 笔者一直质疑国际著作权体系何以出现各权利类型之间的界限不清、逻辑关系混乱现象（如放映权与表演权、摄制权与改编权之间的内容重叠及含混），李特曼教授的分析路径在某种程度上正好可以解释。参见 Jessica Litman, "Copyright, Compromise, and Legislative History," *Cornell L. Rev.* 72 (1987): 859。

以及"数字未来联盟"（Digital Future Coalition），等等。然而，代表公共利益的社会性力量在著作权政策制定和立法进程中难以扮演真正角色。究其原因，这些社会性力量因不具紧密组织性而缺乏必要的政治影响力和活动资金，难以充分参与到著作权政策和立法协商的游戏当中。而著作权的相关产业利益集团，一直被政府和国会视为著作权政策制定和立法进程中的"值得尊敬的重要参与者"①。在政府和国会看来，"无论作者权益还是公共利益，都不如出版商、唱片公司、软件业以及动画产业这些大客户的利益来得重要"②。

（二）对外政策的主导性推动及行动策略

私人利益集团除通过国会影响国内立法以外，还积极参与并主导政府国际贸易与知识产权对外政策的制定。为了实现利益最大化的共同目的，本来存在行业竞争关系的私人利益集团，会通过结成政治影响力更大的产业联盟来左右政府的政策制定，这被视为一种"合作博弈"。③ 如1984年设立的"国际知识产权联盟"（International IP Alliance），就是由美国动画产业协会、音乐出版协会、唱片产业协会、电影协会、商业软件联盟、出版商协会等八大私人利益集团组成的著作权产业联盟。④ 该联盟剔除了一些在知识产权问题上反应迟钝且犹豫的企业，其设立就是为了更加充分有效地向政府施加影响，积极引导并推动政府的对外政策。另外，政府也依赖于私人利益集团提供的专业知识和重要信息。首先，私人利益集团的知识产权专家（如企业顾问和知识产权律师）可以为政府理解知识产权的相关议题提供必要解释。私人利益集团借此可以向政府宣扬加强知识产权保护与贸易、就业及国民经济增长之间的密切联系，从而将复杂的知识产权问题成功地转化为对外贸易中的政治议题。⑤ 其次，私人利益集团还

---

① T. P. Olson, "The Iron Law of Consensus: Congressional Reponses to Proponses Copyright Reforms Since the 1909 Act," *J. Copyright Soc'y U. S. A.* 36 (1989): 111.
② Jessica Litman, "The Exclusive Right to Read," *Cardozo Arts & Ent. L. J.* 13 (1994): 29.
③ 熊琦、王太平：《知识产权国际保护立法中私人集团的作用》，《法学》2008年第3期。
④ 〔澳〕彼得·达沃豪斯、约翰·布雷斯韦特：《信息封建主义》，刘雪涛译，知识产权出版社，2005，第103~104页。
⑤ 〔美〕苏姗·K. 塞尔：《私权、公法——知识产权的全球化》，董刚、周超译，中国人民大学出版社，2008，第46页。

可以为政府提供关于外国（特别是发展中国家）政府未能充分保护知识产权的具体信息，包括各国的盗版价值评估以及盗版对欧美贸易构成的损失评估等。政府需要把这些数据信息作为国际贸易谈判中的筹码，从而对发展中国家施加压力，要求他们进一步加强对知识产权的保护。通过私人利益集团与政府之间这一互动的勾连渠道，政府使"私人部门行动者的专业知识及信息控制在决定知识产权体制规范时居于特权地位，并且让私人领域做出美国公共利益的定义"①。

可见，如果政府和私人部门之间没有紧密的合作，那么将知识产权转化为一个贸易问题以及用贸易方法改变知识产权状况就不会出现。私人利益集团对美国著作权对外政策的主导性推动始于1984年《贸易及关税法》。这一立法修订预示着"知识产权与贸易的正式融合"，表明美国贸易政策从重视"自由贸易"转至"自由且公平的贸易"，它被视为是以美国电影协会（MPAA）为首的著作权利益集团努力推动的结果。② 修订后的《贸易及关税法》将他国的知识产权执法水平与贸易普惠待遇直接挂钩。同时，新修订内容还采用了胡萝卜加大棒的手段，在他国对美国知识产权未提供"充分而有效"的保护时，即运用所谓的"特别301条款"对该国实施严厉的贸易制裁。随后美国在1988年制定的《综合贸易竞争法》，更是将以往总统的权力，如判断他国知识产权执法状况是否损害美国贸易利益、决定美国是否以及如何采取贸易制裁等，转移至贸易代表手中，由国会监督贸易代表行使。③ 贸易代表的集权使其乐于接受私人利益集团的政策参与，这让私人利益集团更容易把知识产权问题及信息传递给政府，从而更有效地推动知识产权议题的对外政策执行。然而，私人利益集团提供的统计数据（如他国的盗版价值评估以及盗版对贸易构成的损失评估等）却被人为夸大，如未授权的每一复制件价值都以全额的零售单价计算。私人利益集团不会考虑的现实情况是：当发展中国家的使用者

---

① 〔美〕苏姗·K.塞尔：《私权、公法——知识产权的全球化》，董刚、周超译，中国人民大学出版社，2008，第49页。

② 〔美〕苏姗·K.塞尔：《私权、公法——知识产权的全球化》，董刚、周超译，中国人民大学出版社，2008，第81~83页。

③ 熊琦、王太平：《知识产权国际保护立法中私人集团的作用》，《法学》2008年第3期。

因无法承受正版软件价格而被禁止使用盗版复制件时,多数不会选择购买正版软件,这意味着生产商并未因这些未授权的复制而失去绝大多数的软件销量。①

除推动政府将著作权议题与对外贸易挂钩之外,私人利益集团还通过积极参与国际制度体系的重构以实现著作权强保护的利益需求。塞尔在《私权、公法——知识产权的全球化》一书中,描述的正是美国12个跨国公司运用其强大的政治影响力,利用体制和制度的作用,完成将私权上升为公法(TRIPs协定),最终通过国际法来保护和影响他们的市场。② 进入数字技术迅猛发展的信息时代,私人利益集团的政治影响力再一次被印证。在私人利益集团的积极鼓动下,美国政府在20世纪90年代初实施的"国家信息基础设施"(National Information Infrastructure)计划中设立了知识产权工作小组,由主要代表软件产业利益的布鲁斯·吕曼(Bruce Lehman,时任美国专利商标局局长)负责。吕曼工作组于1994年和1995年分别发布了关于著作权保护的"绿皮书"和"白皮书"报告(简称"吕曼报告"),③ 其主要内容包括著作权利益集团鼓吹并支持的"禁止规避技术保护措施"条款和"权利管理信息保护"条款,同时将复制范围几乎延伸至整个临时复制。在吕曼看来,如果无特别例外规定,临时复制就应受到权利人的控制。这实际上赋予著作权人一种强大的接触(access)控制权,"无疑将把网络环境中公众的阅读、收听、观看等行为完全纳入权利人的控制之下"④。1995年,克林顿政府将以吕曼报告为蓝本的著作权保护法案提交国会审议,但遭到电信产业、图书馆联盟、教育机构及公益团体的一致强烈反对,最终该法案未能在国会获得通过。

私人利益集团对此仍不甘心。随后,以吕曼为首的产业利益游说者绕

---

① Richard A. Posner, "Do We Have Too Many Intellectual Property Right?" *Marq. Intell. Prop. L. Rev.* 9 (2005): 179.
② 〔美〕苏姗·K. 塞尔:《私权、公法——知识产权的全球化》,董刚、周超译,中国人民大学出版社,2008,译序第1页。
③ Information Infrastructure Task Force, Intellectual Property and the National Information Infrastructure: A Preliminary Draft of the Report of the Working Group on Intellectual Property Rights [R], White Paper (1995).
④ 易健雄:《技术发展与版权扩张》,法律出版社,2009,第170页。

开国会，转而通过世界知识产权组织（WIPO）这一框架体系，将白皮书文本几乎原封不动地纳入因特网条约（WCT、WPPT）的数字议程，试图在国际知识产权框架体系内实现扩张著作权的利益诉求。① 诚如有学者所言，与世贸组织体系下的TRIPs协定一样，因特网条约在某种程度上也反映了美国产业利益对整个议程的政治影响。② 经过各国激烈的争论和相互妥协，WIPO外交会议于1996年12月最终通过了旨在应对数字技术挑战的因特网条约，即《世界知识产权组织版权条约》（WCT）和《世界知识产权组织表演和录音制品条约》（WPPT）。在美国及欧盟代表团的积极推动下，私人利益集团获得的最大成果即是新条约增加了关于技术措施及权利管理信息的保护义务。③ 这一胜利最早可追溯至倾向于著作权产业利益的WIPO专家委员会的前期论证，它使技术措施及权利管理信息保护内容得以成为新条约文本的正式议题。专家委员会成员的主流观点宣称："在电子环境下，使用技术系统来控制对受保护内容的使用显然必不可少……对电子网络和宽带通信服务的完全商业化利用，使得在信息社会中也应当有与盗窃商店和毁坏私人财产相对应的东西。"④ 命运不同的是，国际局（BIRPI，即WIPO的前身）早在1992年向当时刚成立的专家委员会提交的因特网条约提案中就明确谈及 "图书馆、档案馆……以及私人复制，属于《伯尔尼公约》第9条第2款规定的复制权例外"⑤。可是，直到1996年因特网条约生效前的整个议程中，这个提案都未获得足够支持。这再次印证前述政策制定中的利益集团政治，私人利益集团从一开始，就把不应界定为议题之社会问题的政策转化加以限制，使这些不应界定为议题的社会问题不会成为公共舆论的主题并引起公众的关注。

---

① P. Samuelson, "The U. S. Digital Agenda at WIPO," *Virginia Journal of International Law* 37 (1997): 369.

② Neil Netanel, "Why Has Copyright Expanded? Analysis and Critique," *New Direction in Copyright Law*, Public Law & Legal Theory Research Paper Series No. 07 - 34, 6 (2007): 8. http://ssrn.com/abstract = 1066241，最后访问日期：2013年6月30日。

③ 参见 WCT 第 11、12 条；WPPT 第 18、19 条。

④ 〔匈〕米哈依·菲彻尔：《版权法与因特网（上）》，郭寿康、万勇等译，中国大百科全书出版社，2009，第558页。

⑤ 〔德〕约格·莱因伯特、西尔克·冯·莱温斯基：《WIPO因特网条约评注》，万勇、相靖译，中国人民大学出版社，2008，第156~157页。

在成功获取 WIPO 框架体系下的立法基础之后,著作权产业利益游说者联合克林顿政府再次将"吕曼报告"文本呈现在国会面前,并宣称"为了执行 WIPO 因特网条约,国会有义务设立'禁止规避技术保护措施'和'权利管理信息保护'内容的著作权保护法案"①。在私人利益集团的巨大压力下,国会于 1998 年顺利通过了《千禧年数字版权法》(DMCA)。② 该法基本照搬了"吕曼报告"文本中的"禁止规避技术保护措施"和"权利管理信息保护"内容。根据 DMCA1201 条款的规定,当著作权人采取技术措施对作品加以保护时,将禁止使用者通过规避技术保护措施来接触(通过复制获取)作品以及禁止为接触提供规避技术保护措施支持的协助行为;同时,还禁止为了合法来源接触后的使用而提供规避技术保护措施支持的协助行为。③ DMCA 实际已远超 WIPO 因特网条约文本的授权范围,其严厉的禁止规避技术保护措施设计,赋予著作权人一种强大的作品接触权,它使数字技术环境下的个人使用受到现实中的人为排挤。诚如参议院司法委员会报告所言,"新立法原本旨在执行 WIPO 的因特网条约,而事实上在著作权利益游说者的集结压力下,DMCA 的反规避技术设计却被贴上具有重要意义且无消极影响的误导性标签。"④

三 使用者群体的集体行动逻辑

论述私人利益集团对著作权政策及立法制定的政治影响之后,我们亟需解释以下两个问题:其一,使用者群体何以在政策制定中未能形成有效的政治性力量与私人利益集团形成抗衡?如在美国,也有代表公益性群体的"美国公民自由联盟""消费者联盟""电子前沿基金会"以及"数字未来联盟"等,为何在著作权政策制定的力量角逐中却难以扮演真正的

---

① Neil Netanel, "Why Has Copyright Expanded? Analysis and Critique," *New Direction in Copyright Law*, *Public Law & Legal Theory Research Paper Series* No. 07 - 34, 6 (2007): 8. http://ssrn.com/abstract = 1066241, 最后访问日期:2013 年 6 月 30 日。
② 也正是在这一年,美国国会通过了《松尼波诺版权期限延长法》,将版权保护期延长至作者死后 70 年或首次出版后的 95 年。
③ See 17 U. S. C. §1201 (a) (2); 1201 (b).
④ Senate Comm., On The Judiciary, The Digital Millennium Copyright Act of 1998, S. Rep. No. 105 - 90, 5 (1998).

角色？其二，在国际知识产权体系重构中，何以发展中国家未能形成有效的政治性力量来对抗私人利益集团主导的西方压力？

曼瑟·奥尔森（Mancur Olson）的公共选择理论在某种程度上可以解释这一现象。奥尔森的公共选择理论以"集团"（Group）这一概念为论证基础。所谓"集团"，是指由具有共同利益的个人所组成的群体。① 在他看来，同一条件下集团中个体数量越大，所获得的集体收益离最优水平就越远，集团就越不可能为了获取这些利益而采取行动。首先，集团越大，增进集团利益的人获得的收益占集团总收益的比例就越小，从而有利于集团的行动得到的报酬就越少。其次，集团越大，任一成员所能获得的收益份额就越小，他们的集体收益份额就越不足以抵消他们提供的哪怕是极少数量的集体支出成本。最后，集团成员数量越大，组织成本就越高，这样在获得任何集体收益前需要克服的障碍就越大。② 可见，集团越大，就越不可能去增进它的共同利益。奥尔森将集团分为潜在（大）集团和小集团。潜在集团是一种成员数量较大的集团。在潜在集团内，如果一个成员帮助或不帮助提供集体支出成本，其他成员不会受到明显的影响，因此也没有理由做出反应。根据这种解释，潜在集团的个体成员不能为任何集团努力做出多少贡献，而且即使他做出贡献或不做出贡献，其他成员也可能不会做出反应，因此该成员不会受到激励去做贡献。是故，潜在（大）集团成员不会受到激励为获取集体收益而采取行动。不管集体收益对于所有个体的价值有多高，潜在集团的规模导致不能向成员提供充分激励，使他们愿意承担实现利益所需的集体行动成本。奥尔森以分散化的工会组织说明问题：一个理性的工人不会为工会组织自发提供过多的支出成本，因为他一个人不会使工会壮大做出多少贡献，而且不管支持工会与否，他都可以获取工会活动所带来的收益。③ 相反，小集团的向心力更强，更愿意支出集体行动成本以获取集体利益。这是因为小集团的成员

---

① 〔美〕曼瑟尔·奥尔森：《集体行动的逻辑》，陈郁等译，上海人民出版社，1995，第1页。
② 〔美〕曼瑟尔·奥尔森：《集体行动的逻辑》，陈郁等译，上海人民出版社，1995，第40页。
③ 〔美〕曼瑟尔·奥尔森：《集体行动的逻辑》，陈郁等译，上海人民出版社，1995，第99页。

（并不一定是每一个）会发现他获得的集体收益份额远远超出支出的集体成本。奥尔森认为，"小集团的某些成员即使必须承担所有集体成本，他们可能也会愿意，因为他们能获取的集体收益可能比不提供集体成本时还要多"①。所以，"采取行动"的集团一般比"不采取行动"的集团的构成规模要小。

在奥尔森看来，社会中拥有最大力量来为自身利益活动的游说疏通团体是商业集团，换言之，"在政府设有办事机构的众多集团组织中，没有哪个比商界集团更充分有效"②。商业利益组织的政治议价能力及权力的高度集中化，主要源于商界划分成一系列垄断的"产业"，每一产业容纳的企业为数有限。由于每一产业的企业数量常常不会出现潜在集团的组织分散形式，因此这些产业通常都较小，能够自愿组织起来为自己提供一个积极的游说疏通团体。即使有的产业利益集团名义上可能有众多成员，但实际上却由少数的大公司资助和把持，那么也能使该集团的行动比组织分散的社会性力量更为有效。例如，美国制造商协会1%的会员提供的资金就占到整个协会的4/5，同时这1%的会员占据协会63%的理事席位。③可见，商业利益集团一般能自发、直接组织起来并采取实现其共同利益的行动。处于同一行业中的公司虽存在行业竞争，但为了行业的共同利益更愿意达成统一的技术标准，从而有效地实现对整个行业的垄断控制。在奥尔森看来，产业集团为追求共同利益更容易从一种"排他性"（exclusive）集团转化成"相容性"（inclusive）集团。④是故，可以说利益集团政治基本上就是一种小集团抑或产业集团政治。在这里，最容易被遗忘的集团就是那些不具组织化游说团体且难以采取有效行动的弱组织性集团（如大集团或潜在集团）。诚如奥尔森分析的那样，弱组织性集团一般不

---

① 〔美〕曼瑟尔·奥尔森：《集体行动的逻辑》，陈郁等译，上海人民出版社，1995，第28页。
② Dayton David Mckean, *Party and Pressure Politics* (Boston: Houghton Mifflin, 1949), pp. 485 - 486.
③ Alfred S. Cleveland, "NAM: Spokesman for Industry?" *Harvard Business Review* 26 (1948): 371.
④ 〔美〕曼瑟尔·奥尔森：《集体行动的逻辑》，陈郁等译，上海人民出版社，1995，第31~35页。

会自愿采取行动来强化其共同利益。可见，集团政治的多元制衡论观点并不适用于潜在（大）集团。较小的集团可以自愿组织起来采取行动以支持其共同利益，而大集团却难以做到这点。因此，社会各集团之间的政治博弈和竞争并不对称，这导致在政策制定中的政治权力结构也不均衡。

根据奥尔森的理论可以看出，包括使用者在内的公益性群体难以在著作权政策制定的集团政治中发挥真正的作用，主要理由如下：首先，公益性群体的规模较大，几乎涵盖市民社会中的所有成员，这使其在利益集团政治中难以再称之为真正意义上的"集团"。退一步讲，即使公益性群体可以被理解成一种"集团"，也仅为奥尔森分类中的潜在（大）集团。潜在集团的集体行动逻辑表明，使用者群体的巨大规模导致任何一个使用者都不能为任何集团努力做出具有影响的贡献。而且他做出贡献或不做出贡献，其他使用者都可能不会做出反应，因此该使用者不会受到激励去做贡献，这使绝大多数使用者都不倾向于承担使用者群体所获共同利益的集体行动成本。其次，公益性群体的利益分散化以及组织上的松散性也导致其不能像产业利益集团那样充分有效地开展集体行动。塞尔将机构、知识产权制度放在同一体系内加以分析。她将机构分为初始机构和企业机构（私人利益集团）。在她看来，企业机构（私人利益集团）能够"意识到他们想要什么，可以向他们自己和其他人表达，并且为了获得该利益而组织起来"。[①] 是故，私人利益集团可以更有效地影响著作权的政策推进和立法制定。相反，初始机构如代表使用者群体的各种公益社团（如"数字未来联盟""电子前沿基金会"以及"消费者联盟"等），他们的宗旨和利益诉求因呈多元化而并不统一，同时又缺乏与立法机构直接接触的组织化基础，这使他们在复杂的立法活动上形成和表达意见尤其困难。概言之，"他们没有参与形成或重塑体系的战略性规划，因而既难以组织起来又难以表达他们的利益"[②]。

---

① 〔美〕苏姗·K.塞尔：《私权、公法——知识产权的全球化》，董刚、周超译，中国人民大学出版社，2008，第42页。
② 〔美〕苏姗·K.塞尔：《私权、公法——知识产权的全球化》，董刚、周超译，中国人民大学出版社，2008，第42页。

公共选择理论的集体行动逻辑也适用于国际知识产权体系重构中的集团政治。国际知识产权体系阵营包括发达国家与发展中国家两大集团。由于私人利益集团的组织有效性和权力集中化，为了实现扩张知识产权的共同利益，他们可以组成具有更大政治影响力的利益联盟。如国际知识产权委员会（IPC），就是由12个美国跨国公司的高级管理人员组成，这使他们的知识产权扩张提议能更有效地传递至全球体系当中。世贸组织框架下的TRIPs协定，正是由这12个美国跨国公司组成的国际知识产权委员会，联合欧洲工业与雇佣者联合体协会、日本经济体协会所组成的"三方集团"共同推动的结果，① 这一形成过程体现了私人利益集团为获取共同利益而具有组织集中化和行动有效性的特征。相反，面对美日欧的共同压力，特别是在美国将知识产权保护与贸易单边制裁挂钩的对外政策胁迫下，发展中国家的利益倾向表现得极不一致。一方面，发展中国家阵营的规模过于庞大，使绝大多数国家不会为了所谓集团的共同利益而甘愿提供集团行动的支出成本。有时充当出头鸟的支出成本是高昂且惨痛的，从美国20世纪80至90年代对印度和巴西发动的"特别301条款"贸易制裁就可见一斑。② 另一方面，在美国单方制裁与贸易优惠相结合（"胡萝卜加大棒"式策略）的威逼利诱下，发展中国家阵营易于出现利益分化，如在TRIPs协定议程中，包括韩国、墨西哥等国的立场就最终转入到美日欧阵营当中。发展中国家阵营的利益分化背景较复杂，如韩国是为了寻求加入经合组织而选择放弃早先的发展中国家立场，而墨西哥则是为了美国给予的贸易优惠政策。③ 通过与私人利益集团的互相勾连，西方政府通过双边磋商的有效方式将发展中国家阵营逐个加以分解。可见，发展中国家阵营的利益分化以及缺乏集中的组织基础，导致其最终沦为知识产权保护体制构建中的被动接受者。

---

① 〔美〕苏珊·K.塞尔：《私权、公法——知识产权的全球化》，董刚、周超译，中国人民大学出版社，2008，第52~54页。
② 〔美〕罗纳德·V.贝蒂格：《版权文化——知识产权的政治经济学》，沈国麟、韩绍伟译，清华大学出版社，2009，第207~209页；〔澳〕彼得·达沃豪斯、约翰·布雷斯韦特：《信息封建主义》，刘雪涛译，知识产权出版社，2005，第118~119页。
③ 〔澳〕彼得·达沃豪斯、约翰·布雷斯韦特：《信息封建主义》，刘雪涛译，知识产权出版社，2005，第160~163页。

第三节 著作权强保护的单向话语体系

造成个人使用困境及著作权过度扩张的体系闭合动因，除受到新自由主义经济学的观念"宰制"以及私人利益集团政治压力的推动作用以外，还在于著作权强保护的单向话语体系构建。这种单向话语体系大致表现在两方面：第一，著作权扩张的符号修饰现象；第二，欧美国家极力主张并推广的著作权强保护逻辑。本部分主要从这两方面来解读著作权强保护的单向话语体系。

一 "盗版"：隐喻式的符号修饰

"盗版"（piracy）一词本意是指"海盗行为"，将"piracy"一词用于未经授权的复制行为，最早可追溯至英国王政复辟（1660年）以后，当时的出版行会将牛津主教约翰·费尔（John Fell）对行会专营书籍的肆意印制活动贬称为"piracy"。① 长期以来，"盗版"仅被用来描述像费尔主教一样，在未经授权的情况下私自对版权书籍实施的批量印制活动。② 将"piracy"一词用于未经授权的非法复制行为，可以使人们将之与野蛮的海盗活动联想起来，从而产生"无法无天"这一具有感染力的修辞功能。正如美国唱片产业协会（RIAA）生动描述的那样：

> 过去在北非海岸，而当下在互联网——现在的盗版者没有海盗那些作为身份象征的骷髅旗、火炮和匕首。人们不知道他们在哪儿，也

---

① 然而正是费尔支持对行会书籍所进行的大规模印制活动，才使当时刚创建的牛津大学出版社日益走向兴盛。参见 Justin Hughes, "Copyright and Incomplete Historiographies: Piracy, Propertixation, and Thomas Jefferson," *Southern California Law Review* 79 (2006): 1009。

② 如在英国1798年一个案例中，法官将"盗版行为"界定为"未经授权的、带有商业性质且非转换性（nontransformative）的书籍重版（republication）行为"，参见 *Beckford v. Hood*, (1798) 101 Eng. Rep. 1164 (K.B.); 1897年版和1914年版的《布维尔法律辞典》将"盗版"定义为：①毫无改动地翻印书籍的全部或部分内容；②以稍加改动的新作品形式剽窃或复制作品。参见 Justin Hughes, "Copyright and Incomplete Historiographies: Piracy, Propertixation, and Thomas Jefferson," *Southern California Law Review* 79 (2006): 1044。

无法做好提前防范。……如今的盗版者不会在公海活动，而是出现在互联网、非法光盘制造工厂、销售中心乃至街道上。①

就像海盗劫掠诸如黄金珠宝的有体财产一样，鼓吹者想表达的是盗版者正在"偷窃"著作权人的知识财产。作为话语体系的修饰性符号，"盗版"隐喻着一种类似有体物的财产保护观念，描述的是著作权本应像保护土地或其他有体财产利益一样对待。正如马尔库塞所言，单向度的发达工业（即资本主义）社会试图通过控制系统来塑造封闭的话语体系。单向的话语体系具有功能表达上的同一性和一致性，旨在从言语的结构方面来压制带有否定和批判的非顺从要素。② 这时，事物的名称不仅指明事物发生作用的方式，而且也使事物的意义受到限定和封闭。可见，封闭性结构的话语体系存在着一种自明性假设，即言语的作用方向是同义词和同语反复，它试图控制自身朝着存在质的差异性方向发展。③ 这种符号的操控特征旨在把事物的名称视为对事物作用方式的表示，从而使事物与其功能相等同。当反复把"piracy"一词与未经授权的使用行为联系在一起，"piracy"的本意（海盗行为）就会被其隐喻式功能内涵所吸纳。④ 换言之，"能指"在发挥"所指"功能时已将"所指""能指"化。

著作权产业的最新宣传策略试图将盗版与有组织的犯罪联系起来。正如微软对欧共体《假冒和盗版绿皮书》做出的反应一样，制作假冒软件的盗版活动是"由亚洲犯罪集团资助和控制的，并与欧洲假冒行业和毒品贸易有直接关联"；同时，"假冒行业还与新纳粹和支持西欧恐怖活动

---

① 参见美国唱片产业协会网站：http://www.riaa.com/issues/piracy/default.asp，最后访问日期：2013年6月30日。
② 〔美〕赫伯特·马尔库塞：《单向度的人：发达工业社会意识形态研究》，刘继译，上海世纪出版集团，2008，第69~70页。
③ 〔美〕赫伯特·马尔库塞：《单向度的人：发达工业社会意识形态研究》，刘继译，上海世纪出版集团，2008，第71页。
④ 西方学者通过研究得出一个有意思的结论：通过 Lexis 检索，"piracy"一词在英语文献主要以知识产权侵权行为出现，而在真正指涉"海盗"本意的公法文献中却很少出现。可见，"piracy"一词被扭曲为隐喻式修饰功能的第二含义。参见 Justin Hughes, "Copyright and Incomplete Historiographies: Piracy, Propertixation, and Thomas Jefferson," *Southern California Law Review* 79 (2006): 1070.

的准军事团伙有瓜葛"。① "9·11"事件发生后,由著作权产业引领的美国媒体把盗版和恐怖组织联系起来,② "盗版业资助阿富汗、车臣等恐怖主义活动"③,这种单向度的话语体系无非是想把盗版塑造成严重危及社会稳定的公共危机。鼓吹者所谓的"反盗版或著作权战争"(anti-piracy or copyright war),就像美国向萨达姆政权发动伊拉克战争时宣传的"非友即敌"逻辑一样,将盗版者塑造成人民的邪恶敌人,试图使人们相信"盗版文化如同四处危害社会的恐怖主义,已经渗透到健康且自由的商品交换领域当中"④。这种话语体系强加于受众的表达是经过符号修饰后的表达,旨在让受众接受被歪曲并重新给定的意义,忽视被修饰后的表达省略掉的内容。同时,被封闭的话语体系已预设先定的隐喻意义,即马尔库塞强调的"自明性假设",它传达的是一种先入为主的判断。当话语体系给符号下定义时,定义确立的价值就成为评判另一种价值的标准。⑤ 可见,著作权的"盗版"描述,试图将未经授权的作品使用扭曲、渲染成一种在道德价值方面(如犯罪、恐怖活动、战争等修辞手法)应受谴责的丑恶行为。

由上可知,单向话语体系的符号处理使之具有一种政治功能。然而,就"盗版"而言,有组织性的犯罪活动是指通过各种非法手段牟取利润的行为,这与使用者由于有限的价格承受能力而使用盗版软件或复印书籍的行为不同。随着数字技术的发展,"盗版"一词的内涵正在被人为曲解和泛化。在著作权传统意义上,"盗版"一直被视作"批量的复制假冒活动",而当下却被用于包括多数青少年在内的、未经授权的任何作品使用。诚如李特曼所言,著作权所有人的权利触角不应延伸至未经授权的所

---

① 〔澳〕彼得·达沃豪斯、约翰·布雷斯韦特:《信息封建主义》,刘雪涛译,知识产权出版社,2005,第29页。
② 诚如戴伊所言,美国的媒体帝国绝大多数都与著作权产业相关,如美国在线—时代华纳、沃尔特·迪士尼以及福克斯集团旗下都涉及电视、动画片、书刊、音乐等产业,参见〔美〕托马斯·R.戴伊《自上而下的政策制定》,鞠方安、吴忧译,中国人民大学出版社,2002,第137~139页。
③ 〔澳〕普拉蒂普·N.托马斯、简·瑟韦斯主编《亚洲知识产权与传播》,高蕊译,清华大学出版社,2009,第131页。
④ 〔澳〕普拉蒂普·N.托马斯、简·瑟韦斯主编《亚洲知识产权与传播》,高蕊译,清华大学出版社,2009,第132页。
⑤ 〔美〕赫伯特·马尔库塞:《单向度的人:发达工业社会意识形态研究》,刘继译,上海世纪出版集团,2008,第82页。

有使用活动,"盗版"也不应泛化至"基于个人使用目的的复制、与亲友之间的分享以及为掌握运行原理从事的反向工程活动"。① 在李特曼看来,著作权仅能控制和限制某些使用行为。在考虑盗版问题时,我们应深入考察其社会经济方面的原因,应把盗版现象与教育水平低下、贫困、价格高昂等种种因素联系起来。换言之,在多数情况下,应认识到使用者未经授权的复制活动与知识资源配置机制的分配不公存在着密切关系。

二 变果为因:发达国家的著作权强保护逻辑

自 20 世纪 80 年代进入经济全球化的信息时代以后,以美国为首的西方发达国家一直向发展中国家宣传并施压推行所谓"华盛顿共识"的新自由主义政策,其内容包括贸易的自由化、取消或限制政府对市场的干预、实行财产的私有化以及为私人财产权(包括知识产权)提供强有力的保护。② 该政策集中反映了以芝加哥学派为代表的新自由主义经济学观点。仅就加强私人财产权(包括知识产权)保护而言,该观点来源于芝加哥学派的代表性人物米尔顿·弗里德曼。弗里德曼认为,推行财产的私有化以及为私人财产权提供强有力的保护,是实现贸易自由化及推动经济发展的必要前提。③ 在他看来,产权保护的力度越大越有利于市场发展,原因是保护产权能刺激财富的创造。相反,产权安全的持续不确定性会危害长期投资和经济增长。发达国家对此宣称,加强对著作权在内的知识产权保护,不仅有利于发达国家的知识创新和经济发展,还有利于发展中国家的知识创新,同时有利于发展中国家对发达国家的知识和资本引进,从而加快发展中国家的技术进步和经济发展。该观点还举例说明问题:英国之所以在 19 世纪成为世界上第一个工业化超级大国,正得益于它的自由主义经济政策,而法国则因为它当时的政府干预政策被远远甩在后面。④

---

① Jessica Litman, *Digital Copyright* (Amherst: Prometheus Books, 2001), p. 85.
② J. Williamson, "What Should the World Bank Think about Washington Consensus?" *The World Bank Research Observer* 15 (2000): 252 – 253.
③ 〔俄〕C. A. 坦扬:《新自由主义全球化——资本主义危机抑或全球美国化》,王新俊、王炜译,教育科学出版社,2008,第 25 页。
④ 〔英〕张夏准:《富国陷阱:发达国家为何踢开梯子?》,肖炼、倪延硕等译,社会科学文献出版社,2009,第 2 页。

同样，20 世纪 90 年代以来美国重新夺取国际技术创新的领导地位，正是美国加强知识产权保护的部分结果。在这种主流观点看来，实践证明"那些知识产权保护更强有力的国家，经济发展更为成功"[①]。诚如美国贸易政策机构断言："由发展中国家成长起来的工业化国家的历史表明，加强知识产权保护是促进经济发展和出口增长，促进新技术、艺术和文化传播的最有力工具之一。"[②]

上述发达国家的财产权强保护逻辑投射至著作权领域存在两个问题。首先，著作权不同于一般有体物的财产所有权，著作权的行为客体（对象）——信息还承载着重要的公共价值，这要求在划分著作权保护的边界和程度时应充分考虑公益群体的社会价值需求，而不能一味地追求信息作为商品的市场价值最大化。换言之，著作权人不能像对待有体物那样控制信息，并以社会价值为代价来实现其商业利益。[③] 本文一直贯彻该主导思想，如前述新自由主义经济学的论证部分，囿于论证主题，不再展开论述。总体而言，发达国家的著作权强保护逻辑片面强调信息作为商品在国民经济中的重要作用，而忽视了著作权作为一种必要激励机制的利益平衡考量。其次，本部分主要论证的问题是，就经济发展背景与发达国家迥异的各发展中国家而言，重要的问题不是不论性质地保护一切"财产权"（如著作权），而是在何种条件下应如何确定保护它们的程度。

历史上看，发达国家的贸易优势地位都不是在实行新自由主义贸易政策和制度的基础上得以建立的。剑桥学者张夏准对各国政策的历史考察，印证了几乎所有当今的发达国家在赶超时期都积极采取干预主义的产业、贸易和技术政策，以促进幼稚产业的发展。如英国的纺织品制造业优势，是在政府长达几个世纪的贸易保护政策主导下形成的。这一政策主要包括

[①] Gould David M. & William C. Gruben, "The Role of Intellectual Property Rights in Economic Growth," *Journal of Development Economics* 48 (1996): 350.

[②] 〔英〕张夏准：《富国陷阱：发达国家为何踢开梯子？》，肖炼、倪延硕等译，社会科学文献出版社，2009，第 2 页；Ruth Gana Okediji, "Copyright and Public Welfare in Global Perspective," *Ind. J. Global Legal Stud.* 7 (1999): 147 – 150。

[③] M. A. Lemley, "Property, Intellectual Property and Free Riding," *Texas Law Review.* 83 (2005): 1046 – 1050.

积极引入制造技术（尽管这些手段在其他国家看来不合法）、降低或免征用于加工的原材料进口税以及禁止或限制原材料出口等。诚如首任英国首相沃波尔所言，"显而易见，没有什么比出口制成品，进口原材料，更有助于提高公共福利。"[①] 正是在贸易干预主义的积极指导下，英国迅速成长为制造业大国，也为工业革命的胜利开启了大门。当英国终于在18世纪中期处于世界经济的领先地位时，它开始限制技术向潜在竞争国转移，向欠发达国家施压要求开放市场。可见，发生在英国19世纪中期的经济自由政策是在英国通过贸易干预主义而实现贸易优势后推动的，并非贯彻贸易自由主义而实现的。[②] 同样，美国在产业赶超阶段也采用的是实用主义政策。美国政治家清楚地认识到，"正如英国的贸易理论在于将制成品出口而不是用作本国消费一样"，英国古典经济学家提出的自由贸易理论对当时处于产业赶超阶段的美国并不适用。[③] 从19世纪初到20世纪20年代，美国是世界上发展速度最快的经济体，而整个时期，美国也是最保守的贸易保护主义者。应注意的是，1830~1910年期间，美国人均GDP指标表现最好的时段是1870~1910年，而这一阶段正是美国贸易保护程度极高的时期。[④]

就制度而言，著作权强保护机制也是发达国家经济发展后的政策需求，而并非是它们在产业超赶阶段经济发展的主要原因。以典型的美国为例，从1790年制定第一部版权法后的一百多年里，立法主要赋予著作权人与商业性复制行为相关的"印刷"（printing）、"翻印"（reprinting）、"出版"（publishing）及"销售"（vending）专有权。直到1909年版权法中，著作权才首次涵盖"复制"（copying）专有权。[⑤] 长期以来，著作权被美国视为一种应受到严格限制的垄断特权，即为了激励创新而设立的反

---

① 〔德〕弗里德里希·李斯特：《政治经济学的国民体系》，邱伟立译，华夏出版社，2009，第30页。
② 〔英〕张夏准：《富国陷阱：发达国家为何踢开梯子？》，肖炼、倪延硕等译，社会科学文献出版社，2009，第26页。
③ 〔英〕张夏准：《富国陷阱：发达国家为何踢开梯子？》，肖炼、倪延硕等译，社会科学文献出版社，2009，第38页。
④ P. Bairoch, *Economics and World History: Myths and Paradoxes* (Brighton: Wheatsheaf Books, 1993), pp. 51 - 53.
⑤ *Williamson & Wilkins v. United States*, 487 F2d 1345 (Ct. C. 1973).

垄断规则"例外"。① 可见，早期美国一直将著作权看成增进知识学习和推动科学文化发展的激励性工具，而拒绝像法德等国那样，将著作权视为作品人格化的一项基本人权来看待。早在1886年，法、英、德、西班牙等国基于本国著作权保护的利益需求，共同达成了《保护文学艺术作品伯尔尼公约》。美国基于本国利益考虑，一直拒绝加入该组织，并于20世纪50年代联合发展中国家共同达成独立且著作权保护程度较低的世界版权公约（UCC）。另外，在1790年~1891年这一百年里，美国版权法并未给外国作品提供任何保护。1790年版权法规定："本法针对国内任何地图、表格、书籍……授予的禁止进口、销售、翻印或出版专有权不应解释成适用于非美国公民的任何人。"② 直到1891年修订的版权法，才将著作权保护延伸至未在美国定居的外国人，前提是该外国人所在国对美国作品提供相应保护或与美国缔结互惠保护的相关协定。③ 1891年版权法还对外国作品保护设置了苛刻的"制造条款"（manufacturing clauses）：首先，受保护的外国作品必须在美国首先出版或与来源国同时出版；其次，受保护的外国作品还必须在美国排字印刷或者由美国制造的排版印刷；最后，受保护的外国作品还必须履行美国登记形式的法定程序。④ 这一苛刻的限制性规定实际上等于将绝大多数外国作品排除在著作权保护对象范围之外。对此1878年英国版权委员会报告分析道："美国的原创作品在数量上明显落后于英国，这使美国更倾向于无偿使用英国的原创作品……如果美国人没有著作权法，他们的立场更易于理解，然而事实上他们有自己的著作权法。在保护本国作品的同时，他们却将其他国家的作品排除在著作权保护对象范围以外。"⑤ 由于美国早期著作权法对外国作品采取的歧视性

---

① 〔美〕苏姗·K.塞尔：《私权、公法——知识产权的全球化》，董刚、周超译，中国人民大学出版社，2008，第5页。
② Act of 1790, 1st U. S. Cong., 2d Sess., §5, 1 Stat. 124, 125 (1790).
③ Julie E. Cohen et al. *Copyright in a Global Information Economy* (New York: Aspen Publishers, 2002), p. 49.
④ B. Zorina Khan, *Intellectual Property and Economic Development: Lessons From American and European History*, London: Commission on Intellectual Property Rights, 2002, p. 44. http://www.iprcommission.org, 最后访问日期：2013年6月30日。
⑤ B. Zorina Khan, *Intellectual Property and Economic Development: Lessons From American and European History* (London: Commission on Intellectual Property Rights, 2002), p. 44.

待遇，出版商得以毫无顾忌地大量印制外国作品，低成本的盗版使外国作品印制品在美国的价格极低，从而方便了民众充分汲取欧洲国家的文化知识及思想。正是18至19世纪外国作品在美国的猖獗盗版，美国民众的阅读群体得以迅速扩大，民众的多元文化审美观也得到进一步培育，从而有效推进文化知识的大众化塑造。[①] 另外，可以认为美国早期著作权法一直鼓励出版业对欧洲文化及艺术作品的无偿复制，即使1891年立法允许向外国作品提供保护，也规定了不切实际的"制造条款"保护限制，这使国内出版业在成本上能够免于国外行业的产业竞争。同时，在引进外国作品的进口贸易方面，美国还采用了高关税壁垒的限制性政策，外国作品印刷品的进口税率曾一度高达25%。[②] 可见，美国早期的著作权制度设计更多出于实用主义立场，它既方便民众对国外知识养分的充分摄取，又有利于扶持本国尚处于幼稚阶段的出版产业。正如一些学者所言，美国真正解除对外国作品的保护限制始于1976年版权法，它仅要求外国作品首次由美国或美国的指定代理机构或组织出版。[③] 同时，在国内产业利益集团的鼓吹和压力下，当意识到著作权保护问题已成为对外贸易政策中最重要的议题时，[④] 美国于1988年才正式加入《保护文学艺术作品伯尔尼公约》。上述政策变化的重要前提是，美国此时已实现从早期的知识产品进口国到全球最大输出国的彻底转型。正是从这一时期开始，信息产品成为美国主要的出口贸易商品，信息产业在美国对外贸易中开始发挥日益重要的作用。在这样的背景下，美国开始改变早期的著作权保护政策，从国际著作

---

① 有意思的是，外国作品在美国的猖獗盗版不能说明美国民众对外国作者是不尊重的，英国著名作家狄更斯在1842年访问美国时，他受到美国民众的狂热追捧。诚如他在给朋友的信中写道："我无法向你形容我受到的欢迎。人群四处追随欢呼，各种公众人物左右相随，这个世界上大概没有一个国王或皇帝有过这样的待遇……如果我乘着马车，人群就会把车簇拥起来并送我回家；如果我进了剧院，所有的人都会站立，然后音乐从头开始。"参见〔美〕尼尔·波兹曼：《娱乐至死·童年的消逝》，章艳、吴燕莛译，广西师范大学出版社，2009，第36～37页。

② B. Zorina Khan, *Intellectual Property and Economic Development: Lessons From American and European History* (London: Commission on Intellectual Property Rights, 2002), p. 55.

③ Julie E. Cohen etc, ed., *Copyright in a Global Information Economy* (New York: Aspen Publishers, 2002), p. 50.

④ S. Rep. No. 100 - 352, 100th Cong., 2d Sess. 2 - 5., U. S. C. - C. A. N. 3706, 3707 - 10 (1988).

权体系的消极旁观者转化成构建强保护体系的积极参与者。

由上可知，很多现在认为是经济发展所必需的政策和制度，其实大多数都是发达国家经济发展后的产物（结果），而不是它们在赶超阶段的经济发展原因。著作权强保护机制也是欧美发达国家经济内生性发展到一定程度的制度需求，并非是引致它们经济发展的主要原因。事实并非像欧美发达国家所宣扬的那样，广大发展中国家只有移植西方式标准化的知识产权包括著作权制度，才能推动经济的有效增长。这或许对已处于知识储量优势的欧美发达国家而言，在逻辑上易于理解，但对处在与发达国家不同发展背景下的广大发展中国家而言不无疑问。对于处于知识储量优势的欧美发达国家而言，强化知识产权乃至著作权的保护将有利于扩大本国在对外贸易当中的文化产业发展和经济增长，不失为一种极佳的产业发展策略。然而，现在推行高标准知识产权政策的"狩猎者"在历史当中都充当过"偷猎者"，可当它们获得产业优势时却开始"踢开梯子"，坚持要广大发展中国家采用那些自己从来没有为发展而使用过的制度。即使在推行新自由主义经济政策的过程中，发达国家也可能根据自身的特殊情况而随时改变立场。例如英国为了抵御德国发达的化学产业，于1919年修改其专利法，以阻止德国化学复合物申请专利的可行性。[①] 可见，发达国家向发展中国家推行的新自由主义政策和制度，并非它们自己在历史发展过程中所采用的政策和制度，即发达国家并不是通过使用那些它们向发展中国家宣传并推行的政策和制度而得到当下的经济地位。同时，发达国家的言行不一再次印证其著作权强保护的单向话语逻辑——学习我所说的，而不是我所做的！

三 著作权的世界法挑战：南北国家的差异性

从贸易上讲，推行包括知识产权强保护标准在内的新自由主义政策对于两个处于相似工业发展水平的国家有利，这种对称性贸易可以实现两国

---

① Peter Drahos, "An Alternative Framework for the Global Regulation of Intellectual Property Rights"〔R〕, Centre for Governance of Knowledge and Development Working Paper No. 1: October 2005, http://cgkd.anu.edu.au/menus/publications.php#drahos，最后访问日期：2013年6月30日。

之间的贸易互惠互补。但对于处在不同发展水平的两个国家来说，情况则完全不同。海地与美国之间的"小球"贸易较能说明问题：高尔夫球已进入机器制造阶段，发达国家的高尔夫球生产率居世界领先水平，工人工资平均为每小时 9 美元；而同样为小球的棒球由于自身特征，即使在发达国家也主要依靠手工缝制，这使海地成为世界上棒球生产效率最高的国家。然而，海地的棒球制造工人每天工作 10 小时，每小时工资却只有 30 美分。① 当海地把棒球卖到美国，然后再买回美国制造的高尔夫球时，一小时的美国劳动成本被换成 30 小时的海地劳动成本！虽然美国棒球缝制者生产效率并不比海地高，但两国之间的自由贸易却造成"不平等交换"的贸易后果，这被称为发展中国家因不对称贸易所导致的"熊彼特式欠发达"困境。② 可见，贫富与生产效率的高低没有必然联系，而是与选择哪个部门有关。海地是棒球缝制效率最高的国家，但却一直深陷"熊彼特式欠发达"的经济困顿之中，这如同"效率最高的工人肯定比律师刷盘子效率高，但收入肯定比他低得多"③ 一样。自由贸易之所以使发达国家和发展中国家之间出现不对称贸易以及产生"富国越富而穷国越穷"的马太效应，其深层原因就在于发展中国家在对外贸易中缺乏能够获取贸易"寻租"收益的高附加值产业。

对此，学者赖纳特认为，自由主义经济学将国家和国际的收入分配问题排除在理论假设之外，其假设前提仅建立在完全信息和贸易收益均衡的基础之上。在完全信息和贸易收益均衡的假设基础上，任何经济增长理论都会自动成为平衡增长理论，而这既排除了国际贸易劳动分工中的结构性差异，也忽略了各国生产组织方式的不同。④ 贸易不平衡理论一直主导着所有工业化国家的起飞阶段。当这些国家处于知识积累与技术前沿优势

---

① Derek H. Aldcroft & Ross E. Catterall, *Rich Nations-Poor Nations: The Long-Run Perspective* (Cheltenham: Edward Elgar, 1996), pp. 161 – 188.
② 〔挪〕埃里克·S. 赖纳特、贾根良主编《穷国的国富论：演化发展经济学论文选》（下卷），高等教育出版社，2007，第 25 页。
③ 〔挪〕埃里克·S. 赖纳特、贾根良主编《穷国的国富论：演化发展经济学论文选》（下卷），高等教育出版社，2007，第 15 页。
④ 〔挪〕埃里克·S. 赖纳特、贾根良主编《穷国的国富论：演化发展经济学论文选》（下卷），高等教育出版社，2007，第 7~8 页。

时，其经济政策都经历了由产业扶持和贸易保护政策向自由主义经济政策的转变过程。在赖纳特看来，对于依赖自然资源和初始产品出口的穷国来说，由于贸易收益递减和完全竞争的存在，自由贸易政策被视为贫困的陷阱；而对具有高附加值产业从而能参与贸易收益递增活动的国家来说，自由主义经济政策及制度反而是它们能获取贸易"寻租"利益的重要方式。可见，自由主义经济政策（包括推行知识产权的强保护标准）是"领先者"的理论。

发达国家早期的演化经济发展史表明它们并非通过使用那些向发展中国家推行的政策和制度而取得当今的地位。诚如 19 世纪李斯特对古典自由主义经济学的普世性所批评的那样：

> 任何国家，如果靠保护关税与海运限制政策，在制造能力与航海业达到了如此高度的发展，以致于在自由竞争下已经再没有别的国家能与之抗衡，此时最明智的方法莫过于把它爬上顶峰所用的梯子扔掉，然后再向他国极力鼓吹自由贸易的好处，用那种后悔莫及的语气告诉他们，它过去走了许多弯路，犯了很多错误，到现在才终于发现这一真理。[①]

就知识产权保护问题，西方学界也曾向发展中国家传达了一些善意提醒。英国知识产权委员会（CIPR）于 2002 年发布了《知识产权与发展政策相结合》（Integrating Intellectual Property Rights and Development Policy）的研究报告，这是由发达国家资助、站在发展中国家利益立场分析的首份研究报告。该报告明确指出，知识产权本质上就是一种经济和商业权利，"评估知识产权保护的价值就如同评估税收政策一样，没有人会认为税赋收得越多越好"[②]。同时，该研究报告批判"知识产权保护水平越高越好"的舆论导向，认为应纠正这种错误的政策推行趋势。与此同

[①] 〔德〕弗里德里希·李斯特：《政治经济学的国民体系》，邱伟立译，华夏出版社，2009，第 269 页。

[②] 英国知识产权委员会：《知识产权与发展政策相结合（中文版）》，第 6 页，http://www.iprcommission.org，最后访问日期：2013 年 6 月 30 日。

时，曾作为新自由主义经济政策的一名坚定捍卫者，美国知名经济学家约瑟夫·斯蒂格利茨（Joseph Stiglitz）于2007年在中国发表演讲时，也提醒中国政府和学术界应注意当今世界加强知识产权保护的潮流对知识和技术创新的负面作用，尤其对像中国这样处于知识和技术追赶阶段的发展中国家的阻碍作用，主张中国不应照搬欧美发达国家的知识产权保护体制。①

应该看到，知识产权制度对不同国家社会经济发展的作用不同。只有知识产权的保护范围、保护方式、保护水平、适应国家当时的生产力发展水平，并能随着未来的发展需要而变革，才能真正促进科技创新、文化繁荣、社会进步、经济发展；否则，会产生负面作用。对于发展中国家而言，知识产权保护高水平除了对知识创新具有积极推动作用以外，还可能存在对知识和技术扩散的阻碍作用。知识产权制度对创新是否具有有效的促进作用，主要取决于一个国家的社会经济基础和相应制度环境。因此，知识产权保护水平与国民经济发展之间并非简单的线性递增关系。有观点认为，知识产权保护强度和实际人均国民收入之间存在着一种U形曲线关系，即二者关系中存在一个拐点。初始阶段，为了通过引进知识、技术和外资来实现国民经济的增长，欠发展的低收入国家需要在一定程度上提高知识产权保护水平。当人均国民收入临近某个拐点，即外资和技术引进产生的经济促进作用已不足以抵消知识产权强保护产生的创新阻碍作用时，则需要在一定程度上来弱化知识产权保护水平。当人均国民收入越过这个拐点继续增长，达到中等发达水平（即基本实现从知识和技术模仿阶段到创新阶段的转型）以后，则该国可以选择在一定程度上加强知识产权保护。② 这一研究结果表明，知识产权保护对发达国家和欠发展的低收入国家具有一定的积极促进作用，但对临近中等收入的发展中国家则不一定具有明显作用。在欠发展的低收入国家，知识产权保护与经济发展之间具有积极关系。这并非由于知识产权强保护可以刺激创新，而很可能是

---

① 〔美〕斯蒂格利茨：《从知识产权角度看中国创新体系的机制设计》，北京大学中国经济研究中心网站，参见 http://old.ccer.edu.cn/cn/ReadNews.asp? NewsID=7695，最后访问日期：2013年6月30日。
② 张平：《知识产权制度对国民经济发展的作用》，《中国科技产业》2009年第5期。

知识产权保护通过贸易和吸收境外资本投入对经济发展起到的间接积极作用。[①] 而对处于产业赶超阶段、临近中等收入的发展中国家来说，知识产权强保护制度可能使知识和技术模仿的成本损失完全抵消引进知识、技术和资本的收益。中国企业对外技术依存度超过50%，目前创新活动并非原始创新，而多为模仿、消化和吸收基础上的改进型创新。[②] 除华为等极少数企业外，大中型企业历年研发（R&D）投入占销售总收入的比例少于0.9%，既远低于具有企业竞争力的比例5%，而且还低于企业维持生存所需的2%。[③] 总体而言，我国长期以来虽然一直能够引入巨额外资，但企业仍主要处于价值链的低端，多为劳动密集型产业。同时，知识产权在国民经济价值中的比重仍然很低，中国企业还处于维持生存的阶段。就我国著作权对外贸易来看，我国仍是一个文化产业输入大国。根据国家版权局的统计数据，我国2008~2011年这四年的著作权对外贸易总体情况如表3-3所示。

表3-3 2008~2011年我国著作权对外贸易总体情况*

单位：项

	合计	图书	录音制品	录像制品	电子出版物	软件	电影	电视节目	其他
引进合计	81592	73237	1705	1557	537	1377	333	2527	319
输出合计	29499	22913	348	82	462	10	2	5639	43

数据来源：国家版权局官方网站，http://www.ncac.gov.cn/cms/html/309/3503/List-1.html，最后访问日期：2013年6月30日。

上述统计数据表明，我国著作权对外贸易总体上引进远远多于输出，我国仍是一个文化资源的主要进口国。如果按西方标准一味提高著作权保护水平，与其说可以促进本国企业的知识创新和结构转型，还不如说保护更多、受利更大的是发达国家的著作权产业。一方面，从上述统计数据可

---

① 许春明：《知识产权制度与经济发展之关系探析》，载国家知识产权战略制定工作领导小组办公室主编《挑战与应对：国家知识产权战略论文集》，知识产权出版社，2007，第100页。
② 张平：《知识产权制度对我国企业发展的作用实证研究》，《科技成果纵横》2009年第3期。
③ 张平：《知识产权制度对国民经济发展的作用》，《中国科技产业》2009年第5期。

以看出，我国著作权对外贸易中的几类重要产业都不具备和发达国家竞争的实力。可见，国家应在现阶段通过各种政策和制度来加强对著作权相关产业的扶持与发展，使其有条件完成由幼稚型产业到创新型产业的重要转型，这同时也是各发达国家在经历产业赶超阶段都曾采用过的手段。另一方面，如果毫无甄别、不问所以然地向欧美发达国家的著作权强保护标准看齐，在缺乏必要的社会经济基础条件下，会影响甚至破坏著作权制度业已形成的利益格局，从而使产业利益与包括使用者在内的公共利益之间处于一种利益失衡和对抗状态。著作权的本质目的除了促进经济发展以外，还在于鼓励学习和促进文化的交流和繁荣，因此在考虑著作权制度推动经济发展的同时，还应充分衡量公众参与文化所带来社会进步的公共价值。

在由国际政治博弈驱使的制度全球化背景下，我们不得不接受现行著作权制度的现实，不能再退回到历史的起点。但是，通过分析欧美发达国家的知识产权强保护逻辑与它们经济发展过程中的实际做法的非一致性，我们应清楚地认识到，著作财产权的扩张趋势以及产生的个人使用困境是有其国际政治和经济背景的。演化发展经济学原理表明，任何一个国家在经历产业赶超阶段的过程中，都应通过各种政策和制度鼓励幼稚产业的发展，特别是具有高附加值的创新型产业。在遵守国际阅合体制最低保护标准的基础上，包括中国在内的广大发展中国家只有积极开拓符合自身国情的著作权保护思路，不断夯实符合地方性知识语境的著作权理论基础，才能在实现本国经济发展、促进文化的大众参与以及科学进步之间构建一条互动共赢的桥梁。

本章小结

本章旨在阐释引起个人使用困境的体系闭合驱动力。技术发展是构成著作权扩张乃至个人使用困境的直接诱因。如果说技术发展决定著作权必然扩张或个人使用势必受到挤压，只谈规律的决定性而忽视主体的实践能动性作用，则会走入技术至上的机械决定论的死胡同。本文认为，知识产权是一个体系的描述，描述了难以阻挡的全球化进程和欧美私人利益集团的推动力。换言之，制度是与体系、机构互动作用后的结果。本章主要运用国际政治经济学的方法，从新自由主义经济学的观念"宰制"、欧美私人利益集团的行动策略影响以及单向度的话语体系等三个主要层面来勾勒著作权非理性扩张的体系闭合动因，尝试对当下的个人使用困境构建一种国际政治经济学的阐释框架。

进入经济全球化的信息时代，新自由主义经济学成为当下经济价值观中的主流学说，也左右着国际和各国政策及制度的价值导向。诚如文章所言，市场决定论具有内在局限性，它可能诱发市场自由机制下的极端利己行为，致使著作权人与使用者之间脱离良性循环的著作权生态关系，影响市民社会的公共文化塑造。首先，在承认知识产权制度特定条件下可以促进国民经济增长的同时，当面临"效率与公平"选择困境时，应充分反思著作权制度的利益平衡价值。其次，要深刻认识到私人利益集团政治对欧美乃至国际体制构建中的消极影响，诚如冯象先生所说的"法律是政治的晚礼服"，在知识产权领域尤为明显。著作权体制何以会受到私人利益集团的政治操控？使用者群体和发展中国家阵营的集体行动逻辑表明，集团之间的政治博弈和竞争并不对称，这使得政策制定中的政治权力结构也不均衡。最后，单向度的话语体系塑造了著作权强保护的单向逻辑。除隐喻式的符号修饰手法以外，著作权强保护的话语体系实犯了一种变果为因的逻辑错误，历史也印证了发达国家的言行不一。作为发展中国家，中国应充分意识到不同发展阶段的演化经济逻辑，还应兼顾并平衡制度业已形成的利益分配格局。概言之，在遵循国际著作权闭合制度最低保护标准的基础上，中国应积极开拓符合自身国情的著作权立法思路。然而，回归到现实中著作财产权与个人使用之间的紧张与冲突问题，解答"我们究竟需要什么样的著作财产权"比"我们需不需要个人使用"更能切中肯綮，直入问题的关键。换言之，只有认清著作财产权的本质，挖掘其创设目的及其本质功能，我们才可能理解应构建何种著作权生态体系，以及如何处理好著作财产权与个人使用之间的紧张关系。这解决的是数字环境下个人使用出路的现实问题，更是数字技术时代构建何种著作财产权保护愿景的理论问题，将构成下一章的论证主题。

第四章 个人使用与著作财产权反思

> 财产是公共认可的产物。
>
> ——A. 爱伦·斯密德
>
> 如果没有知识产权制度,就目前我们对它的经济价值认识,建议设立知识产权制度是不负责任的。但既然我们早已有知识产权制度,就我们目前而言,建议废除它同样是不负责任的。
>
> ——弗瑞兹·马赫洛普

第一节 著作财产权的本质

在著作权生态关系中,个人使用发挥着公共文化的民主参与、个人表达自由(包括信息接触自由)以及促进知识学习等重要作用。就技术而言,它不是非此即彼的结果,而是利弊同在的产物。技术的发展仅构成著作权扩张乃至个人使用受到人为排挤的直接诱因。在笔者看来,数字环境下个人使用日益遭受挤压,与其说是技术发展造成的必然结果,毋宁说是特定历史条件下由欧美发达国家主导下的体系闭合使然。前章内容运用政治经济学方法尝试构建的正是这样一种造成个人使用挤压的阐释框架。然而,回归到现实当中,我们亟须回答应如何解决好著作财产权与个人使用之间的紧张与冲突问题。这里,"我们需不需要个人使用"倒不如"我们究竟需要什么样的著作财产权"的提问方式更为直观、有力。换言之,只有认清著作财产权的本质，挖掘出著作财产权的创设目的以及本质功能，我们才可能理解应构建何种著作权生态体系，以及如何处理好著作财产权与个人使用之间的紧张关系。

一 作品的公共属性

"由于历史的机缘，现代西方式法律对因作品而发生的关系的规定大致沿用了有体财产上的物权理论，其隐含的前提是，作品与有体物在本体上都是确定的。"① 这种预设的逻辑前提表明，作品有自己特定的边界和范围，可以类推适用有体财产的所有权理论。正是这种拟物化的财产权逻辑，使人们在思考著作权的权利性能时，会习惯性地以有体财产的所有权结构为切入点。正基于此，适用于有体财产正当性诠释的自然权利观念被理所当然地嫁接至作品，如根植于洛克劳动学说的"父子"理论、"地产"理论，以及根植于黑格尔自由意志学说的"作品人格化"理论②等。这种有体财产的自然权利观念是特定历史条件下的产物，最早可追溯至十七、十八世纪个人主义自由思潮的兴起。通过宣扬个人财产自由，继而拓展至民主政治语境当中，它为打破特定历史背景下的封建束缚提供了有力的理论支撑。在自然权利观念看来，抽象物（如作品）作为一项私人财产，"不仅是一种主权机制，它还在社会制度中具有一种能够支配一切的影响"③。这一思维定式，使法律有可能存在将有体物之所有权的诸项原则毫无保留地移植进入著作权领域的隐患。如"数字权利管理"（DRM）的技术保护措施（TPM），这被著作权人解释成如同果园周边的栅栏一样，旨在保护私有财产不受他人非法侵扰。在著作权法中确立规避技术保护措施的违法性，其本身就隐喻着应将作品视同所有权式的有体财产来看待。④

---

① 李雨峰：《版权法上基本范畴的反思》，《知识产权》2005年第1期。
② 黑格尔意志学说衍生而成的"作品人格化"理论，通常被视为一种解释著作权正当性的"浪漫主义"学理。
③ 〔澳〕彼得·德霍斯：《知识财产法哲学》，周林译，商务印书馆，2008，第168页。
④ 严格上讲，著作权法将保护著作权的手段（数字权利管理技术）作为著作权延及利益来加以保护，其本身已逾越著作权法调整的本体范围。当然，具备独创性要求的数字权利管理技术，其本身也可以视为著作权法意义上的作品，但著作权法确立对数字权利管理技术的保护主要是从它是保护著作权的技术性手段出发的。

然而，作为一种抽象物或自由信息，作品的本质属性及特征决定它具有不同于有体财产的公共属性。① 相较有体财产而言，作品的公共属性主要表现在以下方面：

（一）作为抽象物的作品——非物质性

所谓非物质性，是指作品本身并无物质性可言。作为抽象物的作品，乃"法律上便利的虚拟之存在物，不存在于有形世界"②。根据形而上学的观点，抽象物是一个可能的存在范畴。按学者德霍斯的观点，"通过假设抽象物的存在，法律即可简单地利用这样一种法律上的虚构，而这一虚构是许多真实权力得以存在的依据"③。如同数理几何中运用的抽象概念（如"0""一""○"），抽象物（作品）的拟设与哲学范畴中的"逻各斯"一样，被视为指向特定目的的论证前提，发挥着目的论的工具性效用。换言之，恰是作为抽象物的"作品"观念，使人类活动和知识之间建立一种应然联系（如作者与作品的关系）的诠释方式，才使我们得以解释著作权作为一项财产权的存在意义。正如自然权利观念将"作品"视为一项财产，其隐含的目的论功能在于，作者创造作品、出版商投资作品被视为著作权保护的逻辑起点。

尽管唯实论者承认抽象物的客观存在，然而作品看不见、摸不着，不占据一定的物理空间——即使确实存在，也只能认为是抽象的。作品的非物质性特征表明，其作为一项财产的界限是模糊不清、难以确定的。有体财产则不同，其物质性特征决定它在大多数情况下具有相对确定的财产边界。虽然上升至法律层面，有体财产边界的确立仍可能与不同国家的经济、社会、政治以及文化背景密切联系，但它的物质特性决定这种边界一旦被确定下来，就可以相对严格地保持约定俗成状态。比如在考虑有体物所有权问题时，由于有体物自身的物质特征决定其具有物理结构边界，致使我们在对其实施物理性接触的利用行为时，都是以这个物质性存在的有

---

① 有体财产也可以被设定为公共物品，但这是从特殊意义上的财产归属主体方面理解的，如由国家、集体所有的物质资源，而作品具有公共属性则是由其本质特征决定的。
② 张玉敏：《知识产权的概念和法律特征》，《现代法学》2001年第5期，转引自张玉敏《走过法律》，法律出版社，2005，第278页。
③ 〔澳〕彼得·德霍斯：《知识财产法哲学》，周林译，商务印书馆，2008，第163页。

体物作为中心来考察的，有体物本身就构成所有权的行为客体（对象）边界。可见，有体物"自我封闭"的天然特性，为主体与特定物之间的相互对应提供了契机。正因为有体财产具有这种权利作用"焦点"，即物理结构边界，所以有体财产一般不会逾越此界限而被无限放大。

作品与有体物的本质差异——非物质性，导致作为抽象物的作品在类推适用有体物所有权的财产理论时，自身存在难以克服的内在结构缺陷。从财产角度出发，法律一直试图人为确立受保护作品的边界（如作品的"独创性""思想/表达"二分法判断标准等），以弥补作品作为抽象物的内在结构缺陷。然而，作品本身的非物质性特征决定它模糊不清，具有不确定性，其财产边界的判断标准有赖于人为因素，易于成为法官为自身价值判断寻找合理性基础的事后描述，是"脆弱的约定俗成判断，很容易被抛弃"[①]。

可见，有体物的财产理论被视为可以类推适用于作品的这种思维定式，其本身就已将"作品"视为一种指向特定目的的工具性论证方式。然而，作为抽象物的作品与有体财产之间存在着巨大差异。作品的非物质性决定其难以像有体物一样，能够相对严格地保持约定俗成的财产边界，作品自身具有一种财产内在结构缺陷。

（二）作为知识产品的作品——非稀缺性与非竞争性

非物质性决定作品自身具有一种财产内在结构缺陷，即作品难以像有体物一样，可以较严格地保持确立的财产边界。同时，非物质性也决定了就自然属性而言，作品并无有体财产天然具备的稀缺性和竞争性特征。

首先，作品具有非稀缺性。作为知识产品的作品，不具备有体财产的天然稀缺性。就有体财产的稀缺性而言，我们可以将它划分为动产与不动产逐一分析。无论使用与否，动产都具有天然的损耗特性。选择食用水果与否，都不会改变水果最终损耗的客观事实。要么食用以发挥它的使用价值，要么因水果的自然损耗而腐烂。这种损耗特征，造成动产构成资源供求关系层面的客观限制，从而印证有体财产基于自身属性而可能具有天然稀缺性。从不动产——土地来看，一方面，土地会因人为的过度使用而价

---

① 〔澳〕彼得·德霍斯：《知识财产法哲学》，周林译，商务印书馆，2008，第169~170页。

值受到减损,发生如哈丁(Garrett Hardin)所言的"公地悲剧"现象[①];另一方面,由于土地本身存在可使用资源的总量限定,随着人口数量的不断激增,势必造成土地供给相对于需求量上的稀缺。可见,土地的总量限度和不可再生性都决定其具有自然稀缺性。另外,电、水、气等具有物质性的无形财产虽不占据一定空间,但是一种客观存在的物质,会像有体财产一样,也因资源的总量限度和不可再生性决定其存在满足人类需求量层面上的稀缺性。[②] 作为知识产品的作品则不同,它不具备产权经济学意义上的自然稀缺性。作品一旦被创作出来,就会成为人类知识财富的一部分,不会伴随时间的流逝而耗损、消失。如果说存在损耗的话,损耗的也只是作品的物质载体,而非作品本身。一方面,就有体财产而言,大量使用会增加损耗成本,而知识产品并非如此,因为任何人使用作品不会减少作品对其他人的使用价值。另一方面,随着作品的逐一问世,整个人类知识财富的基数只会不断扩大,而非减小。可见,非物质特性决定作品不具资源需求方面的自然稀缺性。

其次,作品具有非竞争性。有体财产的一个重要特征在于它的竞争性,即多人使用同一有体财产,相互之间存在自身难以克服的排斥现象。这种排斥现象被经济学称之为"非相容性使用",会引发一方收益、一方受损的零和博弈问题。[③] 就动产而言,使用者在使用的同时,排斥他人对它的使用。一个人在使用电脑的时候,不可能具备让其他人同时使用这台电脑的物理条件,电脑本身就构成一种"非相容性物品"。即使存在共用的现象,如几个人共打一把雨伞,也有它的物理承受限度。再如不动产——土地,同样存在一定限度的物理承受能力。土地的适当使用会使大家互利共赢,过度开采就会引发"公地悲剧"问题。同样,公路也会由

[①] Garrett Hardin, "The Tragedy of the Commons," *Science* 162 (1968): 1243-1248.
[②] 笔者认同区分"无形"与"无体"的观点。如刘春田先生认为,"体"是"自然界固有的,是物质的";"形"是"非物质的,既有自然力形成的,又有人类创造的"。因此,电、水、气可以说是一种具有物质性的"无形财产",而不是非物质性的"无体财产"。参见刘春田:《知识产权的对象》,载刘春田主编《中国知识产权评论(第一卷)》,商务印书馆,2002,第128~129页。
[③] 〔美〕A. 爱伦·斯密德:《财产、权力和公共选择——对法和经济学的进一步思考》,黄祖辉等译,上海人民出版社,2006,第61~64页。

于物理承受能力方面的限度而遭遇"集体拥堵"困境。[1] 换言之，有体财产的自身特性，决定了主体之间会在使用它的时间和空间方面受到限制，存在着相互排斥、彼此竞争的关系。作为知识产品的作品则不同，它自身不具备有体财产在使用者之间所产生的"非相容性使用"特征，可以供无数人在同一地域或不同地域内同时使用。任何人在把知识产品传播给他人使用时，自己拥有的知识含量并不会减少。诚如杰斐逊对作为智力成果的抽象物评价的那样：

> 一个人只要能使它限于他个人所有，就可以独占它，但是这个想法（作为智力成果的抽象物，笔者注）一经公开，就被每一个人占有……其特性是一个人全部占有它，另一个人并不因此就占有得少些……谁从我这里接受一个想法，他本人就获得教益，而并不减少我的教益，就好比谁用我的蜡烛点燃了他的蜡烛，获得了光而并不使我的光变暗。[2]

可见，作品在主体之间构筑的是一种"相容性使用"关系，不会产生有体财产"公地悲剧""集体拥堵"的过度使用问题。从这个意义上说，作品更具有公共物品属性，即"不存在个人对产品的使用会损害他人同时使用该产品的可能性"[3]。

（三）作为自由信息的作品——有益外部性与互动性

作品的非竞争性、非稀缺性以及非物质性特征，决定它符合供无数人同一时间在同一地域或不同地域内自由使用的条件。换言之，作品的自身特性可以满足共享型的自由使用需求。作为可共享的自由信息，作品具有有益外部性与互动性特征：

首先，作品具备有益外部性特征。"外部性"（Externalities）是一个经济学概念，最早由马歇尔和庇古于20世纪初提出。在《经济学原理》一书

---

[1] Richard A. Posner, "Do We Have Too Many Intellectual Property Right?" *Marq. Intell. Prop. L. Rev.* 9 (2005)：176.

[2] 〔美〕托马斯·杰斐逊：《杰斐逊选集》，朱曾汶译，商务印书馆，1999，第598页。

[3] 〔澳〕彼得·德霍斯：《知识财产法哲学》，周林译，商务印书馆，2008，第133页。

中，马歇尔将"外部性"界定为"在两个当事人缺乏任何相关的经济贸易的情况下，由一个当事人向另一个当事人所提供的物品束……它所涉及的成本（或利益）并不在市场价格中得到反映"①。简言之，经济学的外部性是指不通过影响价格而产生的非市场影响。当这种非市场影响是有益的影响（即收益外部化）时，被称为有益外部性、正外部性或外部性的正效用；如果是有害的影响（成本的外部化），则被称为有害外部性、负外部性或外部性的负效用。作为自由信息的作品具有非常明显的有益外部性。当一个人通过阅读作品掌握了更多的信息时，通常情况下他的创造力和知识含量就会相应提高，会为社会做出更多更好的贡献。如果市民社会的每个成员都掌握了更多的信息，则整个社会的文明程度就会提高。②可见，作为自由信息的作品，由于具有自身的有益外部性特征，使其外溢的社会价值总体上远大于私人的市场价值，而这将有助于增进整个市民社会的公共福祉。

其次，作品还具有互动性。作品的互动性主要体现在作品的使用和创作过程中，作品的互动式共享内涵可以从两种维度加以认识。就单一作品的创作过程而言，不可否认创作主体——作者的作用。某种意义上，正是作者造就了作品。但从社会关系角度来看作品之间的联系时，我们会发现：任何作品都是站在前人的肩膀上，在使用已有知识的基础上才得以诞生。学者李特曼将作品的这种互动关系描述为"无所谓寄生性的创作本质"，在她看来，"所谓创作，就是作曲家糅合了他听过的曲调，剧作家撷取了现实生活和前人剧本的片断，软件设计者借用了其他软件的代码排列逻辑……所有创作主体都是在对固有作品进行改编、转换及重组的基础上从事着创作"。③ 换言之，"一部作品的创作往往要依赖于前人的成果，它更多地依仗于既有的文化、思想与文本"④。所以，没有前人作品的哺育，新作品就难以问世。这里，作者在汲取前人知识养分的基础上创作作品，使用者也会因作品的反哺育功能转换生出新知识。可见，不同作品之间、作者与社

---

① 〔英〕马歇尔：《经济学原理》（上），朱志泰译，商务印书馆，1983，第280页。
② 朱理：《著作权的边界：信息社会著作权的限制与例外研究》，北京大学出版社，2011，第42页。
③ Jessica Litman, "The Public Domain," Emory L. J. 39（1990）: 966 - 968. 已通过 LexisNexis 检索，全文从965页至1023页。
④ 李雨峰：《论著作权的宪法基础》，《法商研究》2006年第4期，第110～118页。

会之间构建着一种哺育与反哺育的互动关系。同时，由于信息遵循一种不断丰富、而非逐渐耗尽的规律，使用作品非但不会构成它的价值损耗，而且会丰富与作品相关的更多信息。作品的意义并非仅限于作品本体意义上的文本内容，而是它在后续使用过程中激发、衍生的潜在价值，即"意义存在于作品符号的关系之网中"①。某种意义上，正是使用者与作者形成文本上的互动，才使作品的意义被造就出来并不断丰富。诚如米勒所言："一部文学作品的词语，（作者）没有创造它们描述的世界，而只是被读者发现了它，或揭示了它"。② 阅读和解释一部作品的人越多，会不断丰富作品的文本内容与意义，有关该作品的信息就会越多。从这个意义上说，使用者在作品面前不再是受众，而是文本意义的解读者和施动者，更是后续文本的创造者。

作品的公共属性表明，作品可以实现主体之间的信息共享，增进社会知识含量的不断丰富，同时还可以发挥市民社会的公众文化参与作用。同时，将有体物的财产理论类推适用于作品，会因作品的财产内在结构缺陷，难以确定并保持一种稳定的财产权界限。缺乏这一权利作用焦点，著作权难以像有体物所有权一样，能够以物质性存在的物理结构作为确立财产权的基础。然而，"如何确立著作权的保护边界"不等于"为何需要保护著作权"。前者的提问方式已建立在"应该保护著作权"的逻辑前提下。既然作品本身的公共属性表明它不适合于建构类似于有体财产的独占型支配权，那么法律何以创设著作财产权？著作财产权的本质功能又是什么？

二 著作财产权的本质功能与政策内涵

（一）财产权的工具性作用——效率、回报与激励

上述表明，作为抽象物的作品与有体物之间存在着巨大差异。有体物的物质性特征以及物理结构性能，决定它在使用、消费上可以具备稀缺性和竞争性。而这一本质特征，决定有体物侧重"个人效用"的商品价值发挥，导致法律在涉及有体物的财产权设计上更倾向于确立一种独占型的支配性权利。如所有权的权能结构（占有、使用、收益、处分等权能），

---

① 黄汇：《版权法上的公共领域研究》，博士学位论文，西南政法大学，2009，第33页。
② 〔美〕希利斯·米勒：《文学死了吗》，秦立彦译，广西师范大学出版社，2007，第117页。

虽不无限制（如征收、征用及相邻关系等），但仍主要由有体财产的物理结构性能决定。这种独占型的支配性权利设计，虽难以证成其本体意义上的正当性，但依据有体物的自身特性，它在社会实践中有利于发挥有体物在市场交易中作为产品供给的配置效用，同时也有助于激发人的劳动和投资积极性。换言之，独占型的支配性权利能够使作为稀缺产品的有体财产在人与人之间，充分、有效地发挥生产、交换、消费、使用价值。

实际上，自然权利学说的财产正当性解释难以证成有体财产何以需要被独占，更不用说作为抽象物的作品。自然权利学说唯一能解释的问题是"为何要保护财产权"，而难以解释"财产权何以需要独占"的问题。对于我们为何要保护财产权的问题，传统学说中的劳动应得理论与激励理论论证得较充分、有力，它们可以朴素地表达为"劳动付出应有回报"。劳动产出是需要成本的，如果农民播种而不能获取果实，任由他人掠夺，谁还会去播种？劳动者没有利益回报，将失去劳动的积极性，这会使资源的劳动产出势必减少。可见，财产权一方面保护权利人对其劳动付出的成本获取必要的回报，另一方面又保证他们具有劳动的积极性，从而激励他们继续从事资源生产活动。这一理论同样适用于资源生产与使用的投资者。从这个意义上讲，著作权与有体财产权一样，可以被视为一种回报劳动创造及投资成本、鼓励劳动创造及投资的激励机制。

然而，没有著作权的时代，作品依然被创作。对于当下而言，前著作权时期创作的很多作品，其潜藏的巨大价值（特别是社会价值）至今仍为人们所重视。另外，除著作权以外，鼓励作品创作还有很多其他的激励机制。高校的学术研究与创作存在着赞助体系，如学术研究基金及科研补贴等，就是对创作的一种国家激励机制。又如开源码运动，是一种新型的、建立在信息共享型使用基础上的软件开发激励方式。[1] 广告、演讲及现场表演所获取的收益也可能成为财产权之外的创作激励机制。[2] 可见，

---

[1] 有关软件开源码运动的共享型激励设计，参见周翼《挑战知识产权：自由软件运动的经济学研究》，格致出版社、上海人民出版社，2009，第21～26页。

[2] 如珍视明广告中的郭敬明，是"80后"网络作家的典型代表。他在出道伊始，想的是应该如何使自己的作品广为网民所认同（通过对作品的传播与自由使用）并产生"名人效应"，而不会想到应如何充分保护他的著作财产权。

对于作者来说，著作权并非鼓励创作的唯一激励机制。

笔者认为，著作权虽不是鼓励创作的唯一激励机制，但在权利边界被合理划分（即合理地分配、平衡各主体之间的相关利益）的基础上，著作权在发挥作品作为产品供给的配置效用方面，是效率相对较高的一种激励方式。这点从美国政府在宪法草创时期，对智力成果的激励机制设计方面可见一斑。1787年，政治家坦奇·考克斯（Tench Coxe）曾向美国政府提交一份有关激励智力成果创造的宪法"补贴"建议。起初政府认同并支持考克斯的提议，并决定将该建议融入宪法当中。吸纳考克斯提议的宪法草案初稿规定：

> ……通过适当的补贴及相应规定，以激励实用文艺和发现的进步与繁荣；……为推动农业、商业、贸易以及制造业的发展，应建立公共机构、奖励和免税机制。[1]

但该草案初稿在政府讨论中最终被否决。该条款被修改成"国会有权……通过保障作者和发明者在限定时间内对他们各自的作品、发现享有专有权，以推动科学和实用文艺的进步"[2]，也就是美国现行宪法第1条第8款第8项的文本内容。"补贴"建议之所以未获通过，并非因为反对者质疑它是政府对自然权利的粗暴干预，而主要考虑的是该建议存在高昂的实施成本问题。[3]

（二）著作财产权的创设目的与社会价值指向

从传统意义之效用主义出发，法权的创设目的旨在实现最大多数人的最大幸福。与主要建立在"个人效用"基础上的有体财产不同，作品的有益外部性、互动性使之相较有体物而言，更侧重于作品的"公共效用"

---

[1] Edward C. Walterscheid, "To Promote the Progress of Science and Useful Arts: The Background and Origin of the Intellectual Property Clause of the United States Constitution," *Journal of Intellectual Property Law* 2 (1994): 44-45.

[2] See United States Constitution, Article 1, §8 (8).

[3] Edward C. Walterscheid, "To Promote the Progress of Science and Useful Arts: The Background and Origin of the Intellectual Property Clause of the United States Constitution," *Journal of Intellectual Property Law* 2 (1994): 44-45.

发挥，即以实现每个人的幸福作为财产存在的本体意义。就著作权而言，我们可以将这种最大多数人的最大幸福，表述成著作权指向社会福利最大化的目的性价值。作为激励作品创作和传播的一种效用主义工具，著作权的终极目标在于推动文化繁荣和科学进步的"公共福祉"实现。激励作品创作及投资的著作权机制，不过是实现这种目的性价值的一种手段、工具而已。我国著作权法第1条"立法宗旨"明确指出，立法的根本目的旨在"鼓励有益于社会主义精神文明、物质文明建设的作品的创作与传播，促进社会主义文化和科学事业的发展与繁荣"。美国宪法第1条第8段的著作权条款也确立著作权创设的基本宗旨在于"推动科学和实用文艺的进步"。可见，著作权在给著作权人必要回报与激励的基础上，最终以实现作品之社会价值最大化的公共福利为根本目的。

文化参与功能是著作权实现社会福利最大化目的的主要内涵之一，主要体现为鼓励学习和推动大众文化参与、互动等两方面。一方面，鼓励学习是文化参与功能最基本的表现形式，也是著作权实现社会福利最大化的核心内容。文化与科学事业的繁荣与发展有赖于作为市民社会之参与者——人的学识提高。如果不鼓励人们学习知识，严厉控制对作品的必要接触和使用，法律将难以实现著作权创设的本质目的。历史第一部现代著作权法——《安妮女王法》就曾明确将"鼓励学习"作为立法的根本宗旨。[①] 美国宪法第1条的"知识产权条款"也可以推知"鼓励学习"对实现社会福利最大化具有重要的意义。另一方面，推动大众文化互动也是实现著作财产权文化参与功能的重要内容之一。通过主体之间的文化交流和互动，作品往往能够产生远比个人努力更大的价值，"一部作品和其他作品之间的'互文'，其本身就比单一的作品更有价值"[②]。阅读和解释一部作品的人越多，会不断丰富作品文本的内在含义，有关该作品的信息就越多。可见，就文化层面上的社会价值而言，著作权应在人与人之间确立一

---

① 这一点从《安妮女王法》冗长的名称——《通过授予作者及购买者就其已印刷图书之复制件在限定时间内享有权利以鼓励学识的法律》可以推知。参见金海军《知识产权私权论》，中国人民大学出版社，2004，第214页。

② Carol M. Rose, "Roman, Roads and Romantic Creators: Traditons of Public Property in the Information Age," *Law & Comtemp. Prob.* 66 (2003): 89.

种生态型关系,允许使用者对作品的必要接触和学习,不断推动社会文化的交流与互动,才能使促进文化繁荣的根本目的真正得以实现。

除文化参与功能以外,著作权指向的社会价值还包括民主政治层面。著作权自产生伊始就对塑造民主市民社会具有重要的支撑作用,即著作权在资产阶级启蒙运动中发挥着一种摆脱封建压迫的重要政治功能。著作权的产生过程就是作者脱离封建专制束缚的解放过程。正是借助向文化消费者收取费用的著作权制度,作者阶层才进一步从王贵赞助体制下解放出来,实现从写者到作者的重大转变,获得了更大程度的独立与创作自由。[①] 按内坦尼尔(Neil Weinstock Netanel)的观点,著作权主要从"生产功能"(production function)和"结构功能"(structural function)两个方面有助于民主市民社会的培育。通过生产功能,著作权旨在激励人们就一系列广泛的政治、社会和审美主题实现创造性的表达自由,从而为民主文化和公民集会提供了讨论的基础。通过结构功能,著作权为那些创造性的交流活动提供经济支撑,从而使人们不必依赖于国家补贴、精英赞助和各级文化机构。[②] 如果说著作权可以帮助作者实现民主政治参与的市民品格塑造,则这种民主政治功能也应同样适用于民主市民社会的其他参与者——使用者。"表达自由"是宪法赋予公民的一项基本人权,除包括通常意义上的"言论和出版自由"以外,还包括信息的"获取、接受、持有和传播自由"。[③] 如果说作者享有的著作权能够实现民主政治层面上的表达自由,那么民主市民社会的其他参与者也应惠及。另外,著作权使作者从早期王贵赞助体系的束缚中解放出来,实现真正意义上的人格独立。如果著作权的结构功能使作者实现民主政治意义上的人格独立,不再受制于封建专制的审查和控制,那么使用者对作品的必要接触、使用行为,也不应受到"信息封建主义"专制的严厉控制与审查。只有这样,著作权才能充分、有效地发挥民主政治功能,有助于民主市民社会的培育和塑造,进而实现作品的社会价值最大化。

[①] 李雨峰:《论著作权的宪法基础》,《法商研究》2006 年第 4 期。
[②] Neil Weinstock Netanel, "Copyright and Democratic Civil Society," *Yale L. J.* 106 (1966): 238.
[③] 详见本文第一章第二部分的前述内容。

与从个人主义出发的自然权利观不同，新自由主义经济学将传统效用主义的福利最大化（即实现最大多数人的最大幸福）因素移植进来，进而将著作权旨在促进公共福利、实现作品的社会价值最大化的这一根本宗旨，转换成发挥市场作为资源配置的有效工具、实现作品的市场价值最大化。支持新自由主义经济学理论的著作权学者坚称："人们在哪里能够从文学艺术作品中获得享受与价值，就要把财产权扩展至哪里"[1]。可见，新自由主义经济学将作品完全当作商品来看待，即作品应服从市场分配的效率，著作权是对作为商品的作品进行投资的工具，而远非旨在推动知识创造与传播的重要工具。在他们看来，随着数字技术的不断发展，由于数字权利管理方式可以实现著作权市场失灵的可控性消减，故著作权的权利限制规定（如个人使用等）也应随之取消。新自由主义经济学将著作权的市场利益最大化推向极致，导致著作权旨在推动公共福利的目的（追求最大多数人的最大幸福）发生了偏离，同时指向的作品公共效用（如个人使用）和社会价值受到侵蚀、消减。客观上讲，用经济学方法来解释著作权仍很重要，但它始终无法替代关于著作权"公共效用"的本体意义阐释——文化和民主政治层面上的社会价值问题。换言之，文化和民主政治层面的社会价值难以用经济学"成本/收益""投入/产出"等效益最大化的定量分析方法加以衡量，建立在"个人效用"基础上的市场利益最大化并不意味着就等于建立在"公共效用"基础上的社会福利最大化。新自由主义经济学将个人收益最大化与效用主义传统意义上的"最大多数人的最大幸福"进行错误嫁接，忽视了"经济学上产品的公共性与文化学上作品的公共性有着完全不同的品格与意义"[2]。所以，著作权的公共福利目的和社会价值指向不应简单地等同于个人主义的市场利润最大化。

实用主义者否认存在财产自洽性的基本原理，他们认为"财产就像一个制度的壳，它被用来涵盖一系列由历史和文化决定的关系"[3]，作为

---

[1] 〔美〕保罗·戈斯汀：《著作权之道：从谷登堡到数字点播机》，金海军译，北京大学出版社，2008，第147~148页。
[2] 宋慧献：《版权保护与表达自由》，知识产权出版社，2011，第465页。
[3] 〔澳〕彼得·德霍斯：《知识财产法哲学》，周林译，商务印书馆，2008，第208页。

财产的作品亦如此。在他们看来,"有(经济)价值便有权利"的财产权理论体系本身就具备经验上的合理性基础——财产就是财产,它是资本的重要形式。然而,财产权绝不是孤立的存在,它包含一定程度的共识,即是一种"公共认可的产物"①。构成"偷窃"(如"盗版"所隐喻的那样)的原因不是既定的,而应该是社会选择的结果。诚如斯密德所言:"一个人不能在别人认为自己的行为是正当的情况下,仅从自己的立场出发把别人的行为说成是偷窃"②。概言之,权利是一种建立在彼此认同基础上的公共选择结果。作品本身具有可共享性,仅出于对权利人创作及投资成本给予必要回报的考量,法律才对作品人为地设置以有体财产为参照的稀缺性。而作品自身的公共属性表明,作品本不应像有体财产那样,可以为私人所独占。言及有体财产可以被独占,是从它的物理结构性能层面理解的。然而,可以被独占,并不意味着应该被独占。法律在处理社会关系时,都需要对权利划定合理的边界,以实现参与性主体之间的利益平衡与分配正义。是故,著作权在实现权利人收回投资并获取合理回报的同时,还应满足推动民主政治以及促进文化繁荣的社会总体需求。这就要求著作权法在确定财产权的边界时,应从著作权人的单一主体模式转变为著作权人、传播者、使用者的多元主体模式,即需要在多元参与性主体之间公平、合理地分配相关利益,从而实现著作权作为财产权的"分配伦理"③。

三 著作财产权的权利作用"焦点"审视

解决作为财产权的著作权"分配伦理"问题,除权利保护期的法定限制以外,主要是法律应如何公平、合理地划定著作财产权的保护范围,即确立著作财产权的权利作用"焦点"是什么的问题。

如前所述,非物质性的作品看不见、摸不着,不占据一定的物理空间。它既不会发生物理性损耗,也不具备有体物那样的自然稀缺性和竞争

---

① 〔美〕A. 爱伦·斯密德:《财产、权力和公共选择——对法和经济学的进一步思考》,黄祖辉等译,上海人民出版社,2006,第40~41页。
② 〔美〕A. 爱伦·斯密德:《财产、权力和公共选择——对法和经济学的进一步思考》,黄祖辉等译,上海人民出版社,2006,第42页。
③ 李琛:《知识产权法的体系化》,北京大学出版社,2005,第139~141页。

性。这些特征导致作品难以像有体物那样，能以自身的财产内在结构来确立财产权的权利作用"焦点"。但现实中，法律却一直尝试沿用有体财产的物权逻辑，将作品拟制为一种与有体物类似的、可以确立保护边界的东西，比如法律拟设的"独创性""思想/表达二分法"等作品保护标准。然而正如本文导言所述，作品的非物质性和抽象性决定"独创性""思想/表达二分法"的作品保护标准在个案中难以确定，甚至可能变成法官为自己的价值判断寻找合理性基础的一种事后描述。随着计算机程序、标题等特殊对象被考虑纳入著作权法保护的作品范围，"独创性""思想/表达二分法"内涵之确定性一再受到挑战。可见，仅从作品出发，期望能人为确立"独创性""思想/表达二分法"标准的拟物性保护逻辑，并不能一劳永逸地解决著作财产权的权利作用"焦点"问题。某种意义上，人们将作品视为著作财产权的"保护对象"，其本身就预设了一种隐喻式的逻辑前提——作品可以像有体财产那样，作为财产权边界划分的主要依据。实际上，对著作财产权而言，与其说法律保护的是作品，毋宁说保护著作权人基于作品利用方式而产生的利益。"保护对象"一词容易形成对"拟物化"财产权逻辑的路径依赖，虽同指"作品"，但"行为客体（对象）"的表述更为中立。[①] 作品作为"保护对象"在著作财产权中所面临的权利作用"焦点"困境，让我们反思它是否能像有体财产权那样，发挥着确立著作财产权边界的核心作用。

长期以来，我们习惯性地将有体物的财产权观念类推至作品，却忽略了著作财产权不同于所有权的权利作用"焦点"结构。[②] 这种以所有权单一权利作用"焦点"——"保护对象"为参照的"拟物化"类推逻辑会引发以下问题：首先，它使著作财产权呈现出一种开放式的专有权模式，从而使著作财产权有条件延伸至他人对作品的任何使用行为当中。[③] 而这有可能造成个体私权与公共利益之间过度的内在紧张关系，从而使著作财

[①] 有关行为客体的论述参见本文导言部分。
[②] 在笔者看来，这是特定历史条件下"拟物化"观念形成的一种路径依赖。
[③] 如《德国著作权法》第15条赋予著作权人一项综合性的专有权，这种专有权不但把目前业已存在的所有作品使用方式吸纳进来，还把将来可能出现的使用方式都保留在权利人手中。参见〔德〕M. 雷炳德：《著作权法》，张恩民译，法律出版社，2005，导读第13页。

产权指向的社会价值目的难以实现。其次，这种"拟物化"类推逻辑容易使著作财产权陷入行为客体（对象）范围等同于财产权保护范围的思维误区。这一类推逻辑预示着使用者对行为客体（对象）范围内的任何使用行为都是侵权行为，只不过基于对公共利益的考虑，特定使用行为的侵权责任才可以被法律豁免。然而，著作权法对著作财产权和权利限制的利益平衡设置，本身就是为了确立著作财产权的边界和保护范围，其根本目的旨在著作权人、传播者、使用者等参与性主体之间公平、合理地分配相关利益。换言之，归入著作权限制情形的使用行为，并非著作财产权保护范围内或著作财产权可支配、控制的使用行为，又何来侵权"豁免"之说？可见，至少在知识产权领域，行为客体（对象）范围与财产权保护范围并不能完全等同。行为客体（对象）范围仅能作为解决著作财产权保护边界问题的部分作用力，并不能很好地解决著作财产权的权利作用"焦点"困境。所以，我们必须在行为客体（对象）——作品这一权利作用"焦点"以外，寻找其他权利作用"焦点"作为著作财产权边界划定的切入点和核心。

实际上，任何权利（包括财产权）都是对人与人之间的法律关系描述，强调一种"主体间性"（intersubjectivity）。所有权虽然可说是一种指向有体物的权利，但本质上仍是发生在所有权人与他人之间的，所有权人约束他人使用行为的权利。诚如日本知识产权学者田村善之所言："所有权虽然是指向有体物的权利，但实际上仍然是对于人们利用行为的权利"[①]。只不过有体物自身的财产内在结构更倾向于"个人效用"的发挥，法律才使所有权呈现出一种近似于财产独占的支配权能。[②] 从这个意义上讲，所有权的权利作用"焦点"指向保护对象（有体物）本身，所有权的保护范围或权利边界主要以物质性存在的有体物作为划定的中心和切入点。著作财产权则不同。正如前述所言，著作财产权更侧重于实现作品"公共效用"指向的社会价值目的，这使法律在设置著作财产权的权利作

[①] 〔日〕田村善之：《"知识创作物未保护领域"之思维模式的陷阱》，李扬、许清译，《法学家》2010年第4期。

[②] 当然，所有权人这种近似于财产独占的支配性权利也不是毫无限制的，当与公共利益发生抵触时，将视特定情形负有一定的容忍或放弃义务，如相邻关系、征收征用等。

用"焦点"时，除了要划定行为客体（对象）的范围以外，更倾向于以使用行为作为权利保护范围的主要依据。无论是著作财产权内容的类型划分，抑或著作权限制的总括式、列举式设计，都可以得出著作财产权的权利作用"焦点"以使用行为作为切入点和确立依据的结论。换言之，从有体物自身的财产内在结构出发，所有权更侧重于"保护对象是什么"的问题，确立了"保护对象是什么"的问题就等于基本解决了"权利边界如何划分"的问题。而著作财产权既要解释"行为客体（对象）是什么"的问题，同时又更侧重于"权利边界如何划分"的问题。进一步讲，为了实现推动文化繁荣和科学进步的根本宗旨，法律仅出于对作品的社会价值最大化（公共福祉）考量，才赋予作者及投资者一定限度的支配性权利，以激励作品的创作和传播。著作财产权的支配性权能并非体现为独占作品，即控制对作品的任何使用行为，而仅能约束他人未经许可的某些使用行为。与所有权以保护对象为中心的单一权利作用"焦点"结构不同，著作财产权的权利作用"焦点"主要体现为一种二元结构，包括"行为客体（对象）——作品"和"支配客体——使用行为"两个方面。① 著作财产权的权利作用"焦点"二元结构表明，它既要解决著作财产权的行为客体（对象）范围问题，同时又更侧重以支配客体——作品使用行为的法律定性作为划定著作财产权范围的切入点和核心依据。作为著作财产权范围划分的切入点和核心依据，作品使用行为的法律定性问题，一方面解决的是著作财产权的类型划分和体系构建问题，另一方面解决的是著作财产权的权利边界问题，即解释何种行为属于著作财产权侵权行为，何种行为属于著作财产权保护范围之外的合理使用行为。有时候，基于"分配伦理"的公共政策考量，当某种使用方式难以确定是否应划

---

① 这里笔者要澄清著作财产权的客体构造与权利作用"焦点"构造的区别：客体构造旨在说明著作财产权指向的结构问题，之所以还有处分客体——著作财产权（利益），是从财产权可处分性的动态交易属性来理解的。按拉伦茨的观点，物权处分分为法律处分和事实处分，事实处分如烧毁书籍、食用水果等，法律处分则是从物权的变更、消灭意义上讲的，法律处分的客体指向权利本身，是指物权本身的变动。著作财产权的权利作用"焦点"构造仅在于确立著作财产权的保护范围和权利边界，故从这个层面上讲，著作财产权的处分客体等同于著作财产权客体本身的作用，并无作为权利作用"焦点"的实际意义。

入著作财产权的专有权控制范围以内,同时又要兼顾到著作权人的利益回报,法律就会采用兼顾各参与性主体利益的有偿使用方式加以解决。

至此,以上阐释仅解决了一个问题:法律仅出于推动文化繁荣、科学进步的公共福祉目的,才赋予著作权人有限的支配性权利。著作财产权的支配权能并非指向作品独占,而是限制他人对作品的某些使用行为。易言之,著作财产权是控制作品某些使用方式并获取经济利益的"法律之力"。为了确立著作财产权的合理边界,我们在权利作用"焦点"上既要考虑行为客体(对象)范围问题,更应侧重于以"使用行为"作为权利作用"焦点"的切入点和核心依据。那么,又应如何借助"使用行为"这一权利作用"焦点"来合理实现著作财产权的"分配伦理"?回答这一问题,不仅解决的是著作财产权的权利边界及保护范围问题,更能指引出数字环境下个人使用困境的现实出路。笔者认为,应从两方面入手:首先,应归纳出著作权人获取利益的基础性使用方式,以作为著作财产权体系的权能(权利内容)划分依据。它主要回答"著作财产权可以支配或限制的获取市场利益之基础性使用方式是什么"的问题。其次,应提炼一种灵活且开放的"安全阀"标准,以判断使用行为是否已延及著作财产权的权利范围,即是否构成侵权行为。这正是下文尝试论述的问题。

第二节 著作财产权的体系构想

一 传统著作财产权体系的权利基础——复制权

(一)复制权作为著作财产权基础的历史背景

通过把握著作权人获取经济利益的利用方式实质,解决好著作财产权体系的权利基础问题,同时在可操作性的基础上尽量简化著作财产权的权利内容,将有利于完善著作财产权的体系化,也为著作财产权的侵权判定标准提供必要的理论依据。长期以来,复制权被视为著作财产权得以存在的基础性权利,即著作财产权传统意义上是权利人为商业目的、控制作品复制行为所享有的权利。所谓"复制",其基本含义是指"再现、重复"。其中,"再现"是将表达形式在有形载体上固定、展现,而重复是指表达形式在有形载体上的增加，即以一定方式将作品制作成一份或多份。① 在前数字技术时期，权利人在实现著作财产权的经济利益过程中，往往伴随着复制品的制作，这一事实恰恰解释了英美法的版权体系何以将著作权称为"复制（版）权"（copy right）。现代意义上的第一部著作权法——《安妮女王法》就曾明确授予作者"印刷、重印、出版及销售"的专有权，这被看作复制权作为著作财产权基础的原型。美国1790年版权法也有同样规定。② 概言之，在著作权法早期阶段，立法由复制手段决定，复制权是贯穿于传统著作财产权体系的主要灵魂。而在部分学者看来，复制权之所以能上升为著作财产权的基础性权利，是因为复制权在印刷技术时期具有的"预示权"（predicate right）特性，即一个人在未制作作品复制件的前提下，不可能向公众发行这些复制件。③ 笔者认为，复制权成为著作财产权的基础性权利，是由传统印刷技术限制下的特定历史条件所决定的，理由如下。

首先，在印刷技术时期，由于作品传播（公开再现）以有形复制件的发行方式为主，所以复制行为不仅可以成为著作财产权控制的直接使用方式，同时也是实施其他公开再现活动的重要前提。著作权人在这一时期要想获取作品产生的经济利益，主要通过发行（公开销售）有形复制件来实现，这就要求权利人在作品发行之前必须制作大量的有形复制件，即对作品进行大规模的复制活动。可见，作品的复制行为和后续发行行为一起，共同推动着权利人对著作财产权的利益实现。同时，公众要想自由使用作品，也必须以占有有形复制件为前提条件。在传统技术条件下，复制行为的发生时间明显早于发行活动，并以一种相对集中的方式完成。无论是印刷技术时期，还是模拟技术（比如录音录像技术）时期，复制与作

---

① 张今：《版权法中私人复制问题研究》，中国政法大学出版社，2009，第36~37页。
② 1790年美国版权法第1条规定："任何自然人基于立法授权享有包括印刷（print）、重印（reprint）、出版（publish）及销售（vend）版权作品的专有权。"参见 L. Ray Patterson & Christopher M. Thomas, "Personal Use in Copyright Law: An Unrecognized Constitutional Right," J. Copyright Soc'y U. S. A. 50 (2003): 495-498。
③ 同样的情况也适用于演绎权，演绎权也是一种"预示权"。参见 L. Ray Patterson, "Understanding Fair Use," SPG Law & Contrmp. Probs. 55 (1992): 262; Sara Stadler, "Copyright as Trade Regulation," U. Pa. L. Rev. 155 (2007): 938。

品的有形复制件之间的联系都清晰可见。可见,集中复制是作品利用方式——发行的必要前置过程,控制复制在很大程度上就等于控制住了后续公开利用活动。在这一时期,对作品的大量复制是实现著作财产权保护不可或缺的重要环节。概言之,控制复制比控制发行更为直接、有效地保护著作权人的经济利益,这使复制权具备作为著作财产权基础的实施条件。从这个意义上讲,"无论是在大陆法系还是英美法系,复制作品都是影响出版行业的决定性因素,复制权也因此成为著作权法的基础"[①]。

其次,复制行为在印刷技术时期还可以作为判断是否侵权的重要依据。传播方式的技术限制,决定复制行为将耗费高额的成本,只有具备充足人力、物力、财力的出版商,才有条件从事批量的复制活动。一般的使用者因不具备复制的物质技术条件而无法开展大规模的复制活动。复制技术的条件限制成为阻却公众复制行为(个人使用)的天然屏障,从而导致因个人使用目的而实施的复制行为并不具有普遍性,故这一时期著作财产权的复制控制主要集中在非法出版商未经授权的、带有显著市场竞争性质的大规模复制活动上。正基于此,印刷技术时期的复制行为是其他利用方式的前置环节,即传播作品是复制作品的必然目的,著作权人可以通过他人未经授权的批量复制作品活动,来判断后续发行的侵权意图。换言之,作为权利人获取利益的独立前置环节,批量复制行为本身就预示着未来阶段可能产生的经济影响。正因为"复制"与"传播"之间存在着必然的因果联系,一旦他人大量制作作品的载体,就可以推定这种复制行为出自不正当竞争的发行目的,将直接构成对著作权人作品发行的潜在市场影响。如果有人未经著作权人的许可,将其作品大量地制作有形复制件,就可以判定该复制者的复制目的旨在发行(以销售或赠予等转移所有权的方式向公众提供)这些有形复制件,复制行为本身就可以推断出复制者的侵权意图。可见在这一时期,复制行为具有认定侵权的预兆功能,著作财产权的利益实现可以、同时也需要通过控制他人未经授权的批量复制得以实现。

最后,也是最重要的一点,复制权在印刷技术时期作为著作财产权的

[①] 彭学龙:《技术发展与法律变迁中的复制权》,《科技与法律》2006年第1期。

权利基础，不会危及公众对知识的获取、接触自由，也不会动摇著作权法旨在推动文化繁荣和科学进步的社会福利最大化目的。使用者如果要获取、接触作品，必须以占有作品载体为前提，占有的作品载体可以是支付对价后的所有物，也可以是他人提供（如借阅）的合法来源载体，还可能是非法出版商提供的侵权制品。然而，一旦作品发行，无论有无经过授权，著作权人一般情况下不能把著作财产权的控制触角延伸至占有作品载体的受众，而仅能依法追究非法出版商作为提供者的侵权责任。可见，在以复制权为基础的著作财产权支配力下，大众对作品的接触、获取自由和正常使用并未受到人为限制，这在某种程度上有利于推动大众对知识的汲取和学习，从而充分发挥作品的公共效用，实现著作权法指向的社会福利最大化目的。

综上所述，在传统印刷技术的特定历史时期，"复制"与"发行"存在着必然的因果联系。复制权作为一种"预示权"，本身就融入了著作权人对"发行权"的传播利益诉求。故著作财产权以复制权为权利基础，具有特定历史条件下的合理性。

（二）复制权的权利基础地位消减

随着传播技术（特别是数字网络技术）的迅猛发展，复制权受到强烈的冲击，正逐渐失去著作财产权的基础性地位和优势。相反，著作财产权对复制行为的集中控制还加剧了著作权法面临的危机，成为饱受诟病的主要因素。复制权基础性地位的不断消减主要表现在以下几个方面：

首先，复制品的发行并非传播作品的唯一手段，复制不再是著作权人获取市场利益的主要利用方式。自20世纪二三十年代开始，无线传播技术和电视得到不断发展。到1950年，美国平均每个家庭拥有2.3台收音机，超过50%的家庭拥有一台电视机。[1] 不断兴起的无线电广播和电视为远程传送声音与图像提供了途径，无论是文字作品还是视听作品，都开始逐渐摆脱只能依靠发行印刷品、唱片及电影胶片进行传播的局限。自1959年施乐公司第一台自动影印机问世，至20世纪60年代，家庭复制

---

[1] Julie E. Cohen et al., *Copyright in a Global Information Economy* (New York: Aspen Publishers, 2002), p. 33.

技术已广泛应用于欧美国家的日常生活当中。不断发展的家庭复制技术改变了复制在印刷技术时期的单纯商业属性，复制品的发行已不再是复制的唯一目的，复制行为更多地发生在大众对作品的接触、使用过程当中。特别是上世纪末互联网技术的迅速普及，使大众在数字环境下对作品的接触和使用，并不需要以占有作品的有形复制件为前提条件，如在线阅读文本、欣赏电影和音乐。技术的发展使作品传播与有形复制之间并无必然联系。可见，复制品的发行已不再是传播作品的唯一手段，作品传播也不再以有形复制作为必然条件。传播技术的不断和进步，催生直接传播作品的多样化利用方式，使著作财产权从集中控制复制转为控制直接传播（公开再现）作品的其他行为。挤占发行地位的其他利用方式，往往不以复制为前提或不依赖于复制。所以，复制不再是著作权人获取市场利益的主要利用方式，复制权逐渐丧失作为著作财产权的权利基础地位的重要意义。

其次，传播作品不再是复制行为的必然目的，复制难以作为判定侵权的合理依据。由于印刷技术时期的技术条件限制，批量复制活动是传播作品的必要前置环节，只要存在对作品未经许可的批量复制行为，就可以推定后续发行的侵权目的。可见，这一时期的复制权具有作为后续侵权预兆的功能。随着传播技术特别是数字网络技术的兴起，复制在印刷技术时期的单纯商业属性彻底发生改变，复制行为更多出现在使用者私域范围内的作品接触和使用过程中。这一变化使复制行为不再以传播作品作为必然目的，复制作为侵权预兆的功能极大地降低，复制成为一切使用行为（无论是个人阅读等正常使用行为还是后续传播的侵权行为）的前提。复制成为技术上附带的必要步骤，控制复制会产生严重的负面影响——影响个人对作品的正常使用。[①] 正如学者李特曼所言，数字化复制在使用者阅读、观赏、收听、学习、分享、改进、再利用数字媒介上的作品过程中是不可避免的附带环节，"使用数字技术时，复制的主导性正好是为什么复制不再是衡量侵权的合理依据的原因"[②]。同时，在数字网络环境下，未经许可的复制既难以查明，也难以计量，更难以合理评估著作权人遭受的

---

① 易健雄：《技术发展与版权扩张》，法律出版社，2009，第202页。
② Jessica Litman, *Digital Copyright* (Amherst: Prometheus Books, 2001), p. 178.

利益损失。同为单一性复制，网络"上传"和"下载"所产生的影响截然不同。"上传"产生传播（公开再现）作品的等同影响，将对著作权人的利益造成严重的竞争性损害。"下载"却仅涉及单一受众，其影响与"上传"并不能同日而语。可见，在数字网络环境下，著作权人利用作品的收益机会并非必然与复制数量相联系，查明、计量复制件对于确定著作财产权的侵权行为不再像印刷时代那样，是一种有效的判断方式。由于复制在数字环境下俨然成为人们接触、阅读作品不可或缺的附带过程，故将复制权延伸到不以传播作品为目的的个人合理使用当中，既产生难以负担的执法成本，又面临个人隐私、信息表达（获取）自由等基本人权问题。可见，复制权难以像印刷技术时期那样，可以作为判定侵权发生的合理依据。

再次，坚持著作财产权以复制权为权利基础，将面临自身难以克服的体系障碍。从著作权法文本来看，各国都将复制权放在著作财产权的首位，理论通说也将复制权称之为"著作权的精髓"。[①] 然而，就著作财产权体系而言，复制权的专有权设计却存在着严重的结构缺陷。各国立法一方面赋予著作权人控制他人复制作品的支配性权能，另一方面却又通过著作权限制（如合理使用等）制度列举诸多杂乱烦琐的"但书"情形。如我国著作权法第 22 条有关"合理使用"的规定，列举的 12 项内容中有 9 项涉及复制权的限制情形。[②] 又如《日本著作权法》第 30 条至第 50 条的"著作权限制"规定，21 个条款中有 14 个涉及对复制权的限制。[③]《欧盟协调指令》（2001/29/EC 号指令）第 5 条两千多字的"限制和例外"规定，几乎都与复制权限制有关。既然复制权作为著作财产权体系的基础性权利，那么作为一项支配性权能，著作权法何以列举如此种类繁杂的限制性规定？复制权以及如此杂乱烦琐的权利限制设计，让公众难以确定著作财产权的边界，甚至权威专家的意见都莫衷一是。更严重的是，复制权中心主义引发的这一体系障碍具有深远的消极影响：它导致立法在确立行为

[①] 世界知识产权组织：《保护文学和艺术作品伯尔尼公约（1971 年巴黎文本）指南》，刘波林译，中国人民大学出版社，2002，第 44 页。
[②] 详见《中华人民共和国著作权法》第 22 条第 1 款第 1 至 8、10 项规定。
[③] 详见《日本著作权法》第 30～33 条、第 35～37 条、第 39 条、第 41～42 条、第 44 条、第 47～49 条等，参见《日本著作权法》，李扬译，知识产权出版社，2011，第 23～42 页。

模式方面缺乏必要的可预见性,从而使公众对著作财产权丧失了基本的认知和理解,更诱发了公众的逆反心理。诚如学者所言,合理使用是对著作财产权的可容忍性背离,如果它已然变得"怪异、具有偶然性"的话,那么我们可以说问题不是出在合理使用本身,而是对著作财产权体系的宏观设计出现了偏差。① 可见,我们有必要重新审视复制权在著作财产权体系中的基础地位和意义。

最后,数字网络环境下集中控制复制将难以发挥作品的公共效用,会动摇著作权法旨在推动文化繁荣和科学进步的社会福利最大化目的。著作财产权的利益实现集中体现在"无传播即无权利"原则上,"复制"只有在与"传播"具有必然联系时,将"权利"延伸到复制上才具有合理性。② 传统意义上的复制权,旨在通过控制复制来控制作品传播(如发行),即复制品的发行才是实现作品财产利益的有效获取方式。同时,依据首次销售原则,复制品一经发行在市场流通之后,著作权人就无权再控制这些复制品。这样,著作权人就能够通过发行获取利益回报,使用者也可以在私域范围内自由地使用作品。这在客观上可以实现权利人与使用者之间的利益公平分配,同时又实现推动作品"公共效用"发挥的社会价值目的。可见,复制权能够在印刷技术时期成为著作财产权的基础性权利,是以不妨碍公众对作品的正常使用为前提的。数字网络环境下,复制成为人们接触、使用作品不可或缺的技术附带过程。数字技术运用的核心就在于产生"复制"。"复制对于数字生活的重要性,不亚于呼吸对于现实生活的重要性"③。坚持复制是著作权法的核心组成部分,会扰乱著作权利益平衡,赋予所有者控制接触作品的全新权利,这就好比著作权人有权在读者翻阅书籍时,每翻一页就收一次费。④ 将复制权延伸至数字网络环境下的临时复制和个人使用行为当中,将使侵权人的角色由曾经数量有

---

① Sara Stadler, "Copyright as Trade Regulation," *U. Pa. L. Rev.* 155 (2007): 908.
② 陈琛:《论作品复制权的取消——来自美国著作权法实践的启示》,《学术论坛》2011年第5期。
③ 〔美〕劳伦斯·莱斯格:《代码2.0:网络空间中的法律》,李旭、沈伟伟译,清华大学出版社,2009,第210页。
④ 〔加〕迈克尔·盖斯特主编《为了公共利益——加拿大版权法的未来》,李静译,知识产权出版社,2008,第340页。

限的非法传播者转移到获取信息的广大使用者身上,原本仅用来对付非法出版商的复制权也蜕变为"针对千百万青少年发动著作权战争"的攻击性武器。① 复制权的不断延伸,使著作财产权偏离以社会福利最大化为宗旨的必要激励作用,正在沦为著作权人追求私人利益最大化而损害公共利益的工具。是故,复制权作为著作财产权基础的自身合理性因技术环境的变化而不断消减,我们有必要重新审视著作财产权的基础性权利实质。

二 从复制到传播:著作财产权体系的权利基础审视

由上可知,随着传播技术引发的社会环境变化,复制权中心主义已无法解释著作权人获取经济利益的利用方式多元化趋势。另外,由于失去作为判定侵权的合理依据,同时自身又面临难以克服的体系障碍,复制权的权利基础地位日益消减。正因著作财产权体系固守复制权的权利基础地位,故立法每遇到复制权难以解释的作品利用新方式时,只能如往盒子里添火柴一般,使著作财产权的"权利束"越积越多,愈发杂乱无章。以复制权作为著作财产权的权利基础,是特定历史条件的产物。在传统社会中,控制复制之所以能取得较好效果,一方面是因为复制是其他侵权行为的准确预兆——控制复制就能控制其他的侵权行为,而另一方面则是由于复制并不为阅读等合理的作品使用方式所必需,故控制复制并不会妨碍个人对作品的正常使用。在数字环境下,复制权作为权利基础的这两方面理由都发生巨大改变,复制既难以准确预判是否发生后续侵权行为,同时又可能产生限制合理使用的负面影响。从著作权法的根本宗旨来看,"控制复制仅为实现目的的手段而非目的本身,当手段不能很好地达到目的时,就需要从目的出发重新考虑手段问题"②。正基于此,美国"知识产权与新兴信息基础设施委员会"认为,传统意义上允许的作品适度接触应在数字环境下继续存在,立法应承认以存档为目的的电子信息复制。③ 同

---

① Lawrence Lessig, *Remix*: *Making Art and Commerce Thrive in the Hybrid Economy* (London: Penguin Press, 2008), Preface, xv, xvi.
② 易健雄:《技术发展与版权扩张》,法律出版社,2009,第201页。
③ Committee on Intellectual Property Rights & the Emerging Information Infrastructure, *The Digital Dilemma*: *Intellectual Property in the Information Age* (Washington: National Academy Press, 2000), E. S. p. 7, p. 10.

时,委员会提议"在数字环境下,应考虑以新的激励机制替代著作权的复制基础模式"①。

当我们基于现实考量,发现复制权作为著作财产权基础的合理性应受质疑时,应回过头来反思我们是否正在墨守一种潜在观念上的路径依赖?诚如学者所言,当规范在现实生活中获得权威时,人们往往不再追问"规范何以被造出",而是将它作为不容置疑的前提,通过逻辑推演派生出一系列的新规范。②知识产权法学存在的最大问题就是"用外国规范证明中国规范"。然而,当我们言及"应当和国际接轨"时,是以一种合理的国际通行规则作为假定前提的,如果我们接受的是脱离合理性的规范制度,那么这种规范制度很可能不是"应当"被接受,而是我们被迫或错误接受。③换言之,"只有找到法律复杂现象后面统一的合理性基础,人们才能理解并接受法"④。当复制权作为基础性权利的合理性难以证成时,我们应重新审视著作财产权体系的权利基础究竟是什么?作为鼓励作品创作和投资的主要激励机制之一,著作财产权通过支配某些使用作品的行为来实现著作权人的利益回报。同时,著作财产权可以支配或限制的这些使用行为,应当是著作权人实现利益回报的主要利用方式。笔者认为,"传播"是著作权人实现利益回报的主要利用方式。换言之,著作财产权体系的权利基础是控制作品"传播"所享有的利益,即著作财产权体系的基础性权利是传播权。以下就"传播"的内涵和传播权的基础地位展开论述。

(一)"传播"的内涵

按照《现代汉语词典》的释义,"传播"是指"广泛散布",如"传播花粉、传播消息等",⑤英文可以表述为"dissemination""communication"

---

① Committee on Intellectual Property Rights & the Emerging Information Infrastructure, *The Digital Dilemma: Intellectual Property in the Information Age* (Washington: National Academy Press, 2000), E. S. p. 18.
② 李琛:《规范等于零》,《电子知识产权》2005年第1期。
③ 李琛:《规范等于零》,《电子知识产权》2005年第1期。
④ 李琛:《"法与人文"的方法论意义——以著作权为模型》,《中国社会科学》2007年第3期。
⑤ 中国社会科学院语言研究所主编《现代汉语词典》,商务印书馆,2007,第208页。

"propagation"等。在汉语中,"传播"是一个联合结构的词,其中的"传"具有"递、送、交、运、给、表达"等多种动态意义。可见,"传播"意指一种动态的行为或活动。在传播学中,"传播"(communication)强调社会信息的传播和社会信息系统的运行,是"人与人之间、人与社会之间,通过有意义的符号进行信息传递、信息接收或信息反馈活动的总称"[1]。传播学意义上的"传播"主要从以下三种视角来理解:①"线型传播",强调"传播"是一种线性的信息传递过程,如甲将信息传递给乙。②"面型传播",这种定义将"传播"看作一种意义的协商和交换过程,强调"传播"乃运用既定的或规定的符号去传递意义。换言之,"传播"的符号不是天生就有意义,而是由人赋予的。如法国传播学者吕西安·斯费兹(Lucien Sfez)认为:"传播的客观性并不存在,因为所有的传播讯息本身就是一种阐释……所有的讯息都是权力和影响的实施。传播就是一种选择……隐含着对客观事实的'价值判断'。"[2] 我们说"作品的文本意义由读者赋予",正是从这个视角理解的。③"网型传播",即传播生态学意义上的"传播",它强调信息传播所塑造的社会结构。如美国传播学者詹姆斯·凯瑞(James W. Carey)所言:"传播的起源及最高境界,并不是指智力信息的传递,而是构建并维系一个有秩序、有意义、能够用来支配和容纳人类行为的文化世界"[3]。可见,"传播是一种文化"就是从这种"网型传播"的传播生态学角度理解的。

在著作权法中,对"传播"一词存在不同的理解,主要观点包括以下几类[4]:①"传播"是"向不特定第三人再现'权利对象'(作品)"[5]或"向公众提供作品"[6]的行为方式。这种观点认为,"复制""演绎"(如翻译、改编、注释等)都是指向"传播"的前期准备行为,故在这个

---

[1] 参见百度百科"传播"释义,http://baike.baidu.com/view/69730.htm,最后访问日期:2013年6月30日。
[2] 陈力丹、易正林:《传播学关键词》,北京师范大学出版社,2009,第5页。
[3] 〔美〕詹姆斯·凯瑞:《作为文化的传播——"媒介与社会"论文集》,丁未译,华夏出版社,2005,第4~10页。
[4] 这里讨论涉及的著作财产权类型以我国著作权法列举的内容为参照。
[5] 何鹏:《知识产权传播权论——寻找权利束的"束点"》,《知识产权》2009年第1期。
[6] 张玉敏、陈加胜:《著作财产权重构》,知识产权南湖论坛"经济全球化背景下知识产权制度完善与战略推进"国际研讨会论文集(上),2010年,第255~271页。

意义上，传播权包括著作财产权的所有内容，即著作财产权等于传播权。②"传播"是不同于"演绎""复制"的"向公众传播（公开再现）"行为，包括复制权、演绎权之外的著作财产权内容。按这种理解方式，著作财产权由复制权、演绎权、传播权三大部分构成。这种观点将"传播"解释为"客体和方式之非限定性"的"向公众传播"行为，既包括有形利用方式，也包括无形利用方式。①故这里的传播权包括发行权、出租权、展览权、表演权、放映权、播放权（广播权）、信息网络传播权等。③"传播"是"不以转移作品有形载体的所有权或占有的方式向公众传播作品的行为"②，故这里的传播权排除复制权、发行权、出租权及各类演绎权，主要包括表演权、展览权、放映权、播放权和信息网络传播权。④"传播"是"将作品以有线或无线方式向公众传播"的行为，涵盖交互式和非交互式的各类网络（包括广播网、电视网、电话网、互联网等）传输行为。③按照这种理解，传播权主要是指播放权和信息网络传播权。

在笔者看来，"传播"是对作品的"公开再现"，传播权即著作权人通过控制作品的"公开再现"所享有的利益。这里的"再现"是指作品作为一种表达形式的内容展现，不以固定于有形载体为限，既包括作品固定于有形载体的重复性展现，也包括作品未固定于有形载体的直接展现，如表演、广播及其他传播行为。这里的"公开"再现可以理解成"向公众"再现，"再现"受众可以是不特定之一人，也可以是多数人，对象都指向"不特定人"。日本、我国台湾地区等立法实践虽规定"公众"还包括"特定之多数人"④，但实际上与再现受众之公开性并不矛盾。将"特定之多数人"纳入"公众"，旨在涵括"诸如企业或其他单位成员之间存在的并不紧密的内部关系"⑤，仍强调基于"亲密交往"（intimate

---

① 卢海君：《传播权的猜想与证明》，《电子知识产权》2007年第1期。
② 王迁：《著作权法》，北京大学出版社，2007，第125页。
③ 参见 WCT 第8条对"向公众传播的权利"定义。
④ 如《日本著作权法》第2条"定义"规定，"本法所称的公众，包括特定之多数人"；又如我国台湾地区著作权法第3条第4款规定，"公众"是指"不特定人或特定之多数人，但家庭及正常社交之多数人不在此限"。
⑤ 有观点认为"企业或其他单位内部人与人之间的关系和整个社会的人与人之间关系的区别只在于联动机的不同，不具有紧密的身份依赖和信赖关系"，参见张玉敏、许涛：《著作权法上的"公众"概念及其网络语境理解》，《中国版权》2007年第1期。

association）原则形成之多数人（如两人以上、身份上具备密切联系的亲属、朋友之间）不在"公众"范围以内，这进一步说明我国台湾地区著作权法何以将"家庭及正常社交之多数人"从"公众"范畴加以排除。此外，如前所述，"传播"是一个动态的过程，包括信源、信息、信道和信宿。从传播学意义上讲，"传播"发生在信息施动者和信息受众之间，二者都是"传播"过程不可或缺的要素。然而，如果从传播权控制作品"公开再现"所实现利益的角度来理解，则传播权的"传播"更侧重于施动者的行为影响，即作品提供者的行为效果。从这个意义上讲，传播权的"传播"指向不同于传播学的"传播"，传播权控制作品"公开再现"的利益就是指向公众提供作品而产生的利益。

有观点认为，传播权的"传播"仅指"再现"，"受动者"为一人抑或多人涉及的只是"权利人市场利益"损害的大小问题，不影响"传播"行为的成立，所以"受动者"应是"不特定第三人"。[①] 实际上，"再现"不仅是"传播"行为的表征，同时也是"复制"行为的特性。[②] 仅以"再现"作为著作权人控制他人使用行为的权利基础，将导致著作财产权的控制触角过度延伸至诸多现实生活之个人使用方式当中。比如甲为了方便阅读，将合法来源的电子文档打印成纸质文档，构成"再现"；乙将极具学术价值的电子文档通过网络传输给好友丙，也构成"再现"。仅以"再现"来定义著作财产权的"传播"本质，将和复制权中心主义一样，在数字环境下将产生深远的消极影响。另外，"再现"论者强调受动者应是"不特定第三人"，恰恰支持"传播"的"公开（向公众）再现"特性。公开再现并非就等于向多人再现，公开放映未经授权的电影作品，即便只有不特定之一人在欣赏，也将构成"公开或向公众再现"。可见，传播权的"传播"实指对作品的"公开（向公众）再现"。

有一个问题应予以澄清：为便于理解、突出"传播"在汉语中的本意（"广泛散布"），传播权的"传播"在本文中侧重于"公开"或"向

[①] 何鹏：《知识产权传播权论——寻找权利束的"束点"》，《知识产权》2009年第1期。
[②] 郑成思：《版权法》（上），中国人民大学出版社，2009，第181页。

公众"再现,英文表述为"dissemination"更为恰当,后文有关传播权作为著作财产权的权利基础论证也是从这个意义上展开的。这有别于传播学的"传播"内涵——传播学的"传播"既可以是施动者和特定或不特定的个体受众之间的"单元"再现,也可以是施动者面向多数人之受众的"公开"再现。同时,本文中的"传播权"也不同于1996年《世界知识产权组织版权条约》即 WCT——World Intellectual property Organination Copyright Treaty.规定的"向公众传播权"(right of communication to the public),主要体现在两个方面:①WCT规定的"向公众传播权",是指"以有线或无线的方式"再现作品所享有的权利,其"传播"涵盖有线或无线、交互式或非交互式的各类网络(包括广播网、电视网、电话网、互联网等)传输方式,不包括现场表演及展览等,故比本文指涉的"传播权"涵括之"公开再现"作品的利用方式要少。②WCT规定的"向公众传播权",其"传播"(communication)类同于传播学意义上的"传播"内涵,并无适用"公开"或"向公众"的限定语境,这解释了"向公众传播权"何以添设"向公众"(to the public)一词。可见,传播权的"传播"内涵既不同于 WCT 中"向公众传播权"中的"传播",也不同于传播学意义上的"传播"。① 这种情况在著作财产权里并不少见,仅以表演权和信息网络传播权为例来说明问题。虽然表演有私人表演和公开(向公众)表演之分,但表演权乃"公开表演"作品所享有的权利,故表演权的"表演"内涵实际上指的是"公开表演"。② 又如信息网络传播权。根据定义,我们也知道这里的"传播"指的是"公开或向公众传输"。严格意义上,表演权和信息网络传播权被称为"公开表演权""信息网络公开传输权"才更合理。但这样表述不仅烦琐,也不利于特定称谓在汉语中的习惯性理解。所以,基于"传播"在汉语中表达"广泛散

---

① 基于汉语习惯,"传播权"在英语中被翻译成"right of dissemination"或"right of propagation"更为妥当。类似表述可参见 Deborah Tussey,"From Fan Site to Filesharing: Personal Use in Cyberspace," *Ga. L. Rev.* 35(2001):1135 – 1136.
② 如我国著作权法第10条第1款第9项规定:"表演权,即公开表演作品,以及用各种手段公开播送作品的表演的权利"。由此可见,表演权的"表演"仅指"公开表演",这里的"表演"已不同于私人表演意义上的"表演",故私人表演不属于表演权作用范围内的行为,与其说私人表演是合理使用,毋宁说是一种自由使用。

布"的惯常语境，用"传播"来指称"公开"或"向公众"再现，在语义上并无不妥。

(二) 传播权：著作财产权体系的权利基础构想

以我国著作权法第 10 条列举的权利类型为参照，下面来逐一论述著作财产权的"传播权"本质：

首先来看复制权。就复制权而言，权能所规制的行为虽是传播的前期准备行为，但复制权的最终目的主要在于控制他人对作品的后续"公开再现"活动。传统观念中，"复制"仅指将作品固定于有形载体上的"再现"行为，如印刷、复印、拓印、录音、录像、翻录、翻拍等。这种意义上的复制权通过控制将作品固定于有形载体的"再现"方式来实现对后续发行的控制，从而避免与权利人的作品发行市场构成利益竞争。可见，由于复制在传统印刷时期是传播发生的主要乃至唯一渠道，控制复制就等于控制住了发行，复制权替代了发行权的功能。著作权草创时期的"复制权"仅指基于"印刷"(print)"重印"(reprint)等传统商业性利用手段所享有的权利，并非普遍意义上的"复制专有权"(copy right 或 right of reproduction)。在学者帕特森看来，当下复制权的延伸及扩张具有一定的历史偶然性。"复制"(copy) 一词最早在 1870 年美国版权法中出现的时候，指涉的行为客体（对象）仅限于美术作品。① 直到 1909 年，普遍意义上的复制权才被美国版权法正式确立为著作财产权的一项专有权能。② 值得反思的是，复制权 (right of reproduction) 作为《伯尔尼公约》文本的一项基本权能，直到 1967 年斯德哥尔摩修订会议上才被确立下来，这进一步印证了复制权的基础性地位存在人为的偶然性因素。正是在斯德哥尔摩会议上，博弈后确立的复制权定义使其偏离社会实践旨在间接控制作品传播的创设本意。③ 帕特森认为，复制权应被视为一种"预示权"

---

① L. Ray Patterson, "Free Speech, Copyright, and Fair Use," *Vand. L. Rev.* 40 (1987): 12.
② U. S. Copyrigt Act of 1909, Sec. 1 (a), see Hiram Melendez-Juarbe, "Preliminary Remarks on Personal Use and Freedom of Speech," *SSRN* (2010), p. 3, available at: http://ssrn.com/abstract = 1563543，最后访问日期：2013 年 6 月 30 日。
③ 《伯尔尼公约》第 9 条第 1 款规定："受本公约保护的文学和艺术作品的作者，享有授权以任何方法或形式复制该作品的专有权。"

(predicate right),即复制权因具备判定后续侵权发生的预兆功能才得以存在。① 换言之,复制权的预设前提是:一个人在未制作作品有形复制件的前提下,难以实施后续的传播侵权行为。这一思路从法国对"复制"的定义也可见端倪。根据《法国知识产权法典(法律部分)》L. 122 - 3 条规定:"复制是指以一切方式将作品固定在物质上以便间接向公众传播。"② 在法国立法者看来,"复制权"本身就融入了"发行权","复制"的目的就是为了后续间接的"传播",即真正影响到著作权人利益的是复制发生以后的后续传播行为,这也解释了法国何以没有设立单独的"发行权"。除存在发行权传统的美国以外,不少国家并未设立普遍意义上的发行权,如《法国知识产权法典》《日本著作权法》等。③《伯尔尼公约》、TRIPs 协定也未规定专门的发行权。④ 直到 1996 年,"互联网条约"(WCT、WPPT)文本中才明确规定了发行权。传统意义上,发行与复制通常结合在一起,复制的目的是发行,发行是复制的必然结果,故人们把"复制"和"发行"统称为"出版"。⑤ 可见,发行权暗含在复制权当中,复制权的创设目的是想通过控制复制来间接控制对作品复制件的后续发行,以实现著作权人传播作品所享有的利益。概言之,复制权本身作为一种控制"传播"前置阶段的预示权才得以存在。当"复制"在数字环境下渐渐脱离"发行",转而成为公众在日常生活中不可或缺的技术附带过程,发行权又作为著作财产权的一项专有权能"自立门户"时,复制权的独立价值和存在意义就值得我们重新审视。

其次看各类演绎权。一般意义上的演绎权包括翻译权、改编权、注释权等等。就演绎权而言,其设立目的和复制权一样,都是旨在实现后续传播控制的"预示权"。其本意并非是为了控制演绎行为本身,而在于控制

---

① L. Ray Patterson, "Understanding Fair Use," *SPG Law & Contrmp. Probs.* 55 (1992): 262.
② 《十二国著作权法》翻译组:《十二国著作权法》,清华大学出版社,2011,第 69 页。
③ 日本著作权法规定的"发行权"(颁布权),对象仅是指电影作品,而并非通常意义上的发行权,参见《日本著作权法》,李扬译,知识产权出版社,2011,第 20 页。
④ 《伯尔尼公约》仅在规定电影作品的摄制权时才规定著作权人享有发行和投入流通的权利,参见《伯尔尼公约》第 14 条第 1 款。
⑤ 刘春田主编《知识产权法》,高等教育出版社/北京大学出版社,2003,第 68 页。

他人将作品演绎后，对原作品涵摄之"表达实质"[①]的传播行为。一个人对他人作品进行演绎性使用，如翻译、改编、注释等，只要没有实施"公开再现"的传播行为，无论如何都不会直接损害著作权人的财产利益。由于个人演绎使用限定在非公开范围内，并未对原作品涵摄的"表达实质"进行传播，所以，演绎权不应控制未与著作权人形成利益竞争关系的个人演绎使用。这一点从《突尼斯著作权示范法》（Tunis Model Law On Copyright for developing countries）对个人使用与非公开使用的界定中也可以推导出来。[②] 通常情况下，当一个人请求著作权人许可行使演绎权时，其隐含的权利内容既包括对作品的演绎，也包括对作品"表达实质"的后续传播。如笔者曾请求翻译国外某学者的一篇学术演讲稿，对方欣然同意，并对笔者将该演讲内容介绍给中国读者的行为（传播）表示支持。可见，演绎权的最大特征是通过控制对派生作品的复制和传播，来实现对原作品"表达实质"的传播控制，而并非主要用来控制派生性创作的演绎行为。就比较特殊的摄制权而言，著作权法中的定义是"以摄制电影或者以类似摄制电影的方法将作品固定在载体上的权利"。然而，摄制权的目的并非旨在控制以任何形式将影视作品固定在载体上的行为，而主要是为了控制摄制者经载体固定后，对原作品"表达实质"实施的传播行为，这样才能有效防止与著作权人的作品传播利益之间形成竞争关系。可见，摄制可以理解成改编方式的一种，即摄制是以特殊的方式改变作品的形式、创作出具有独创性的新作品，如将文字、戏剧作品等改编成电影及其他视听作品等。是故，摄制权可以划入演绎权范畴，作为针对特殊作品类型的"传播"预示权。与著作财产权的其他预示权一样，汇编权旨在控制汇编后的原作品或作品片段的"公开再现"。如果使用者汇编作品后批量制作有形复制件，该行为无疑属于对原作品或作品片段的传统复制范畴，著作权人完全可以通过复制权或发行权来控制；如果汇编

[①] 有学者通过对作品的"表达实质"和"表达形式"划分，提出表达实质是保护演绎权的实质，即演绎作品与原作品虽"表达的形式"不同，但是"表达的实质"却具有同一性，笔者认同这种观点。参见卢海君：《表达的实质与表达的形式——对版权客体的重新解读》，《知识产权》2010年第4期。

[②] UNESCO&WIPO, *Tunis Model Law On Copyright for developing countries* (1976), Section 7, (i), (a).

者汇编作品后未实施批量复制，转而将包含原作品或作品片段的汇编作品以固定于有形载体以外的直接传播方式进行"公开再现"，那么著作权人完全可以通过除发行权之外的其他传播权（如播放权、信息网络传播权等）来控制。可见，汇编权的权能效果可以被复制权、发行权及其他传播权完全替代，汇编权作为著作财产权体系的一项专有权能，并无单独设立的必要。

再看各类具体的"传播权"。就著作财产权而言，发行权、出租权、展览权、表演权、放映权、播放（广播）权、信息网络传播权都旨在通过控制"公开再现"作品的各类传播方式来实现著作权人的财产利益。这种意义上的传播权具体可以分为两大类：一类是通过控制作品载体（有形复制件）所有权转移或占有转移之"公开再现"方式所享有的权利，包括发行权、出租权。比如发行权，即通过控制作品载体所有权的首次转移（包括销售、赠予、互易等方式），以实现著作权人对作品的"公开再现"利益。再比如出租权，理论上与发行权之首次销售原则相冲突，但基于特殊类型的作品（如影视作品、计算机软件等）考量，立法才在著作财产权中设置这一专有权能。出租权旨在通过控制作品载体之占有转移来实现著作权人对作品的"公开再现"利益，实际上是对作品载体之所有权转移（发行）之后的二次获利性传播行为的控制。另一类是不以转移作品有形载体的所有权或占有的方式直接"公开再现"作品所享有的权利，主要包括展览权、表演权、放映权、播放权以及信息网络传播权。有学者根据直接"公开再现"作品的手段和方式不同，将这类传播权又细分为现场展示类传播权和传输类传播权。[①] 按照这种划分标准，现场展示类传播权是指通过公开的作品直接展示，基于受众感观（如视觉、听觉等）来直接体验作品内容而享有的权利，包括展览权、表演权、放映权等。就传输类传播权而言，其含义类同于 WCT 规定的"向公众传播权"，涵盖了交互式和非交互式的各类网络（包括广播网、电视网、电话网、互联网等）传输方式。换言之，传输类传播权是指以任何有线或无

---

① 张玉敏、陈加胜：《著作财产权重构》，知识产权南湖论坛"经济全球化背景下知识产权制度完善与战略推进"国际研讨会论文集（上），2010 年 4 月，第 255~271 页。

线方式"公开再现"作品的权利,包括播放(广播)权和信息网络传播权。① 可见,发行权、出租权、展览权、表演权、放映权、播放权、信息网络传播权等,都是通过对作品"公开再现"的直接控制来实现著作权人的财产利益。

综上所述,著作权人的利益实现都与"传播"存在必然的联系,著作财产权的本质权益是传播权,即著作财产权以传播权为基础性权利。立法应明确著作财产权以保护传播利益为权利基础,故复制权和演绎权的定义有必要重新设计,应明确二者旨在保护传播利益的本质目的。在著作财产权体系专设发行权的前提下,复制权具备的预示功能和重要地位已然消减,故可以考虑取消作为著作财产权支配性权能之一的复制专有权。就个人使用(主要包括个人复制、个人演绎)而言,因不与著作财产权主要控制的传播利用方式相冲突,故不应纳入著作财产权的控制范围以内。这并非是说著作权人对任何复制行为都不应获取利益上的回报,而是说著作财产权应取消对"复制"控制的支配性权能。换言之,立法可以考虑将复制权的支配权能转化成一种收益权能。客观上,以传播权为权利基础,同时实现著作财产权体系的"大传播权"设计,可以有效地简化著作财产权凌乱冗杂的旧有体系结构。这种简化后的"大传播权"体系设计,能够较清晰、合理地划定著作财产权的权利边界,同时又能明确著作权人通过控制何种使用行为来实现自身的财产利益。这不仅有助于消弭公众因误解著作财产权而造成的逆反心理,同时又对公众逐渐认同、接受和遵守著作权法起到积极的引导作用。

三 开放式的"安全阀":著作财产权体系的权利限制设计

著作权发展史告诉我们,著作财产权自始就被打上了法定权利的烙印,法律正是为了鼓励学习、实现表达自由和促进社会文化繁荣,才创设出这一激励性工具主义的法定权利。著作财产权存在的基础既非"谁创造谁拥有",也非"先占取得",即著作权制度并不是对人类社会在自然

---

① 严格意义上,传输类"传播"应包括非交互式的网络直播行为,但我国著作权法定义的广播权和信息网络传播权都未涵指这类"公开再现"行为,这是著作财产权立法设计上的一大缺陷。

状态下依道德而先定之私有财产权的确认,而是立法者对作品的社会价值考量后的公共政策选择。可见,作为公共政策意义上的著作权法,不仅关涉"财产权"的保护,更应为社会整体之公共利益而对作品价值做出均衡的利益分配。① 正基于此,著作财产权的支配权能就仅能控制他人对作品的某些使用行为,而并非指向作品本身的控制。由于著作财产权是控制作品某些使用行为并获取经济利益的"法律之力",故为了确立著作财产权的边界,著作财产权的限制制度自然就需要针对著作财产权体系各项权能指向的使用行为控制进行必要的限制。进一步说,权利限制是在权利内容的基础上加以构建的,既然著作财产权的限制是针对各项权能指向的使用行为控制所进行的限制,那么著作财产权的各项权能以及权能指向的使用行为二者,都应是既定和现实确定的。这样才能使著作财产权的限制得以确立并成为可能,进而有效划分著作财产权的边界。

值得反思的是,我们对传播技术与著作财产权之间的关系存在一种认识上的误区,即想当然地认为随着传播技术(如数字网络技术)的不断发展,将拓展出迎合著作权人利益需求的作品新兴市场,是故,传播技术势必导致著作财产权的不断延伸乃至扩张,也势必构成对著作财产权限制内容的一定反限制甚至挤压。然而,著作财产权创设的根本宗旨告诉我们,在划分著作财产权的权利边界时,必须构建一种多元参与性主体之间的利益生态关系,即实现利益的公平、合理分配。这就要求政策制定者在对著作财产权进行变动和延伸之前,既要考虑这种变动和延伸是否必要、合理,更要反思它所引发的利益失衡问题。对此,《关于〈世界知识产权组织版权条约〉的议定声明》(以下简称 WCT 议定声明) 在 1996 年曾明确表明:"《伯尔尼公约》第 9 条所规定的复制权及其所允许的例外,完全适用于数字环境,尤其是以数字形式使用作品的情况"。② 同时,议定声明对 WCT 第 10 条(限制与例外规定)进一步强调:"不言而喻,第 10 条规定允许缔约各方将其国内法中依《伯尔尼公约》被认为可接受的限

---

① 张玉敏、李杨:《"个人使用"的著作权法定位及政策选择》,《西南民族大学学报(人文社会科学版)》2011 年第 1 期。
② 关于 WCT 第 1 条第 4 款的议定声明,参见〔匈〕米哈依·菲彻尔:《版权法与因特网(下)》,郭寿康、万勇等译,中国大百科全书出版社,2009,第 1043 页。

制与例外继续适用并适当地延伸到数字环境中。……另外，不言而喻，第10条第2款（三步检验法规则，笔者注）既不缩小也不延伸由《伯尔尼公约》所允许的限制与例外的可适用性范围"。① WPPT议定声明中也有类似的指导性措辞。② 可见，政策制定者对著作财产权的变动和延伸，应侧重于实现多元参与性主体相关利益已有的合理分配格局。另外，技术本身是中立的。也就是说，随着传播技术的不断发展，作品的价值增值并非都是由作品的创作和投资产生的，而更多是技术本身所形成的。换言之，"著作权收益并没有反映作者创作的真实价值，而反映的是新技术所造就的市场价值"。③ 在笔者看来，传播技术所产生的新兴市场利益应以维持著作财产权已有的合理分配格局为前提，同时在多元参与性主体之间进行公平、合理的利益再分配。如果法律将作品基于技术发展而外溢的所有正外部性价值，都内化为著作权人的绝对控制力之下的话，将对公众乃至著作权人本身都造成莫大的使用成本，进而使著作财产权偏离旨在实现社会福利最大化的根本目的。所以，法律对著作财产权的变动和延伸，也应同样适用于著作财产权的限制。二者应同步进行，否则就容易出现著作财产权挤压、限制使用者利益的异化性扩张现象。

就著作财产权限制制度而言，传统意义上的大陆法系采列举式的"封闭"模式，而英美法系采因素主义的"开放"模式。有观点指出，随着知识产权立法的趋于一体化，以及国际公约（如《伯尔尼公约》、TRIPs、WCT等）形成的"三步检验法"（Three-step test）规则，④ 英美法（如《美国版权法》）在合理使用原则以外开始规定一些具体的权利限制情形，大陆法（如欧盟《2001/29/EC号指令》《法国知识产权法典》

---

① 关于WCT第10条的议定声明，参见〔匈〕米哈依·菲彻尔：《版权法与因特网（下）》，郭寿康、万勇等译，中国大百科全书出版社，2009，第1044~1045页。
② 关于WPPT第7条、11条及第16条的议定声明，参见〔匈〕米哈依·菲彻尔：《版权法与因特网（下）》，郭寿康、万勇等译，中国大百科全书出版社，2009，第1060页。
③ Birgitte Andersen, "How Technology Changes the Scope, Strength and Usefulness of Copyright: Revisiting the 'Economic Rationales' Underpinning Copyright Law in the New Economy," in Fiona Macmillan eds., *New Directions in Copyright Law* (Volume 5) (Cheltenham: Edward Elgar Publishing, Inc 2007), p. 155.
④ 参见《伯尔尼公约》第9条第2款、TRIPs协议第13条、WCT第10条、WPPT第16条第2款。

等)也在著作权限制之列举式规定的基础上,加入了"三步检验法"规则作为判断标准。是故,两大法系的著作财产权限制设计趋于"封闭式"和"开放式"的靠拢和融合。① 可在笔者看来,现实中的著作财产权限制制度非但没有表现为"封闭"与"开放"的融合,反而更趋向于一种制度"闭合"。

(一) 以美国为代表的英美法现状——合理使用原则的"闭合"趋势

著作财产权之作品使用行为是否合法,美国在传统上主要通过合理使用原则加以判断。故在一般意义上,我们说美国实行的是一种开放式的权利限制制度。在意识到合理使用原则作为衡平法则的抽象、模糊性缺陷之后,立法在一定范围内也设置了具体的著作权限制情形,但这种列举并不周延、全面。比如,美国版权法的具体限制情形就未包括个人使用,而大陆法则是在将个人使用列举为著作权限制情形的基础上规定一定的反限制条件。概之,大陆法以个人使用之合理性作为设置前提,而美国仍需通过因素主义的合理使用原则来判断个人使用的合法性。换言之,个人使用在英美法系并非当然合法,要经过法官的个案分析才能定性。根据美国版权法第107条规定,判断对作品的使用是否属于合理使用,应考虑以下四要素:①使用的目的与性质,包括使用是否具有商业性质,抑或为了非营利的教学目的;②被使用作品的性质;③使用内容的质量、数量以及与作品的整体关系;④使用对作品价值和潜在性市场的影响。② 可见,判断一种使用行为是否合法,是法官对合理使用原则之四要素综合运用的结果。然而,合理使用原则四要素的"平行"设计却使法官在把握使用行为定性的侧重点方面易于产生分歧,进而使立法失去必要的可预见性。更严重的是,由于深受新自由主义经济学的观念影响,法官在综合运用合理使用四要素对使用行为进行定性时,更倾向于泛化使用行为的"商业性"和"市场影响"内涵,致使天平往往偏向著作权人的私人利益。

在索尼案中,联邦最高法院将出于"时移"(Time Shifting)目的的

---

① 张今:《版权法中私人复制问题研究》,中国政法大学出版社,2009,第120~123页。
② Copyright Law of the United States and Related Laws (2009) Contained in 17 U.S.C. §107 (1), (2), (3), (4), 中译本参见《美国版权法》,孙新强、于改之译,中国人民大学出版社,2002,第13~39页。

个人复制视为一种合理使用。在联邦最高法院看来,"时移"性复制虽不是转换性使用行为,但对著作权人利益未构成实质性损害,同时还有助于公众对广播电视信息的自由接触,具有积极的社会价值。① 同时,"'转换性'(transformative)与'非转换性'(non-transformative)使用的性质区分可以用来把握平衡,但它不是绝对的"②。由此可知,使用行为是否具备"转换性"并非认定是否合理的唯一标准,而应综合考虑使用目的、市场影响等各种要素。然而,在随后发生的美国地球物理学联合会诉德斯考公司一案中,第二巡回法院却判定被告研究人员基于存档目的对学术论文的个人复制属于侵权行为。③ 在法官看来,因为被告研究人员未将复制文档用于公开发表的研究内容,故其复制目的并非是为了学术研究,而仅是"可能有助于学术研究的'中间步骤'"。④ 同时,"对作品的非转换性复制并未给原作品增添些许价值",故被告研究人员的复制行为欠缺认定为合理使用的正当性基础。⑤ 在立法层面上,美国1997年通过的《反电子盗窃法》明确规定"经济收益"包括"获取或期望获取任何具有价值的东西,包括其他的版权作品",⑥ 从而进一步为泛化使用行为"商业性"的观点提供了有力的法律依据。在21世纪初对数字版权产生重大影响的纳普斯特(Napster)案中,第九巡回法院从P2P用户的整体行为出发,将基于个人使用目的的网络下载行为泛化为商业性使用。法官认为:

> 直接经济利益并不能论证商业性使用。相反,反复以复制方式利用版权作品的价值,即便未公开销售,也可能构成一种商业性使用。商业性使用可以是为了节省购买授权复制件的费用,而在未授权的情

---

① *Sony Corporation of America v. Universal City Studios*, *Inc*, 464 U. S. 417 (1984).
② *Sony Corporation of America v. Universal City Studios*, *Inc*, 464 U. S. 417 (1984), p. 455.
③ *American Geophysical Union v. Texaco*, *Inc*, 60 F. 3d 913 (2d Cir. 1995).
④ *American Geophysical Union v. Texaco*, *Inc*, 60 F. 3d 913 (2d Cir. 1995), p. 920.
⑤ *American Geophysical Union v. Texaco*, *Inc*, 60 F. 3d 913 (2d Cir. 1995), p. 923.
⑥ 英文版原文是 "The term 'financial gain' includes receipt, or expectation of receipt, of anything of value, including the receipt of other copyrighted work", see Copyright Law of the United States and Related Laws (2009) Contained in 17 U. S. C. § 101, Added between "display" and "fixed".

况下对作品实施的重复性利用"复制"。①

随后在 Arista 唱片公司诉 MP3Board 公司一案中，法官进一步认定个人使用者通过网络搜索引擎搜寻并下载音乐资源因"在未支付对价的基础上从著作权作品利用中获取利益"，故构成对著作权作品的商业性使用。② 由此可见，使用行为"商业性"被泛化后形成的结论是，"营利与非营利的关键区别并不是看使用的唯一动机是否为了金钱利益，而是看用户是否在没有支付一般性价额的情况下从使用版权资料的行为中获益"③。相反，在坎贝尔（Campbell）一案中，法官强调"'转换性'是合理使用分析的核心要素"，从而将以营利为目的的作品戏仿（parody）行为判定为合理使用。④ 在裁判者看来，合理使用原则更侧重于对诸如戏仿之类的转换性使用的合理性判断，即便此类转换性使用是以营利为目的。对此，有学者批评道："合理使用原则被人为预设成一种不适宜解释复制之合理性的规则，它忽视了某些复制（如个人复制）行为不以营利为目的，并未给著作权人造成实质性商业影响的情况。"⑤

在使用行为"市场影响"方面，合理使用原则倾向于被解释成由使用行为"替代性竞争"构成的"潜在市场"影响，⑥ 这一趋势使"市场利益"的内涵从现有市场利益延伸至新技术潜在形成的市场利益，还可能导致著作权人将作品基于技术发展而外溢的所有正外部性利益，都内化为著作权人的绝对控制力之下。严格意义上讲，法律设置的任何权利限制情形都与著作权人形成一定的替代性竞争关系，之所以需要著作权限制，乃出于著作权人与使用者之间的利益平衡考量，是对多元参与性主体利益的公平、合理分配。就个人使用而言，它承载着鼓励学习、实现表达自由

---

① *A&M Records, Inc. v. Napster*, 239 F. 3d 1004, 1015 （9th Cir. 2001）.
② *Arista Records, Inc. v. MP3Board, Inc.*, 2002 U. S. Dist. Lexis 16165, 39 （S. D. N. Y. Aug. 28, 2002）.
③ *Harper&Rom, Publishers v. Nation Enterprises* 471 U. S. 539, 562 （1985）.
④ *Campbell v. Acuff-Rose Music, Inc*, 510 U. S. 569, 579 （1994）.
⑤ Jessica Litman, "Frontiers of Intellectual Property：Lawful Personal Use," *Tex. L. Rev.* 85 （2007）：1901-1904.
⑥ J. C. Ginsburg, "Copyright Use and Excuse on the Internet," *Columbia-VIA Journal of Law&Arts.* 24 （2000）：32.

（包括信息接触自由）、推动大众文化参与的重要价值。同时，个人使用并未对著作权人构成实质破坏性的市场影响，真正对著作权人利益构成实质性损害的是对作品"公开再现"的传播行为。是故，不能因为使用行为对著作权人市场利益构成一定影响，甚至是非实质性破坏的细微影响，就得出侵权的结论，这将违背著作权法旨在实现社会福利最大化的根本宗旨。美国合理使用原则的抽象模糊性，使之被人为预设成以使用行为是否具备转换性作为合理性判断的前提，同时还夸大非营利性个人使用的"市场影响"——将个人复制行为泛化成一种商业性使用。这在部分学者看来，合理使用原则形成一种规则体系的"闭合"，并不适用于解释非转换性个人复制行为的合理性。[1]

（二）大陆法著作权限制制度的"闭合"趋势——"三步检验法"的错误嫁接

再来看一下大陆法的著作权限制情况。就"三步检验法"规则而言，国际公约的创设实属无奈之举。由于著作财产权的具体限制情形在各成员国之间无法达成一致意见，公约只能寄期望于各成员国依各自特定的公共政策目的，对这一递进式的抽象规则来做出解释。[2] 换言之，各国设置哪些具体限制情形，仍主要由各成员国来发挥自由裁量权。当然，各国对具体限制情形的列举式规定仍应符合国际上普遍接受的习惯性共识，但这些列举式规定主要还是由各国对经济（财产权保护）、文化（推动大众文化参与和文化繁荣）、人权（表达自由、鼓励学习、隐私保护）等综合因素考察后所做出来的公共政策选择。可见，国际公约创设的"三步检验法"是一种开放式的规则，本应用来给各国作为设立具体限制情形的"开放式"衡量标准。有必要澄清的是，欧盟《2001/29/EC号指令》第5条的

---

[1] Jessica Litman, "Frontiers of Intellectual Property: Lawful Personal Use," *Tex. L. Rev.* 85 (2007): 1901 – 1904; L. Ray Patterson & Christopher M. Thomas, "Personal Use in Copyright Law: An Unrecognized Constitutional Right," *J. Copyright Soc'y U. S. A.* 50 (2003): 516; Ashley M. Pavel, "Reforming the Reproduction Right: The Case for Personal Use Copies," *Berkeley Technology L. J.* 24 (2009): 1621.

[2] 通说将"三步检验法"规则分为三个递进式的判断步骤：①对是否符合"特殊情形"的判断；②对是否符合"不与作品的正常利用相冲突"的判断；③对是否符合"不合理地损害权利人的合法利益"的判断。参见〔匈〕米哈依·菲彻尔：《版权法与因特网（上）》，郭寿康、万勇等译，中国大百科全书出版社，2009，第410～418页。

"例外与限制"设计，是在已经详细列举各国可以设置的权利限制情形的基础上，再补充规定"三步检验法"的判断规则。指令列举的这些具体限制情形，是在全面考虑各成员政策需求的基础上所达成的一致意见。所以，"三步检验法"规则在指令中的意义就和《伯尔尼公约》等国际公约的作用一样，旨在明确各国可以依自身公共政策目的而行使自由裁量权，在指令列举的具体限制清单中做出适当的选择。然而，"三步检验法"被部分大陆法系国家纳入著作权限制制度之后，非但没有使列举式的"封闭"限制制度更加"开放"，反而使原有的具体限制情形受到严重排挤。如法国为了贯彻欧盟协调指令的精神，将"三步检验法"规则纳入著作财产权限制制度当中，却造成了适得其反的立法效果，使原本"封闭"的权利限制体系非但没有"开放"，反而愈发"闭合"。仅以《法国知识产权法典》涉及"个人使用"的 L.122-5 条来说明问题。法国在 2006 年著作权法修改中将"三步检验法"规则纳入 L.122-5 条款当中作为补充，[①] 这就使文本涉及"个人使用"作为著作权限制的原本内涵发生变化，换言之，当裁判者认为个人使用行为不符合"三步检验法"规则时，就可以排除个人使用在权利限制方面的可适用性。当"三步检验法"规则作为个案考察中的判断标准时，裁判者很可能会采用市场利益损害的定量分析方法，从而对使用者做出不利的裁判结果。这就导致原本作为权利限制情形的个人使用受到了著作财产权的反限制和挤压，进而被"三步检验法"规则完全抽空。举个例子，甲对作品的个人使用行为只要符合原先条款的反限制性条件，就应被视为当然免责的合理行为，然而随着"三步检验法"规则的补充性适用，甲对作品的个人使用行为就得由法官依据自由裁量权来对"是否与作品的正常利用相冲突""是否不合理地损害权利人的合法利益"作出判断，这就使列举式的权利限制制度设计失去作为确立著作财产权边界的意义。可见，"三步检验法"规则用在具体权利限制情形中会和它在国际公约及《2001/29/EC 号指令》中作为权利限制制度设计之"开放式"衡量依据的作用不同，它使原本"封闭"但

[①] 《法国知识产权法典》L.122-5 条第（9）款规定："本条所列例外情形不得影响作品的正常使用，亦不得不当损害作者的正当权益。"参见《十二国著作权法》翻译组：《十二国著作权法》，清华大学出版社，2011，第 71 页。

合法的各类限制规定必须历经"三步检验法"规则的检验才能确定是否合法，进而抽空著作权限制制度的存在价值，变得更加"闭合"，这将导致使用者如同在英美法系遇到的困境一样，因立法的不可预见性而无所适从。①

那么，理想中的著作财产权限制制度应如何设计？诚如笔者前述，法律对著作财产权的变动和延伸，也应同样适用于著作财产权的限制。二者应同步进行，否则就容易出现著作财产权排挤使用者利益的异化性扩张现象。如果说著作财产权基于传播技术的发展应做出适当调整和延伸的话，那么权利限制也应相应做出调整，这就需要构建一种"开放式"的权利限制制度。真正意义上的"开放式"权利限制设计，不是简单的"列举补充规则"模式，而应是"规则加详细列举"模式。二者的区别体现在："列举补充规则"模式是在对具体限制情形之合理性需要考察的基础上用"三步检验法"加以补充判断，这等于抽空了列举式权利限制制度的存在价值，如《法国知识产权法典》关于"三步检验法"规则的补充设计；而"规则加详细列举"模式则不同，它是在对具体限制情形之合理性肯认的基础上用"三步检验法"加以填补，以完善立法可能遗漏的权利限制情形。我国即将面临对著作权法的第三次全面修订工作，在移植国际公约"三步检验法"的过程中应充分考量如何实现著作权限制制度的"开放式"模式。诚如前述，如果我们将"三步检验法"规则纳入列举的各类具体限制情形中或补充在著作权限制规定的最后部分，都将导致著作权限制制度的进一步"闭合"而非"开放"。是故，应将"三步检验法"规则设置在著作权限制规定的起始部分作为总纲性原则，同时规定"包括但不限于以下具体情形"。

第三节 法律纠结与互利性机制：P2P网络环境下的个人使用问题研究

随着传播技术的不断发展，传播权在著作财产权体系中的基础地位不

---

① 针对抽象模糊的合理使用原则，劳伦斯·莱斯格将之讽刺为"使用者雇用律师的一项权利"，参见〔美〕劳伦斯·莱斯格：《免费文化：创意产业的未来》，王师译，中信出版社，2009，第287页。

断凸显出来。在笔者看来，由于失去作为判定侵权的合理依据，同时自身又面临难以克服的体系障碍，复制权作为著作财产权的权利基础正日益消减。构建以传播权为基础的著作财产权体系，并设计一种开放式的著作财产权限制制度，可以在著作权人、传播者、使用者之间相对公平、合理地分配利益。数字网络环境是对传播技术发展的必然延伸，它既方便使用者高效、高质地交流信息，同时又有助于降低作品交易的成本，给著作权人拓展知识产品的新兴市场提供有利契机。客观上，数字网络技术产生的影响是中立的，只不过利益主体的各自出发点不同，从而使各参与性主体过多地关注数字网络技术引发的消极影响，而忽视了它推动大众文化参与和开拓著作权人作品新市场的双向积极作用。虽然职业化转向大众化逐渐成为作品非法传播的一大趋势，但著作财产权体系的"大传播权"设计总体上在"集中化管理"[①] 模式下的网络环境中仍可以实现著作权人的主要利益诉求，即著作权法通过加大对非法"上传"（uploading）作品这一"公开再现"行为的控制和惩处，可以避免作品的肆意传播。概括而言，著作权人在网络环境下对作品传播的控制方式主要体现在两个方面：①直接追究内容提供者的侵权责任；②以违反"避风港"规则和"红旗"标准来追究网络服务提供商的连带（间接）侵权责任。[②] 另外，著作财产权体系的"大传播权"基础和开放式的权利限制设计，不以控制为个人使用目的之"下载"（downloading）行为作为著作财产权的权利作用"焦点"，故能够满足使用者必要空间内的信息接触和交往自由，进而有助于实现作品社会价值最大化的立法宗旨。

[①] 传统的网络信息传递建立在"集中化管理"模式（即所谓的"服务器端—用户端"模式）的基础上，这种模式下的信息传递必须将信息集中存储在一个主服务器上，服务器是信息传递的中枢系统，故服务提供商对信息的传递具有决定意义的控制权，著作权人追究网络服务提供商的共同（间接）侵权责任也是从这个意义上讲的。

[②] 所谓"避风港"规则，又称"通知—删除"规则，是指网络服务提供者在收到著作权人发出的通知，指称其管理或经营的网络中有侵犯其著作权内容，或有指向侵权内容的链接后，应立即移除侵权内容或断开链接，否则应作为帮助侵权者承担责任；所谓"红旗"规则，是指网络服务提供者即使没有收到著作权人发出的通知，如果其不可能不意识到自己存储或链接的内容是侵犯他人著作权的，也应当立即加以移除或断开链接，否则也应作为帮助侵权者承担责任。参见王迁：《网络环境中版权制度的发展》，载张平主编《网络法律评论》，北京大学出版社，2008，第85~115页；另见《中华人民共和国侵权责任法》第36条。

一 个人复制与传播的并合：P2P 技术下的个人使用纠结

随着 P2P（peer-to-peer，汉译"点对点""对等""同侪"等）技术的诞生及不断发展，网络逐渐实现从"集中化管理"模式到"分散式管理"的重大转变，这被视为"自电子邮件和万维网产生以来互联网上发生的最大革命"[①]。简言之，所谓 P2P，就是指通过文件直接交换以实现网络资源的共享，它弱化了网络传统意义上的服务器功能，使网络用户摆脱服务器的控制和约束，从而有效推动信息在网络中的自由传播。目前，P2P 作为一种网络技术，已被广泛应用于对等计算、文件共享、即时通信、流媒体播放等领域，如我国网民所熟悉的 BT、eMule 下载软件，QQ、Skype 即时通信软件以及 PPLive 流媒体播放软件等，都是 P2P 技术的典型代表。

到目前为止，P2P 技术主要经历了四个发展阶段，其中第一代 P2P 技术属于集中式结构，是指网络提供的所有资源都分别存放在客户端上，中央服务器只保留文件的索引信息，为注册用户提供共享和搜索文件的服务。[②] 简言之，这类 P2P 技术的主要特征包括主服务器集中式的文件存储列表和用户端分布式的文件内容传输系统。如果用户要想获取资源，必须向中央服务器发出搜索指令。中央服务器会根据文件存储列表将搜索资源的目标地址告知用户，再由该用户通过 P2P 软件直接从目标地址下载该资源。这类集中式结构的 P2P 软件包括 Napster、eDonkey 等。第二、三、四代 P2P 技术都属于分散式结构，即该系统无需中央服务器，P2P 自己附有搜索、链接功能。在分散式 P2P 技术结构中，用户之间的资源定位和传递无需经过中央服务器，即使中央服务器关闭，也不影响用户之间的资源共享。其中，第二代 P2P 技术的主要特征表现在用户端分布式的资源查询和传播结构上，但缺点也很明显，即这种分布式的对象搜索和路由需

---

① 王迁：《P2P 软件最终用户版权侵权问题研究》，《知识产权》2004 年第 5 期，第 9~13 页。

② 刘琳：《P2P 网络技术与版权的摩擦及出路》，载中国版权杂志社编《2010 青春与版权同行——第三届全国大学生版权征文获奖作品选》，中国人民大学出版社，2011，第 65~69 页。

要专门的传输指令协议，从而耗费大量的网络带宽容量，这类 P2P 软件包括 Kazaa、Gnutella、eMule 等。第三代 P2P 技术特征也表现在分布式的资源存储和搜索结构方面，但与第二代 P2P 技术相比，它实现了资源的直接传输功能，这种分散式结构被计算机领域称之为分布式的"哈希表"（Hash Table）。第四代 P2P 技术是一种支持流媒体实时播放的对等技术，它通过创建一种叠加型网络，从而有效支持流媒体数据包的交互式调度传输。华中科技大学创制的 PPLive 软件就是典型的第四代 P2P 技术软件。[①]

无论是集中式抑或分散式的 P2P 技术，都能使终端用户通过直接的网络传输来实现资源共享。就分散式的 P2P 技术而言，当计算机用户安装有 P2P 系统的软件并启动后，软件会自动链接到 P2P 网络，进而和其他在同一 P2P 网络的在线用户之间实现资源共享。[②] 用户如果想把自己拥有的文件和其他用户共享，将在计算机硬盘上设置一个 P2P "共享目录"的文件夹，把愿意向他人提供的文件存放在里面。同时，如果登录用户想获取资源，只需在 P2P 软件"搜索"栏中键入希望获取的文件名称或关键词，P2P 软件就会链接其他在线用户设置"共享目录"中与该用户需求相关的文件，自动显示出与搜索文件相匹配的可共享文件。用户根据该信息列表就可以将该资源轻松地下载到自己的计算机里。P2P 的另一技术特征还表现在资源共享设置上的隐蔽性方面。在 P2P 共享应用中，如果一台计算机配置成只下载文件，而不把自己的文件和别人共享，那么这台计算机叫作一个"节点"（Node）。如果这台计算机还能把自己的文件和别人共享，那么它就叫作一个"超节点"（Supernode）。因为超节点间的数据传送是加密的，所以要想发现谁在通过 P2P 软件实施资源共享活动以及哪些文件正在被共享是非常困难的。[③] 可见，当共享资源涉及受保护作品时，P2P 技术的自身特征使著作权人难以查清文件分享者的 IP 地址和身份。更突出的问题是，伴随比特流（BitTorrent，简称 BT）技术加入

---

① 本文对第二、三、四代 P2P 技术的简介主要参照百库文科对"P2P 对等网络"的释义，http://wenku.baidu.com/view/2126b1d7c1c708a1284a4444.html，最后访问日期：2013 年 6 月 30 日。

② 谢惠加：《网络版权帮助侵权与替代侵权规则初探》，《电子知识产权》2003 年第 12 期。

③ 韩赤风等：《中外著作权法经典案例》，知识产权出版社，2010，第 110 页。

P2P 共享行列以后，资源在用户之间的"点对点"传输呈现一种下载和传播的并合态势。比特流是一种内容分发协议技术，用户采用这种技术的下载方式和传统网络"集中式管理"模式下的下载方式明显不同，其主要原理是把提供下载的文件虚拟分成大小相等的块，并把每个块的索引信息写入"∗.torrent"文件中。下载时，客户端首先解析 torrent 文件得到 Tracker 地址，然后连接 Tracker 服务器。Tracker 服务器回应下载者的请求，向下载者提供其他下载者（包括发布者）的 IP 地址。这样，下载者就能连接其他下载者，用户之间再根据 torrent 文件向对方告知自己已有的块，然后交换彼此没有的数据。[1] 可见，比特流技术使资源在用户传输过程中呈现文件下载和传播行为交融一体的网状分布结构，它使下载的文件块自身就被自动设置成"共享文件"的传输节点之一，同时还使下载行为本身发挥着加速其他用户下载同一文件的传播协同功能。

P2P 不断更新的技术特征，使著作权人在追究侵权责任时面临着一种两难境地：首先，P2P 技术的不断发展，使任何人追踪资源分享者的 IP 地址和身份因成本高昂而变得极为困难。虽然著作权法给 P2P 服务提供商施加了一定的监管义务，但总体上并未将著作权人追踪文件分享者的 IP 地址和身份的执行成本完全转嫁给服务提供商，这一执法成本仍主要由著作权人承担。进一步讲，即使著作权人对文件分享者的 IP 地址和身份实现准确定位，由于非法传播作品的 P2P 用户承担侵权责任的能力有限，故也难以弥补著作权人因非法传播作品所造成的利益损失。其次，P2P 技术由资源存储列表的集中管理模式向完全分散模式的转变，使服务提供商与作品非法传播者之间的责任关联性被逐渐阻隔。如 Grokster 公司营运的 Kazaa Media Desktop 软件，即使关闭中央服务器，也不影响用户之间通过 Kazaa 软件进行独立的资源定位和传播。换言之，只要服务提供商履行必要的监管义务，不具引诱和帮助使用者实现非法传播作品的侵权责任构成要素，著作权人将难以追究网络服务提供商的法律责任。事实上，服务提供商往往将 P2P 资源共享技术作为吸引消费者的商业营运方式之

---

[1] 百度百科"BitTorrent"释义，http://baike.baidu.com/view/3460.htm，最后访问日期：2013 年 6 月 30 日。

一,可以获取广告、会员费等间接收益,而著作权人却因执行成本高昂和非法传播者无侵权赔偿能力而变得一筹莫展。最后,分散式 P2P 技术的不断发展,特别是比特流技术的引入,致使使用者在下载文件(可能是著作权的行为客体——作品)的同时,下载的文件自身可以被自动设置成"共享目录"文件,下载本身也将起到提高其他用户下载速度的传播协同作用。在这样的技术结构里,使用者的下载构成一种个人复制与传播的并合行为,即所有的 P2P 用户都可能构成非法传播作品的侵权主体。可见,随着传播技术的更新和不断发展,著作财产权体系的"大传播权"模式在 P2P 网络环境下将面临一种传播技术自身结构的背离式障碍,著作权法要实现对各参与性主体利益进行公平、合理分配依然面临困境。

二 侵权责任主体的指向转移:从营利性中间商到个人使用者

P2P 共享型网络环境下的"个人使用"逐渐呈现一种个人复制(数字下载)与传播并合的发展趋势,这与传统规范意义的"个人使用"内涵相比已发生实质变化。[①] P2P 技术作为一种资源分享型技术,其共享属性与著作权人通过控制作品传播所获取的利益实质之间,本身就存在一种分离式的结构性障碍。同时,分散式 P2P 技术的不断发展,又使服务提供商在传统第三人责任规则上与作品非法传播者之间的责任关联性被逐渐阻隔。在这种情况下,如果著作权人难以追究服务提供商的第三人责任,就会被迫将诉讼矛头转向个人使用者。由于个人使用具有重要的公共与个人价值,如鼓励学习、实现表达(信息接触)自由及推动大众文化参与等,如果法律将著作财产权的控制力延伸至任何使用者的日常行为当中,势必构成对著作权法社会福利最大化宗旨的背离。使用自由并不意味着使用免费,关键是看著作权法如何实现多元参与性主体之间的利益分配正义。面临数字困境,法律应考虑在多元参与性主体之间合理、公平分配利益的基础上,如何有效地实现著作权人的利益诉求,而并非是单向延伸和一味强化著作财产权的控制力,进而将著作权人的专有权触角延伸至每个

---

① 传统规范意义上的"个人使用"界定请参见本文第一章第三部分。

使用者的行为。然而，从欧美法律实践的发展态势来看，著作权人和立法者正逐渐将侵权责任主体的重心从间接责任者转移到个人使用者身上。

(一) 美国版权诉讼指向的责任主体扭曲——著作权利益集团由"维权"到"牟利"的诉讼策略转移

自20世纪70年代索尼家庭录像设备引入美国市场，就引起包括环球、迪士尼等电影公司的极度恐慌，继而向法院控告索尼公司侵犯著作权。经历漫长的诉讼拉锯战，联邦最高法院最终在争议中判定索尼公司制造的家庭录像设备Bebamax具有"实质性非侵权用途"，同时认定使用者对电视节目的"时移"录制行为构成著作权法上的合理使用，故索尼公司并不构成帮助侵权。① 索尼案的判决结果可以说是法院在权衡著作权人、使用者群体以及中间制造商三者利益之后做出的公共政策选择。出于对索尼案产生的深远影响的考虑，国会在版权产业利益集团的推动下，最终于1992年通过了《家庭录音法》，其重要内容之一就是设立强制补偿金，对生产数字录音相关设备的制造商征收法定的版权使用费，以弥补著作权人的利益损害。同时，该法明令著作权人不得向消费者提出侵权之诉。② 可见，立法者是想在索尼案判决给著作权人带来消极影响的背景下对各方利益进行合理、公平的重新配置。

数字网络技术特别是P2P技术的发展，给各参与性主体之间的原有利益格局带来巨大冲击。由于P2P技术条件下的作品传播张力，著作权人利益正遭受难以估量的损害。这种背景下，法律面临的新问题是应由谁为P2P资源共享环境下作品的肆意传播买单。在Napster一案中，第九巡回法院明确指出：使用者为了节省购买作品正版复制件的费用，大量、重复地对版权作品进行复制（下载），即使复制件并不用来销售，也将构成

---

① *Sony Corporation of America v. Universal City Studios, Inc.*, 464 U.S. 417 (1984).
② 该法案主要包括三部分内容：1. 要求凡在美国境内销售的数字录音设备都必须加装"连续复制控制系统"（SCMS），这一技术系统使消费者可以对原版录音带进行复制，但阻止对复制件的再复制操作；2. 设立强制补偿金，数字录音设备制造商必须缴纳法定的版权使用费，以补偿著作权人的损失；3. 禁止向消费者有关音乐制品的非商业性录制行为提起侵权诉讼。参见 Audio Home Recording Act of 1992, Pub. L. No. 102–563, 106 Stat. 4237。

一种商业性使用。① 然而仔细分析可知，由于该案是唱片公司针对服务提供商发起的诉讼，故法院在给个人复制（下载）的"商业性"定性时，是将 Napster 所有用户的整体"大量重复性"复制行为作为考查对象，并非是指单个使用者的下载行为。同时法院强调，Napster 用户将版权作品的数字化文件发送给匿名需求者的行为并不属于个人使用。② 在 Napster 用户构成侵权的基础上，法院判定 Napster 公司通过用户注册服务和文件检索服务，实质性地帮助 P2P 用户进行文件交换这一直接侵权行为，故构成"帮助侵权"。③ 同时，Napster 公司具有"监管用户行为的权利和能力"，又通过用户人气间接地获取广告等收益，故应承担"替代侵权"责任。④ 值得反思的是，当法院下达关闭 Napster 服务的禁令时，Napster 公司曾不止一次向原告提出愿以 10 亿美元的对价与唱片公司和解，同时承诺引入全新的收费"增值"服务，并愿意将服务收益的 80% 分配给唱片公司，希望原告能撤销终止被告服务的禁令。⑤ 这本可以在著作权人、使用者及营利性服务提供商之间实现利益上的互惠，然而原告坚决要求被告终止 Napster 共享服务的营运活动。2001 年 6 月 3 日，Napster 公司正式提交破产申请，其共享服务模式不得不成为历史的一段插曲。

然而，P2P 分散式技术的发展，使服务提供商根据传统第三人责任规则，可以有效地规避与 P2P 用户非法传播作品的使用行为之间的关联性，这种争议集中表现在 Grosker 一案中。在本案中，被告 Grosker 和 StreamCast 两公司宣称并未实质性地帮助用户对原告作品的侵权活动，同时因被告不具备监督用户行为的权利和能力，故不应承担"帮助侵权"和"替代侵权"的间接侵权责任。换言之，如 Grokster 公司营运的 Kazaa Media Desktop 软件，即使 Grokster 公司关闭中央服务器，也不影响用户之间通过 Kazaa 软件进行独立的文件搜索和传输。对此，原告则坚持认为被

---

① *A & M Records, Inc. v. Napster*, 239 F. 3d 1004, 1015（9th Cir. 2001）.
② *A & M Records, Inc. v. Napster*, 239 F. 3d 1004, 1015（9th Cir. 2001）, p. 1015.
③ *A & M Records, Inc. v. Napster*, 239 F. 3d 1004, 1015（9th Cir. 2001）, p. 1022.
④ *A & M Records, Inc. v. Napster*, 239 F. 3d 1004, 1015（9th Cir. 2001）, p. 1023.
⑤ 〔美〕威廉·W. 费舍尔：《说话算数：技术、法律以及娱乐的未来》，李旭译，上海三联书店，2008，第 101~102 页。

告有义务利用新出现的过滤技术，使被告分散式 P2P 软件运行时屏蔽掉享有版权的作品。一、二审判决从传统第三人责任规则出发，支持了被告的主张。第九巡回上诉法院在二审中进一步指出：原告混淆了"监督侵权行为的权利与能力"和"负有监督责任者应履行的义务"这两个概念，"一个具有监督他人能力的人有义务最大限度地使用其监督能力，但不具备这种监督能力的人并无义务去获取这种能力"，① 故被告不构成帮助和替代侵权。原告对判决不服，继而向联邦最高法院提起上诉。最高法院在对著作权人和服务提供商的利益进行重新平衡的基础上，认为索尼案的"实质性非侵权用途"标准并非判定营利性中间商构成"帮助侵权"的唯一标准，而仅为标准之一。同时，最高法院认为"实质性非侵权用途"标准的适用应满足一个前提条件，即除了产品或服务可能被实际用于侵权行为之外，没有其他证据能够表明营利性中间商有意教唆和引诱他人侵权。② 以此为理论基础，最高法院认为，被告两家公司虽然没有实质性帮助用户对原告作品实施侵权行为，但都宣扬自己的 P2P 软件是"Napster 软件的最佳替代品"，并采取多种措施争取 Napster 的前用户，这表明两被告具有引诱、唆教用户侵权的主观意图；而两被告虽未直接向用户收费，却可以通过嵌入 P2P 软件的广告获取间接收益，使用该软件的用户越多，被告的广告收益就越多。是故，最高法院最终判定被告采取积极措施引诱、鼓动和唆使他人从事直接侵权行为，故应承担帮助侵权责任。③ 然而，最高法院在本案中仅认定被告通过 P2P 软件获取广告收益是"值得注意的重要证据"，并未承认仅依据商业收益就能推导出被告帮助侵权的非法意图。另外，被告未试图开发过滤技术以阻止作品非法传播的事实，也只是"增强了对非法意图的证明力"。④ 由此可知，营利性中间商的非法意图仍需除营利性收益和开发过滤工具之外的事实证据来佐证。换

---

① *MGM Studios, Inc. v. Grokster, Ltd.*, 2004 U. S. App. LEXIS 17471 at 28 - 29 (9th Cir 2004).
② 王迁：《P2P 软件提供者的帮助侵权责任——美国最高法院 Grokster 案判决评析》，《电子知识产权》2005 年第 9 期。
③ *MGM Studios, Inc., v. Grokster, Ltd.*, 545 U. S. 913 (2005).
④ *MGM Studios, Inc., v. Grokster, Ltd.*, 545 U. S. 913 (2005), p. 920；王迁：《P2P 软件提供者的帮助侵权责任——美国最高法院 Grokster 案判决评析》，《电子知识产权》2005 年第 9 期。

言之，最高法院对营利性中间商的第三人责任边界仍未加以明确，如果被告 Grosker 和 StreamCast 两公司今后仍然向用户免费提供分散式 P2P 软件，同时仍然通过在软件中设置广告进而盈利，只要不对 P2P 软件的侵权功能做任何诱导式宣传，法院就难以认定被告具有非法侵权意图，进而不得不适用索尼案中的"实质性非侵权用途"标准，而这为营利性中间商轻松规避帮助侵权责任预留了极大空间。

传统第三人责任规则的缺陷，使著作权利益集团发现很难追究分散式 P2P 服务提供商的间接侵权责任，于是它们将诉讼的矛头转向个人使用者。根据英美法"证据开示"（Discovery of Evidence）的披露规则，著作权利益集团有权要求营利性中间商提供侵权用户的服务器记录清单和 IP 地址。由于害怕与用户侵权行为之间产生瓜葛，服务提供商一般都会妥协。因《家庭录音法》的使用者免诉规则并未澄清是否可以适用于网络环境下的个人使用，美国唱片产业协会（RIAA）自 2003 年开始向网络用户发起大规模诉讼。仅到 2006 年上半年，RIAA 已向两万多个网络用户提起诉讼，而这两万多个用户大多数仅为下载数字音乐作品的青少年，甚至还包括一名 12 岁的小女孩。[①] 面对诉讼威胁，由于考虑到高昂的诉讼成本，绝大多数用户不得不选择接受著作权利益集团的庭外调解，以支付从两千至上万美元不等的无理赔偿金额来结案。[②] 这一诉讼策略产生的效果出乎 RIAA 的预料，反而激励了 RIAA 继续发动针对个人的大规模诉讼。眼见有利可图，美国电影协会（MPAA）也跟随 RIAA 加入到对网络用户的大规模诉讼当中。直到 2007 年，一名被控当事人拒绝私下赔偿结案，才有了美国首例针对个人用户侵权诉讼的法院判决，这就是引起社会广泛关注的托马斯案。本案原告是 RIAA 及百代－国会、索尼－贝图斯曼、环球、华纳兄弟等 6 家唱片公司，他们指控被告托马斯（Jammie Thomas）

---

① Jefferson Graham, "RIAA Chief Says Illegal Song-Sharing 'Contained'," *USA Today*, June 13, 2006, at B1, available at http：//www.usatoday.com/tech/products/services/2006－06－12－riaax.htm，最后访问日期：2012 年 1 月 30 日。

② 在 RIAA 看来，2000 美元是对 12 岁纽约小女孩 Brianna LaHara 侵权行为的巨大宽容，而这名小女孩自称仅下载了一首《如果你感到高兴你就拍拍手》。最终，美国 P2P 音乐贸易协会宣布为这名小女孩代交罚款。http：//www.dzwww.com/xinwen/it/200309120832.htm，最后访问日期：2013 年 6 月 30 日。

未经许可从网上下载了 1702 首原告享有著作权的音乐作品，并向其他网民提供下载。由于该案引起社会的广泛关注，法院采用了陪审团形式的特殊审判机制。法院将诉讼焦点集中在原告拥有证据证明被告通过 Kazaa 共享软件下载及非法传播的 24 首歌上。结合陪审团的事实认定，法院认为被告将原告 24 首歌设置成"共享目录"文件以提供给他人下载已构成了作品"发行"①，这种"发行"并不以"事实发行"（actual distribution，即他人获取作品的现实结果）作为前提，只要求被告实施了向他人"提供"作品的行为。② 换言之，被告在未经许可的情况下，将原告作品通过 P2P 网络提供给他人下载，构成对原告发行权的侵权行为。值得注意的是，陪审团虽然认定被告构成对原告复制权的侵害，但对被告下载行为的侵权责任认定方面却存在一定模糊性，甚至刻意回避这个问题。诚如主审法官戴维斯（Michael J. Davis）所言：

> 无论是从陪审团关于原告复制权还是发行权的指导意见（jury instruction）来看，都难以明确陪审团是否裁定托马斯应对侵害原告的复制权承担法律责任……另外，即使托马斯对侵害原告的复制权应承担责任，陪审团是否就认定适用同样高的法定赔偿金额，法官对此不得而知。③

主审法官对这一问题的意见也未置可否，仅强调被告违反版权法第 106 条授予原告复制权和发行权的相关规定，虽然被告的动机只是为了获取免费音乐，但已构成对原告作品的"偷窃"（stealing）和"非法发行"（illegally distributing）。④ 尽管本案关注点集中在被告是否因向他人"提

---

① 美国版权法中的"发行权"吸纳了大陆法系的信息网络传播权，与我国学界通说理解的"发行权"不同。

② *Virgin Records Am., Inc. v. Jammie Thomas*, 2007 U. S. Dist. LEXIS 79585（D. Minn., Oct.1, 2007）；*Capitol Records, Inc. v. Jammie Thomas*, 579 F. Supp. 2d 1210, 2008 U. S. Dist. LEXIS 84155（D. Minn., 2008）.

③ *Capitol Records, Inc. v. Jammie Thomas*, 579 F. Supp. 2d 1210, 2008 U. S. Dist. LEXIS 84155（D. Minn., 2008）.

④ *Capitol Records, Inc. v. Jammie Thomas-Rasset*, 680 F. Supp. 2d 1045, 2010 U. S. Dist. LEXIS 5049（D. Minn., Jan. 22, 2010）.

供"（Making-Available）作品而侵害了原告的发行权，但从法院判决能够推知，被告同时侵犯了原告的复制权和发行权，法定赔偿数额的认定虽主要考察的是发行行为的成立及影响，但依然可以被理解成被告对侵犯原告复制权和发行权承担的整合责任。这一模糊性为著作权利益集团大规模起诉仅实施网络下载的个人使用者埋下伏笔。值得注意的是，由于著作权侵权责任是以作品单数来确定法定赔偿额，法院根据陪审团的首次指导意见，判定托马斯承担24首歌曲共计222000美元的法定赔偿金。① 被告不服提出重审动议，陪审团的第二次指导意见反将法定赔偿金追加成1920000美元。被告托马斯以法院判决违反宪法"正当程序原则"（Due Process Clause）为由多次提起动议申请。至2011年7月，主审法官最终推翻陪审团第三次指导意见中的处罚金额，将被告法定赔偿金由1500000美元降至54000美元。② 总体而言，该案为个人下载构成著作权侵权行为且可能承担法定赔偿责任奠定了基础，从而进一步鼓励著作权利益集团实施针对个人用户的"牟利"型诉讼策略。据美国TorrentFreak网站报道，仅2010年这一年时间内，美国就有将近20万人因使用P2P软件下载文件受到电影、唱片等公司的起诉。③ 著作权法不再是合理、公平分配利益和实现社会福利最大化的有效手段，反倒成为著作权利益集团实现私欲、针对千百万名青少年发动"反盗版战争"的攻击性武器。

（二）针对网络用户的"三振"规则——以法国HADOPI法案为分析对象

数字网络技术特别P2P技术的迅猛发展，冲击了既定的著作权利益格局，引发了著作权人、网络服务提供商及使用者之间的权力角逐。为了应对这种困境，一些国家从著作权人的利益本体出发，旨在提高著作权保护的效率、降低著作权保护的执行成本，进而考虑采用一种"渐进式回

---

① 根据美国版权法第504条规定，每部作品侵权行为的法定赔偿限额为750美元至150000美元。参见 Copyright Law of the United States and Related Laws（2009）Contained in 17 U.S.C. §504.（c）.

② *Capitol Records*, *Inc. v. Jammie Thomas-Rasset*, 2011 U.S. Dist. LEXIS 85862（D. Minn., Jul. 22, 2011）.

③ 数据来源 http://it.sohu.com/20110810/n315960017.shtml，最后访问日期：2013年6月30日。

应"(Graduated Response)的"三振"(Three-Strikes)规则。① 可以说,"三振"规则是一种旨在有效实现著作权利益的"快车道"(fast-track)执行程序。目前在著作权法中采用该规则的国家仅包括法国②、英国③、韩国④、新西兰⑤等少数几个,其中尤以法国的"HADOPI"⑥反盗版法对全球著作权制度的未来发展趋势影响最大,备受世人关注。

法国是尝试运用"三振"规则这一"快车道"执行程序以有效保护网络著作权的首个国家。为了应对数字网络环境下的著作权困境,法国于2007年专设了负责以数字权利管理方式来规范数字媒介传播的"技术措施执行机构"(ARMT)。同时,法国还修改了相关立法,既规定服务提供商有通过互联网过滤技术以防止非法传播作品的义务,还加大了对著作权直接侵权行为的处罚力度,如将罚金限额上调至30万欧元,同时将监禁时限上调至3年。2007年11月,在无公共利益代表参与的情况下,法国政府与著作权产业、法国网络服务产业经过长时间的协商,达成了一项"爱丽舍协议"(Elysee Agreement),法国政府承诺在不久的将来制定一部专门针对网络侵权的反盗版法。⑦ 随后,法国政府紧锣密鼓地制定出一份名为《推动网络作品传播和保护法》的法案,即备受世人关注的"HADOPI"法案。根据该法案的相关规定,著作权法将专设"网络作品

---

① "三振"规则来源于足球运动。在足球比赛中,当裁判发现运动员有粗暴犯规行为时,会首先向该运动员提出口头警告;当运动员第二次犯规,裁判给予黄牌警告;如果运动员再次犯规,裁判会将运动员直接红牌罚下。参见 Electronic Frontier Foundation, "European ACTA Negotiatiors Reject 'Three Strikes' Moniker"(2010), http://www.eff.org/deeplinks/2010/04/european-acta-negotiators-reject-three-strikes,最后访问日期:2013年6月30日。
② Bill supporting the diffusion and the protection of creation on Internet of France(2009),《法国知识产权法典》L. 331-25, L. 335-7. 参见《十二国著作权法》翻译组译:《十二国著作权法》,清华大学出版社,2011,第110~111、121~122页。
③ See Digital Economy Act of U. K..(2010), §124A-124N.
④ 《韩国著作权法》(2007)第133条,参见《十二国著作权法》翻译组译:《十二国著作权法》,清华大学出版社,2011,第541~543页。
⑤ See Copyright(Infringing File Sharing)Amendment Act of N. Z.(2011), No. 11. §92A.
⑥ "HADOPI"是执行该法的专门机构(网络著作传播与权利保护高级公署)的法文简称,即"Haute Autorité pour la Diffusion des Œuvres et la Protection des Droits sur Internet"。
⑦ Jane K. Winn & Nicolas Jondet, "A New Deal for End Users? Lessons From a French Innovation in the Regulation of Interoperability," *Wm&Mary L. Rev.* 51(2009):547.

传播与权利保护高级公署"（即 HADOPI）这样一个行政机构，以专门负责网络盗版侵权行为的监督、裁决与执行任务。HADOPI 法案设计的"三振"内容主要表现在以下三个步骤：①当 HADOPI 发现网络用户存在对他人作品的网络侵权行为，将侵权用户的 IP 地址告知网络服务提供商，网络服务商有义务以电子邮件的形式向侵权用户发送警告函，即所谓的"第一振"；②如果在首振之后的 6 个月内，同一用户再次发生相类似的侵权行为，HADOPI 将向用户发送加盖印章的警告通知，提示用户可能承担的法律责任，即"第二振"；③如果该用户的侵权行为持续发生，根据该法案的相关规定，HADOPI 作为主管行政机构将有权采取"直接断网"的制裁措施，即"第三振"。

在法国政府和产业利益集团的积极推动下，"HADOPI"法案最终于 2009 年 5 月在法国国民议会上艰难通过。① 有意思的是，法国参议院仅在国民议会通过的第二天就戏剧性地批准了该法案。② 然而至 6 月 10 日，宪法委员会宣布该法案因违反宪法而无效，违反的内容主要包括宪法赋予公民作为基本人权的"传播、表达自由"（freedom of communication and expression）以及"无罪推定"（presumption of innocence）原则。③ 宪法委员会认定"HADOPI"法案弱化了著作权法旨在平衡利益的一些主要原则，而这些原则与《欧盟保护人权和基本自由公约》以及《欧盟电信管理规约》的立法精神协调一致，都涵括公民信息服务的使用和接触自由。④ 正如《欧盟电信管理规约》（2009/136/EC）规定：

> 成员国对终端用户通过电信网络实施的接触和使用行为所采取的

---

① 事后媒体透露，法国著作权利益集团向国民议会提交的由 10,000 名艺术家签名的请愿书存在造假现象，其中大多数艺术家的签名是编造的。详情参见 http://www.lexpress.fr/actualite/high-tech/HADOPI-couacs-autour-de-la-petition-des-10-000-artists_754193.html，最后访问日期：2013 年 6 月 30 日。
② Eldar Haber, "The French Revolution 2.0: Copyright and the Three Strikes Policy," *Harvard Journal of Sports & Entertainment* 2 (2010): 305.
③ See Conseil Constitutionnel [CC] Decision No. 2009-580DC.
④ Nicola Lucchi, "Regulation and Control of Communication: The French Online Copyright Infringement Law (HADOPI)," *Max Planck Institute for IP and Competiton law Research Paper No. 11-07*, May 2011, pp. 9-10.

相关措施，应尊重由《欧盟保护人权和基本自由公约》和共同体法所保障之自然人的基本权利和自由。①

宪法委员会决议认定"HADOPI"法案违宪主要包括三个方面：第一，该法案规定的行政执行程序缺乏对侵权行为认定的公平审判机制。依法案规定，HADOPI作为一个独立的行政机构有权决定对用户直接断网，无需法官对侵权事实的评估，而这可能会剥夺用户无罪推定和要求听证、申辩的基本权利和自由。②换言之，宪法委员会认为，由于网络侵权制裁"并不限于特殊类型的人群，而是延及所有公众"，该法案将处罚裁量权授予一个不具备司法性的权力机构明显违背了三权分立原则，将"过度扩张该机构的权力范围"，进而可能对宪法保障公民的基本权利构成直接影响。③第二，该法案设置的"快车道"执行机制有可能违反宪法规定的无罪推定原则。同一台计算机有可能被不同人使用，同一IP地址也可能被匿名使用或被不同人使用，以此推定侵权人身份可能会出现错误，且可能涉及个人隐私安全问题。同时，"三振"规则这一"快车道"执行机制仅依据客观的网络事实行为作为认定标准，无法探知使用者的行为意图，这很可能会剥夺被指控用户的合理使用抗辩权。比如，某人出于非营利性的学术研究目的，下载了具有著作权的作品，而根据"三振"规则，使用者的下载行为依然会被视为侵权行为。可见，法案有必要遵循无罪推定原则，依宪法"正当程序"（due process）条款给予侵权嫌疑人进行听证、申辩的机会。④第三，该法案可能妨碍公民的网络传播和接触自由。决议认为网络传播和接触自由对公民参与民主生活和实现表达自由具有重要意义，同时承认网络接触自由对推动知识学习以及教育具有积极保障作用，而法案采取的措施有可能造成对公民宪法自由进行妨碍的利益失衡，应设法协调好表达自由与财产权之间的利益平衡关系。⑤

---

① See Dir. 2009/136/EC, §1 (3).
② See Conseil Constitutionnel [CC] Decision No. 2009-580DC, para. 6-16.
③ See Conseil Constitutionnel [CC] Decision No. 2009-580DC, para. 16.
④ See Conseil Constitutionnel [CC] Decision No. 2009-580DC, para. 27.
⑤ See Conseil Constitutionnel [CC] Decision No. 2009-580DC, para. 12, 14-15.

2009年10月22日，宪法委员会公布了修改后的"HADOPI"法案（即HADOPI 2），该法案于2010年1月正式生效。依"HADOPI"修订法的相关规定，网络侵权制裁必须经过司法裁决程序才能执行。新法强调，在是否实施断网处罚及断网时间的认定方面，法官既应考虑侵权行为的环境和危害程度（如有必要对传播和单纯的下载行为进行区分），也应考虑侵权人的身份特征，包括职业、社会和经济条件。同时，在断网时间认定上，法官应综合衡量知识产权保护和信息表达、接触自由，尤其应斟酌用户在家庭内使用的私域特性。[①] 可见，修改后的"HADOPI"法依然回归至该法制定前的起点，非但使著作权产业集团和法国政府旨在提高执行效率、节约执行成本的立法初衷完全落空，而且使"三振"规则由一种威慑机制转化成一套烦琐的执行程序。根据统计，法国目前每天向使用者发送的电子邮件警告函近2000件，而实际上网络下载用户的数量远非如此。HADOPI甚至都预计将每天发送的电子邮件警告函增至10,000件。[②] 在笔者看来，以"HADOPI"法为代表的"三振"规则是法国政府强化著作权人对使用者行为控制的一种尝试，它旨在延伸著作财产权的控制力，重组著作权人与使用者之间的利益分配格局。进言之，即使著作权人、营利性中间商和使用者之间的利益格局因技术发展而应做出适当的调整，政策制定者也应充分考虑各参与性主体之间的利益合理分配问题，而不能一味以著作权产业集团的权利扩张为本位，偏离应有的公平正义立场。然而，伴随数字网络特别是P2P技术的不断发展，问题究竟又应如何解决？

三　P2P网络环境下的合作协调机制构想

著作财产权绝非个人主义本位的独占性支配权。从个人主义本位的思维逻辑来看，著作权人思考"我与他人"的关系时一直使用的是"我"的主体观念，即以"我"（或产业利益集团的"我们"）作为中心，试图以"我"的知识话语、游戏规则和价值标准把"与我异者"改造并重组

[①] See HADOPI 2 (2010) §7.

[②] Nicola Lucchi, "Regulation and Control of Communication: The French Online Copyright Infringement Law (HADOPI)," *Max Planck Institute for IP and Competiton law Research Paper No.11-07*, May 2011, p.25.

为"与我同者"。① 而事实上，他者是一个无论如何无法被"我"的主观性所消化的外在绝对存在，即主观性（subjectivity）难以化解掉他者性（otherness），如使用者群体针对著作权人的权利扩张和控制力延伸，会表现出一种集体反抗或不合作。如果想妥善解决著作权法所面临的困境，则必须以"我"与"他者"之间的"关系"为分析条件，强调遵循"无人被排挤"原则的一种普遍价值。这种普遍价值旨在实现最大限度的共同幸福。由于每个人的幸福都取决于他者并建立在公共认同的基础之上，故幸福实际上是一个关系问题。进言之，幸福的普遍价值关注"共在先于存在"以及"关系改变存在"，必须落实为一种能够促进共同幸福的"合作关系"。② 在厘定著作财产权的价值基础时，不能仅以著作权人的单向利益诉求作为衡量本体，而应以各参与性主体之间的"合作关系"作为利益实现的落脚点。作为一种利益配置机制，著作权法应以协调多元参与性主体之间的利益合理、公平分配作为政策衡量的基础，这样才能使推动作品创造和传播的社会福利最大化目的得以实现。遵循这一思路，P2P网络环境下的著作权困境才有可能由排异性的"零和"博弈现状转化成互利共赢的合作协调局面。

（一）"强制许可"补偿金机制

网络环境下一味延伸著作财产权的支配性控制力，著作权人将不得不支付如数字权利管理措施、侵权诉讼等高昂的执行成本，同时又对使用者的接触和创造性行为追加了额外的成本和风险，而这明显违背著作权法旨在实现社会福利最大化的根本目的。面对P2P网络环境下的著作权困境，费舍尔（William W. Fisher）和内坦尼尔（Neil Weinstock Netanel）都尝试构建一种"强制许可"（compulsory licensing）补偿金的合作协调机制。

费舍尔建议音乐和影视作品的著作权人到国家版权局登记并获得特定的登记号码，著作权人将该号码嵌入作品的数字化文档当中，这样版权局就可以通过对数字录制设备、数字存储设备以及网络接入服务征收特别税，并通过对该登记号码嵌入的数字文档使用记录来确定作品被传播和使

---

① 赵汀阳：《每个人的政治》，社会科学文献出版社，2010，第62页。
② 赵汀阳：《每个人的政治》，社会科学文献出版社，2010，第82~83页。

用的频率,然后按使用情况来分配税收。费舍尔认为,这种体系可以为消费者节省支出成本,使消费者更便捷地分享信息,同时又有更多参与创作过程的机会。对于著作权人来说,这一税收体系可以使他们具有稳定的收入来源,且不必支出保护著作权的高昂执行成本。对于产品或服务提供商来说,则不必担心著作权人的诉讼,可以消除著作权对产品或服务开发的种种限制,从而有利于传播技术的进一步研发。对整个社会而言,将使著作权制度的实施成本急剧下降,同时消弭公众因缺乏集体认同而普遍违法的失常现象。[1]

内坦尼尔提倡的强制许可补偿金模式则建立在征收"非商业使用税"(noncommercial use levy)的基础上。在内坦尼尔看来,"非商业使用税"的征收机制应遵循以下三个原则:①该机制是在未支出著作权保护实施成本的前提下,合理地实现著作权人的利益回报;②该机制应是一种高效且相对公平的利益分配机制;③该机制遵循技术中立原则。[2] 在此基础之上,内坦尼尔认为"非商业使用税"的征税对象既应包括 P2P 软件以及服务的提供商,还可以包括网络服务提供商、与作品使用相关的计算机硬件和电子设备(比如光盘刻录设备和 MP3 播放设备等)制造商。根据产品、服务与 P2P 共享活动的关联性差异,征收的税费也应不同,即产品、服务与 P2P 的关联性越大,税费应越高。另外,"非商业使用税"应采用一种适中的计费标准,不能完全按市场交易原则来确定对著作权人的补偿费用,而应兼顾社会价值,实现对各参与性主体之间利益的公平、合理分配。[3] 换言之,"非商业使用税"是一种为实现各主体"合作关系"而达到的相互妥协。

在内坦尼尔看来,P2P 对著作权人作品有形载体的发行市场利益并非都构成完全的替代性损害。首先,P2P 资源共享模式可能有利于提高作品硬拷贝件(有形载体)的销售量甚至扩大著作权人的其他利润市场。用

---

[1] 〔美〕威廉·W. 费舍尔:《说话算数:技术、法律以及娱乐的未来》,李旭译,上海三联书店,2008,第 181~236 页。
[2] Neil Weinstock Netanel, "Impose a Noncommercial Use Levy to Allow Free Peer-to-Peer File Sharing," *Havard Journal of Law & Technology* 17 (2003): 36.
[3] Neil Weinstock Netanel, "Impose a Noncommercial Use Levy to Allow Free Peer-to-Peer File Sharing," *Havard Journal of Law & Technology* 17 (2003): 43-44, 46.

户通过P2P试听单曲后，很可能购买同一艺人的音乐专辑。同时，当用户通过P2P挖掘出新人以后，很可能会带动著作权人的现场表演、发行及其他商业模式的开发。① 可见，新传播方式的诞生并非都会替代作品的传统发行和利用方式，而是扩大了作品的利润市场空间。其次，内坦尼尔认为"非商业使用税"应补偿的是著作权人作品之硬拷贝件发行市场的净收入损失，而不应涵括硬拷贝件的生产、包装、发行、零售等成本费用，故不应以"一对一"的硬拷贝件单价损失来计量补偿费用。再次，随着传播技术的不断发展，著作权人的市场开发导向自身会发生重大转变，即作品的硬拷贝件发行市场会随着环境的变化而逐渐转移至数字发行市场，硬拷贝件的生产数量势必会有所降低，故不能认为硬拷贝件销售市场份额的降低都是由P2P网络共享模式造成的。最后，在内坦尼尔看来，"非商业使用税"旨在合理补偿数字化传播给著作权人造成的损失，而并非是为了完全抵消硬拷贝件市场的收益，这是因为传播技术带来新利润的市场空间已抵消硬拷贝件销量降低的主要利润损失，同时著作权产业集团也不应将传统硬拷贝件市场旨在实现卖方寡头利益的寻租性垄断无限制地延伸至数字环境。②

对于强制许可补偿金机制是否具备充足的资金来源这一问题，内坦尼尔认为，补偿金旨在合理弥补P2P网络分享模式给著作权人造成的直接损失，由于"非商业性使用税"是实现各方"合作关系"所达到的相互妥协，同时征税对象较广，故可以基本实现P2P对著作权人造成的直接替代性损失。③ 另外，补偿费用的统一征收有可能造成"交叉补贴"（cross-subsidization）现象，如有人可能购买计算机硬件、光盘刻录设备、空白光盘仅用来存储自己的作品文档，这对征收转嫁后的实际承担者——使用情形不同的消费者而言，可能会造成不公平的现象。对这一问题，内坦尼尔认为应从以下几个方面理解：首先，使用者能从强制许可补偿金机

---

① 据统计，这种包括巡回演出、音乐会等额外的市场利润份额约占唱片公司利润总额的40%，参见 In a Spin, *The Economist*, Feb. 27, 2003。
② Neil Weinstock Netanel, "Impose a Noncommercial Use Levy to Allow Free Peer-to-Peer File Sharing," *Havard Journal of Law & Technology* 17（2003）：51。
③ Neil Weinstock Netanel, "Impose a Noncommercial Use Levy to Allow Free Peer-to-Peer File Sharing," *Havard Journal of Law & Technology* 17（2003）：60。

制获取实实在在的好处。相对于著作财产权的支配性控制机制而言,强制许可补偿金模式将使 P2P 使用者通过支付少量的"非商业使用税"就可以获取一种法定"特权"(privilege),使用者可以通过 P2P 共享模式自由地获取和分享信息,无需担心著作权人的侵权诉讼。其次,消费者的行为和价值在某种意义上是内生性的,支付"非商业使用税"将可能使下载和分享资源少的使用者转变成利用率高的 P2P 分享者。最后,可以通过对补偿金机制的设计安排来减少"交叉补贴"现象。例如,可以按照影响信息传播和下载速度的网络带宽的容量差异,分别收取不同标准的补偿费用,又如高宽带网络用户的信息传播和下载速度较快,相对低宽带用户而言,就应征收相对较高的"非商业使用税"。①

内坦尼尔(包括费舍尔)试图构建的是一种政府运作的补偿体系,执行起来相对高效,但同时也可能导致行政性征收主体(如国家版权局)在"非商业使用税"征收中的自由裁量权过大,从而引发过度的权力寻租问题。然而,内坦尼尔构想的强制许可补偿金机制虽然在细节方面还存在不少问题,但它为我们实现各参与性主体互利共赢的合作协调局面提供了一种可资借鉴的模式选择。

(二)"自愿集体许可"机制

"自愿集体许可"(voluntary collective licensing)机制最早由"电子前沿基金会"(Electronic Frontier Foundation,简称 EFF)提出。② 在这种机制下,使用者只要每个月支付固定金额的较少费用(如 EFF 设想的 5 美元/月),就可以运用 P2P 自由分享包括版权作品在内的信息资源。对此,使用者可以根据对 P2P 分享的自身使用情况来决定是否支付这笔费用。一旦支付,使用者就可以获取一种 P2P 网络分享环境下的法定"特权"。如果拒绝支付这笔费用,使用者再继续分享 P2P 资源就很可能面临著作权人的诉讼威胁。就著作权人而言,也将有是否加入集体管理组织的选择权,一旦加入集体管理组织,就意味着著作权人承诺由集体管理组织代收

---

① Neil Weinstock Netanel, "Impose a Noncommercial Use Levy to Allow Free Peer-to-Peer File Sharing," *Havard Journal of Law & Technology* 17 (2003): 67–73.

② Gervais, "The Price of Social Norms: Towards a Liability Regime for File-Sharing," *Journal of Intellectual Property Law* 12 (2004): 73.

补偿金而放弃对使用者 P2P 共享行为的诉权。著作权人也可以选择放弃加入，即采取所谓的"选择退出"（opt-out）方式，进而保留著作财产权的支配性控制力。①

学者李特曼积极支持运用"自愿集体许可"机制来缓解当前的 P2P 网络共享困境，但她构想的"自愿集体许可"机制在理念方面与 EFF 不同。在李特曼看来，随着 P2P 分享技术的不断发展，网络环境下的著作权制度应注重实现以下三个目标：①应尽量避免著作财产权的权利重叠许可现象，简化网络环境下的授权许可方式。②鼓励网络环境下的信息分享自由，但应采取有偿的合作协调机制。同时，允许但不鼓励著作权人在网络环境下继续以"囤积"（hoarding）的方式控制他人对作品的使用。③著作权制度不应过分限制网络服务提供商的技术和市场开发，应鼓励新传播服务方式的拓展和进步。② 可见，李特曼旨在设计一种鼓励但不强制著作权人允许他人通过 P2P 分享版权作品的体系架构。

在"自愿集体许可"机制的征收主体问题上，李特曼认为由政府机构担当补偿金的征收主体，很可能使政府出于权力寻租的目的对补偿费用标准进行过度干预。相对而言，由著作权人的集体管理组织来代收补偿金，将是一种更好的选择。然而，李特曼承认集体管理组织的最大问题是"它在收取费用的时候比分配、支出费用时更为踊跃"，这就需要制定法律来对集体管理组织进行必要监督，以提高财务收支状况的透明度。③ 在补偿金征收方面，李特曼认为主要有两种途径可供选择：一种方式是向使用者直接收取固定金额的"通用许可"（blanket license）使用费，另一种方式是向与 P2P 资源共享模式相关的产品或服务提供商收取一定的费用。在李特曼看来，作品投资商和原始创作者之间存在着严重的劳动剥削和被剥削现象，故"自愿集体许可"机制无论采用哪种费用征收方式，收取的费用都应最大限度地补偿作品的原始创作者，而剔除不必要的间接环节

---

① Electronic Frontier Foundation（E. F. F.），"A Better Way Forward: Volunttary Collectuive Licensing of Music Sharing（2004），" available at http://www.eff.org/share/collective_ lic_ wp.pdf，最后访问日期：2013 年 6 月 30 日。
② Jessica Litman，"Sharing and Stealing，" *Hastings Comm. & Ent. L. J.* 27（2004）：39。
③ Jessica Litman，"Sharing and Stealing，" *Hastings Comm. & Ent. L. J.* 27（2004）：39 – 40。

的投资商。① 这样的话,"自愿集体许可"机制既能解放 P2P 使用者,使他们在不受著作权人控制的基础上自由地分享信息资源,同时又能实现著作权人特别是原始创作者劳动付出的必要回报。

李特曼构想的"自愿集体许可"机制的最大特征就是允许但不鼓励著作权人通过"选择退出"方式来控制对作品的使用行为,从而实现"自愿集体许可"体系内的作品"分享"(sharing)模式与著作专有权控制的作品"囤积"(hoarding)模式的双轨并存与竞争。② 在"自愿集体许可"机制中,如果著作权人没有做出明示的"选择退出"(opt-out),推定著作权人默示许可加入"分享"体系。在李特曼看来,著作权人是否选择退出对使用者分辨是否可以分享版权作品至关重要,如果著作权人决定采用"选择退出"的"囤积"模式,就有义务使 P2P 网络使用者简便、明晰地掌握其作品不允许被自由分享的信息。是故,"选择退出"应符合明示的程序要件形式。李特曼将"选择退出"的明示方式分为三种:①著作权人以公示的形式做出"权利保留"声明,进而选择事先退出"自愿集体许可"机制;②当著作权人选择"囤积"模式且发现未经许可的网络侵权行为之后,有告知使用者的通知义务,即向 P2P 使用者及时表明自己是退出"分享"模式的权利人;③建议将作品的权利管理信息转化为一种单一的数字文件格式,如"*.drm",这样 P2P 使用者在网络资源分享过程中就能及时了解该文档是否属于退出"分享"模式的版权作品。③ 可见,"自愿集体许可"机制的最大好处就是采取一种实用主义的双轨并存方式,由著作权人根据自身情况来决定是否加入 P2P 分享模式。一旦著作权人选择退出,将视为放弃"分享"模式收取的任何补偿费用。只要法律和技术体系被优化为信息分享型结构,允许著作权人选择退出并不会产生多大消极影响,这样既可以使公众自由地接触信息,又能使著作权人实现对高价值作品的自由定价,进而使"分享"模式和传统著作权专有模式二者并行不悖。

由上可知,"自愿集体许可"机制是人们面对海量作品使用行为的网

---

① Jessica Litman, "Sharing and Stealing," *Hastings Comm. & Ent. L. J.* 27 (2004): 40-41.
② Jessica Litman, "Sharing and Stealing," *Hastings Comm. & Ent. L. J.* 27 (2004): 43.
③ Jessica Litman, "Sharing and Stealing," *Hastings Comm. & Ent. L. J.* 27 (2004): 44-45.

络困境所作出的降低交易成本、提高使用效率的制度构想之一,它既给著作权人决定是否加入"共享"模式提供了自由选择的机会,同时又在承认著作财产权传统控制模式的基础上,尽量发挥网络分享模式的积极作用,通过网络著作权的双轨发展方式活跃了P2P用户的资源分享和创造性使用行为,这对于我们尝试构建互利共赢的合作协调体系提供了重要的参考蓝本。

(三)"批量许可"商业合作模式

"批量许可"(Mass-licensing)的商业合作模式早在苹果公司发起的"iTunes网络音乐商店"计划中就得以推广,是一种尝试替代P2P自由传播作品的新兴商业模式,它允许消费者在支付费用的基础上实现对数字影音作品一定程度的体验和使用自由。2003年4月,苹果公司在美国正式推出"iTunes网络音乐商店"计划,第一周便成功交易100万首歌曲。同年10月,苹果与微软达成协议,向用户提供微软IE界面的iTunes播放版本,这使苹果又在短短几周内创造了8500万首歌曲销量的业绩新纪录。[①]随后,苹果公司分别于2005年和2006年将iTunes网络商业模式拓展至视频和电影下载服务领域。自2008年至今,苹果公司已然成为在线数字音乐销售当之无愧的巨无霸,这得益于iTunes商业合作模式的有效运作。首先,iTunes商业合作模式的第一步骤就是苹果与五大唱片公司就音乐作品的在线交易服务达成"批量许可"授权协议,苹果公司承诺将销售收益中的75%分配给各唱片公司,即苹果作为iTunes的管理者,通过授权协议代替著作权人向用户收取一定量的版税。根据"批量许可"协议,著作权人将允许iTunes用户把CD唱片或在iTunes音乐商店购买的歌曲添加到iTunes音乐库中,同时也允许用户通过iTune管理系统自由使用从其他途径下载的MP3歌曲。虽然iTunes商业模式允许消费者通过iTunes管理系统实现对音乐作品的体验自由,但苹果公司通过在iTunes销售的数字作品中安插一种被称为FairPlay的数字权利管理技术,对消费者的使用行为进行适度限制,这有利于在iTunes消费者和著作权人之间维持一种

[①] 王博阳:《苹果iTunes网上音乐商店:版权制度的未来模式?》,《电子知识产权》2009年第6期。

相对合理的利益平衡态势。① 其次，苹果公司 iTunes 单曲 0.99 美元的价格定位较为合理，一般用户都能承受得起，这使网络音乐消费者更愿意通过有偿的 iTunes 营运模式来获取和分享在线音乐资源。最后，苹果公司对包括硬件（iPod 播放设备）、软件（媒体播放软件）和服务（iTunes 网络音乐商店）在内的全部产业链进行了有效整合，将所有相关的市场和经济链成功地组织起来运作。特别是苹果公司将这条产业链延伸至通讯领域，使苹果 iPhone 移动通信设备兼具"iTunes-iPod"功能时，更使"苹果"成为一种新兴市场营运模式的代名词。

然而，苹果公司的 iTunes 商业合作机制面临的一大障碍是"批量许可"的部分授权主体不明确。例如，很多音乐作品的著作权人除了唱片公司以外，还包括潜在的原始创作者。如在英美法系的版权体系中，录音制品虽是独立的音乐作品，但它是建立在原始创作者的音乐作品基础上产生的。而在大陆法系的著作权体系中，录音制品与音乐作品被区分对待，录音制品制作者仅享有著作邻接权，原始音乐作品的创作者才是真正意义上的著作权人。这就使"批量许可"商业合作机制面临授权上的障碍——商业合作机制的运作既要获得著作邻接权人的许可授权，又要获得潜在的原始著作权人的许可授权，进而使"批量许可"授权的实施成本增加，批量授权难以有效地开展。对这一问题，我们可以借鉴李特曼在"自愿集体许可"模式当中的"选择退出"（opt-out）机制加以解决，即商业营运者在授权主体身份难以寻找和确定的情况下，可以推定权利人同意授权。例如，由于著作权人分散导致交易成本过大，谷歌公司推行"Google 数字图书馆计划"时就通过采取这种"选择退出"机制来实现"批量许可"授权的商业合作模式。应强调的是，营运商在授权费用的定价标准方面，应与著作权集体管理组织通过自由协商来确定。正因为"批量许可"模式是一种商业合作机制，故政府在一般情况下不应介入双方对授权使用费进行的定价性协商。另外，作为以营利为目的的一种网络营销模式，由于与传统著作权制度相悖，"批量许可"商业合作模式虽在一

---

① 如 FairPlay 技术限制音乐作品只能在三台计算机上播放、将播放列表中的音乐作品复制到 CD 上的次数限制为 10 次等，详见苹果公司官方网站：http://www.apple.com/support/itunes/authorization.html，最后访问日期：2013 年 6 月 30 日。

定程度上有利于实现消费者对数字作品的使用自由,但"选择退出"机制的引入可能会不恰当地成为营运商滥用权利的一张"免死金牌",这在某种程度上甚至会剥夺著作权人对商业性授权的选择自由及其他正当利益。可见,这一问题在完善"批量许可"商业合作模式的制度设计时应重点关注,即如何在使用者、著作权人以及营利性中间商之间实现利益的合理配置。

从苹果公司"批量许可"的 iTunes 模式或许可以得出以下结论:P2P 网络分享技术的发展并非著作权制度的必然终结者。只要建立、完善与网络传播技术相适应的著作权法律环境,配合应用适度的技术保护措施,就能够实现网络环境下作品在著作权人、使用者以及营利性服务提供商之间的合作协调局面,进而使社会公众在分享网络所带来的作品便利使用的同时,也能让著作权人获取相应的经济回报。

(四) 其他合作协调模式

P2P 技术目前可以被设计成通过有偿的方式来分享资源。如 Espra、Snartizilla 等 P2P 共享服务系统,为用户通过向著作权人付费的方式下载资源提供了技术支持。① 在这样的技术条件下,自愿补偿的"小费"(Tipping) 模式有可能成为 P2P 分享服务的一种未来替代模式。在学者 Peter K. Yu 看来,如果每个 P2P 使用者都愿意为分享资源支付少许费用,这笔收益对著作权人的利益损失而言,其补偿力度将相当可观。Yu 认为,虽然著作权人(特别是投资商)宣称他们的利益损失难以通过补偿金的方式弥补,但实际上著作权人评估的利益损失很大一部分包括有形复制件的制造、运输、仓储等费用,甚至还计入了保护著作权的实施和诉讼成本。② 在 Yu 看来,随着 P2P 网络分享服务的不断发展和普及,自愿补偿的"小费"模式将成为一种吸引人的合作协调模式。自愿补偿的"小费"模式较成功的案例是 Magnatune 计划。作为一种"随选式播放平台"(on-demand radio station),Magnatune 服务系统以流媒体的形式允许使用者在线免费试听和体验音乐作品。如果使用者试听以后想把数字化音乐作品拷

---

① Raymond Shih Ray Ku, "The Creative Destruction of Copyright: Napster and the New Economics of Digital Technology," *U. Chi. L. Rev.* 69 (2002): 310.
② Peter K. Yu, "P2P and the Future of Private Copying," *University of Colorado L. R.* 76 (2005): 719 – 720.

贝在存储设备或光盘中,就要支付一笔费用。对此,Magnatune 采取一种"动态竞价"(dynamic pricing)的方式,通常先设定一个"建议价"(suggested price),但允许使用者根据自己的价值定位来选择支付多于或少于该建议价的费用。Magnatune 曾试验性地将一种数字化 CD 的建议价预设为 5 美元,结果却出乎预料,使用者对该数字化 CD 实际支付的费用平均高达 8.93 美元,远高于 Magnatune 预设的建议价。① 这一模式后被 HarperCollins 出版公司所借鉴。HarperCollins 公司推行了三种营销方式:①"完全接触"(full access)方案,即在限定时间内将部分电子书籍的完整文本提供给消费者下载;②"先睹为快"(sneak peek)方案,即在网络发行前的两周内允许消费者对大量新书的 20% 文本进行在线免费阅读;③"内部浏览"(browse insides)方案,即在电子书籍网络发行之后允许消费者对部分或完整的文本进行在线免费阅读。在免费体验的基础上,使用者可以选择是否支付费用以及自愿确定支付的费用金额,一旦支付费用,使用者将可以自由下载选定的某一电子书籍。实践证明,HarperCollins 出版公司并未因采用"自愿补偿"模式而遭受巨大损失,其营销业绩反而呈现稳步增长的趋势。②

除自愿补偿的"小费"模式以外,在软件领域,由斯托曼(Richard M. Stallman)发起的"自由软件"(free software)运动也对实现著作权各参与性主体之间的合作协调关系具有重要的借鉴意义。具体而言,"自由软件"是指使用者享有以下四种自由:①使用者出于任何个人目的使用计算机软件的自由;②在有权接触源代码的基础上,使用者对软件进行修改以符合个人需要的自由;③使用者向公众提供软件复制件的自由;④在有权接触源代码的基础上,使用者改进软件之后,再向公众提供这种改进后的软件以使他人从中受益的自由。如果使用者可以拥有上述全部四种自由,该软件就是一种自由软件。③ 应强调的是,自由软件运动并不排斥

---

① Kevin Maney, "Apple's iTunes Might Not Be Only Answer to Ending Piracy." *USA Today* January 21, 2004, at 3B.
② Commission of the European Communities, "*Green Paper: Copyrihgt in the Knowledge Economy*" [R], COM (2008) 466 final, p. 8.
③ 周翼:《挑战知识产权:自由软件运动的经济学研究》,格致出版社、上海人民出版社,2009,第 15~16 页。

"自由"的商业性软件,其根本目的在于软件的自由开放、不受人为约束地自由发展。这里的"自由"(free)并非"免费",而是指使用者享有对软件进行使用、复制、传播、研究、修改和改进的自由。换言之,自由软件可能是免费软件,但也可以是商业性的收费软件。为了将自由软件运动这种浪漫的理想主义变成一种现实的理想主义,斯托曼从软件的著作权制度入手,开创性地设立了一种"版左"(copyleft)机制。在"版左"机制中,著作权人必须放弃著作权法规定的部分权利(如作为软件唯一传播权主体的专有权),允许使用者对软件享有使用、复制、修改、向其他人再传播的自由。同时,"版左"机制又设置了一个限制性条件,即在软件使用过程中,使用者必须遵守有关维护该软件自由属性的条款,同时必须把要求其他人维护该软件自由属性也作为向这些人发放软件的限制性条件。这种持续自由属性的许可方式,就能避免某个自由软件被转化成专有软件。[1] 可见,"版左"机制的许可方式,是著作权人通过放弃传统著作权制度中的部分专有权,以实现软件的自由传播。如果有人在使用软件过程中违反"版左"机制的许可条款,如把修改后的源代码加密或阻止软件持续性传播,原先的著作权人可以根据传统著作权制度向其提起侵权诉讼。

受自由软件运动的有益启发,美国斯坦福大学莱斯格(Lawrence Lessig)教授于2001年发起并推行一种名为"创意共享"(Creative Commons,简称CC)的知识共享计划。"创意共享"计划的根本宗旨是将著作权保护模式从传统著作权的"所有权利保护"模式转化为灵活且富于弹性的"部分权利保留",旨在鼓励创作者把学术、音乐、影视、文学、教材等作品有条件地贡献给公众,使公众能够以特定的方式自由使用这些作品,从而进一步推动商业或非商业性的再创作行为。[2] 简言之,"创意共享"以简易模块化的四个基本条件(包括"姓名标示""非商业性""禁止改动"以及"相同方式分享"),通过不同的排列组合,提供

---

[1] Richard M. Stallman, Free Software, Free Society: Selected Essays of Richard M. Stallman, Boston: GNU Press, http://www.gnu.org/philosophy/fsfs/rms-essays.pdf,最后访问日期:2013年6月30日。
[2] 琦雯:《版权新思维:创意共享》,《出版参考》2006年第5期。

了六种不同的授权类型。① 创作者可以在这六种授权类型中选择最合适的授权条件，再通过简易的标示方式，将自己的作品有条件地分享给公众使用，同时又能保障自己的权益。在著作权制度的传统授权模式下，要么是"保留全部著作权"的专有权控制，要么是进入"无任何保护"的公共领域，而"创意共享"则处于二者之间，既方便创作者保留作品的部分著作权，又允许他人在一定程度上自由使用作品。正基于"创意共享"模式采用一套合理且具有弹性的著作权许可方式，著作权人可以自行决定开放哪些传统意义上的著作权内容，这一方面实现了社会公众对创作成果的自由分享，另一方面又能使著作权人达到维持或提升作品价值的目的。目前，"创意共享"计划已经在七十多个国家及地区得到广泛的应用和发展。某种意义上，与其说"自由软件"运动和"创新共享"计划是对传统著作权制度的背离，毋宁说它们是对传统著作权制度合理内容进行的有效整合，使著作权人与使用者得以形成互利共赢的合作协调关系。

由上可知，除著作财产权的专有权控制以外，还有很多模式可以实现著作权各参与性主体之间的合作协调关系。互联网的出现以及 P2P 分享技术的不断发展，使原有的著作权利益格局发生变化，但这一问题依然可以通过合理补偿著作权人的多元激励方式加以解决。P2P 网络环境下的著作权问题并非必然是一种排异性的"零和"博弈困境，通过合理的制度设计可以使各参与性主体形成一种互利共赢的合作协调关系。如果法律一味延伸著作财产权的控制力触角，将打破各参与性主体相关利益的合理分配格局，甚至会加剧彼此之间的冲突和紧张关系。随着数字网络技术的不断发展，法律在合理、公平地实现著作权人经济回报的前提下，仍应充分考虑到公众诉求的网络使用自由。诚如学者所言，网络环境下的著作权规制体系包括法律、市场、技术架构（代码）和准则四大要素。② 法律仅是

---

① 这六种授权类型分别包括：①"姓名标示"；②"姓名标示"加"禁止改动"；③"姓名标示"加"非商业性"；④"姓名标示"加"相同方式分享"；⑤"姓名标示"加"非商业性"加"禁止改动"；⑥"姓名标示"加"非商业性"加"相同方式分享"。详见"创意共享"官方网站：http://creativecommons.org/licenses/，最后访问日期：2013 年 6 月 30 日。

② 〔美〕劳伦斯·莱斯格：《代码 2.0：网络空间中的法律》，李旭、沈伟伟译，清华大学出版社，2009，第 135~152 页。

解决 P2P 网络环境下著作权问题的部分手段，除法律和技术控制之外，比如有效的商业合作模式将有助于实现著作权人的创作及投资回报。抑制盗版的第一道防线是合理的商业模式，即将价格便宜、使用简单与法律保护有效结合起来，从而使消费者实施侵权行为的动机最小化。当作品批发营销的新商业模式既能使消费者轻松便捷地获取信息资源，又因低廉的价格使他们觉得有偿购买比未授权分享更具有吸引力时，它将可能成为一种替代强化法律和技术对使用作品进行控制的有效补充机制。[①] 这既有利于减少著作权人通过法律和技术控制作品的高昂执行成本，又能实现著作权人与使用者、营利性中间商之间的利益互惠关系。可见，如何合理运用法律、市场、技术架构和网络准则等方式，实现利益在彼此之间的有效配置，同时又能兼顾各参与性主体相关利益的公平、合理分配，将是实现互利共赢的合作协调局面的本质所在。

本章小结

作品的公共属性表明，作品不同于有体物，其作为财产具有一种内在结构缺陷。这导致作为财产权的著作权之权利作用"焦点"结构不同于有体物之所有权，著作权的权利作用"焦点"构造呈现一种二元结构，相对于行为客体（对象）——作品而言，著作权更偏重于"使用行为"这一权利作用"焦点"。就著作财产权而言，其作为支配性专有权的一种"权利束"，仅控制他人对作品的部分使用行为。随着传播技术特别是互联网的不断发展，复制行为既非著作权人获取市场利益的主要利用方式，也难以作为判定侵权的合理依据。同时，数字网络环境下集中控制复制将难以发挥作品的公共效用，会动摇著作权法旨在推动文化繁荣和科学进步的社会福利最大化目的。可见，著作财产权坚持以复制权为权利基础，将面临自身难以克服的体系障碍。总体而言，传播方式是著作权人获取市场利益的本质。构建以"大传播权"为基础的著作财产权体系，可以有效

[①] Committee on Intellectual Property Rights & the Emerging Information Infrastructure, *The Digital Dilemma: Intellectual Property in the Information Age*, Washington: National Academy Press, 2000. E. S. pp. 14 – 15.

地简化著作财产权凌乱冗杂的旧有结构，能够较清晰、合理地划定著作财产权的权利边界，这不仅有助于消弭公众因误解著作财产权而造成的逆反心理，同时又对公众逐渐认同、接受和遵守著作权法起到积极的引导作用。在著作财产权体系的权利限制制度方面，法律应尝试构建一种真正意义上的开放式"安全阀"。然而，分散式P2P分享技术的迅猛发展，即使使用者的个人使用行为逐渐呈现一种复制（下载）与传播的并合态势，又使P2P服务提供商根据传统第三人责任规则，得以有效地规避与P2P用户非法传播作品之间的关联性。在这样的技术困境下，美国著作权产业利益集团开始大规模地起诉个人用户，使之蜕化成从"维权"到"牟利"的诉讼策略转移。著作权法不再是合理、公平分配利益和实现社会福利最大化的有效手段，反倒成为著作权人实现私欲、针对千百万青少年发动"反盗版战争"的攻击性武器。此外，法国、英国等少数几个国家尝试在著作权制度中吸纳"三振"规则以提高著作权保护的执行效率。然而，法国的HADOPI法案遭遇的宪法性审议历程表明，著作权法除了应保护著作权人的正当利益之外，还必须充分尊重公民作为基本人权的"传播、表达自由"以及宪法"无罪推定"原则。在笔者看来，合理、有效地综合运用包括"强制许可"补偿金机制、"自愿集体许可"机制、"批量许可"商业合作模式等多元方式，可以使法律面临的P2P网络著作权问题由排异性的"零和"博弈困境转化成一种互利共赢的合作协调局面。

第五章　个人使用的著作权法未来

> 立场影响方法。
>
> ——彼得·德霍斯
>
> 通过一部无法执行的法律乃一项有害的政策，因为这样的法律将危及人们遵守法律的忠诚度。
>
> ——保罗·戈斯汀

本章是全文的总结性部分。行文至此，笔者尝试从形而上的观念层面和形而下的制度层面这两个维度来对个人使用在著作权法中的未来愿景展开构想。

第一节　个人使用之"道"：著作权法的观念重塑

一　以"道"驭"术"：构建"公共福利"社会责任之道德哲学

某种意义上，著作权的自然权利说因主张财产的神圣不可侵犯性，使有体财产法的原则及制度等可以全盘性地植入著作权制度，著作权由此可能获得一种绝对性的支配力，并形成渐次扩张的理论基础。① 例如，用"偷窃"来形容对作品的未授权使用，隐喻的正是自然权利说延伸的财产观念。尽管 TRIPs 协议导言开宗明义就宣称"知识产权为私权（private rights）"，但各国在法律实践中仍无法回避将著作权视为一种工具主义法定权利的现实。如《美国联邦宪法典》第 1 条第 8 款的"版权与专利"条款规定："为了促进科学和实用技术的发展，国会有权……通过（by）保障作者和发明者对他们各自的作品、发现在有限期间内享有专有权利。"② 又如《日本著作权法》第 1 条规定："本法目的在于通过（by）规定有关作品以及……的作者权利及其邻接权，在注重这些文化财产公证利用的同时，保护作者等权利，以促进文化的发展。"③ 再如欧盟《2001/29/EC 号指令》导言的陈述，都在说明制定该指令的目的在于"通过（by）提供知识财产的高水平保护，可以有利于培育创造力和革新的大量投资，包括引领欧洲产业竞争力的持续增长……这将会捍卫就业并将鼓励创造新的就业机会"。④ 可见，著作权在立法层面上被普遍视为实现著作权法根本宗旨的次要目的甚或一种工具主义的法定权利。

对此，有学者甚至提出让著作权制度从网络环境下的私人控制现状回归到早期的调控性垄断，或者说从自然法权利回归至制定法权利。⑤ 然而，工具主义的法定权利说仅解释了著作权的"术"现象，并未确立著作权的"道"本质。我们说著作权是一种工具性的法定权利，表明著作权是实现特定目的的一种工具或手段以外，至于这个特定目的所指为何，我们仍不得而知。换言之，工具主义的法定权利说仅能够强调著作权作为实现特定目的之工具的技术性功能，而未能真正解决著作权本体意义上的价值指向和利益分配问题。进一步讲，当公共政策仅强调作品作为一种信

---

① 宋慧献：《版权保护与表达自由》，知识产权出版社，2011，第 455 页。
② See United States Constitution, Article 1, Section 8.
③ 《日本著作权法》，李扬译，知识产权出版社，2011，第 1 页。
④ See Directive 2001/29/EC of the European Parliament and of the Council of 22 May 2001 on the Harmonisation of Certain Aspects of Copyright and Related Rights in the Information Society, Preface (4).
⑤ L. Ray Patterson, "Copyright in the New Millennium: Resolving the Conflict between Property Rights and Political Rights," *Ohio St. L. J.* 62 (2001): 703.

息商品对经济发展的促进作用，将新自由主义经济学的单一价值判断标准过度地植入著作权本体意义上的价值指向和利益分配原则当中，著作权法就可能偏离维持个体私权与大众民主之间的利益平衡宗旨，转而以实现信息产出的利润最大化为目的，而这可能以牺牲作品作为自由信息的社会价值为沉重代价。市场决定论具有内在局限性，它可能诱发市场自由机制下的极端利己行为，致使著作权人与使用者之间脱离良性循环的著作权生态关系，影响市民社会的公共文化塑造。承认知识产权制度在特定条件下可以促进国民经济增长的同时，当面临"效率与公平"选择困境时，应充分反思著作权制度的利益平衡原则。如果我们仅简单地强调著作权是一种政策性的工具主义特权，著作权法就可能深受权力角逐中的集团政治影响，使著作权的权利界线被人为肆意地设定和移动。这样既可能损害著作权人（特别是原始创作者）对利益回报的合理诉求，又可能危及鼓励学习、实现表达自由以及推动公众文化参与等公共福利的实现。可见，除指明著作权的"术"现象以外，必须确立著作权的"道"，即著作权本体意义上的价值指向和利益分配问题。

在解释权利的形而上学原理方面，康德（Kant）强调权利应具有一种普遍原则，即"任何一个行为（包括权利的自由行使，笔者注），如果它本身是正确的，或者它依据的准则是正确的，那么这个行为根据一条普遍法则，能够在行为上和每个人的意志自由同时并存。"① 可见，正义的权利是权利人在行使意志自由时，必须能够和所有其他人的自由并存。另外，康德把德性看作人之所能得到的最高的东西。虽然康德并不否认一个有德性的人应该得到幸福且最理想的状况是所得的幸福和他所有的德性在程度上相一致，但在他看来，责任是一切道德价值的源泉，是指"由于尊重规律而产生的行为必要性"②，既包括对自己的责任，也包括对他人的社会责任。一种行为（包括权利的自由行使）只有出于责任，以责任为动机，才有道德价值。康德认为，规律是（即笔者理解的"道"）责任的理性基础，只有遵循尊重规律的行为责任才能实现最高意志（即实践

---

① 〔德〕康德：《法的形而上学原理》，沈叔平译，商务印书馆，1991，第40~41页。
② 〔德〕伊曼努尔·康德：《道德形而上学原理》，苗力田译，上海世纪出版集团，2005，代序第7~14页。

理性）之"善"的道德价值，这样才可以对抗和破除经验论、感性论以及其他主观原子式的利己主义思想。① 作为功利主义（即效用主义）的杰出代表人物——穆勒（John S. Mill），虽强调"一切正义的问题都是利益的问题"②，只有"幸福"才是行为的价值判断标准，但却一再重申这种"幸福"不是行为者本人的幸福，而是所有相关人员的"幸福"，即"最大多数人的最大幸福"。③ 可见，穆勒承认个人幸福与最大多数人的最大幸福之间的非一致性，主张法律和社会的安排应当通过利益的合理配置使"每一个人的幸福或利益尽可能地与社会整体的利益相一致"。④ 在穆勒看来，功利主义与正义之间应建立某种必然的联系，行为应当遵守的规则是一种"所有的理性人都会采纳的有益于集体利益的行为规则"。⑤

进一步延伸至知识产权领域，澳大利亚版权学者德霍斯（Peter Drahos）在反对知识产权独占论的基础上虽主张知识产权是一种工具性特权，但他将这一工具性特权延伸至伦理层面上加以探讨，强调财产工具论必须服务于道德价值。在他看来，在工具论财产理论中，财产不能作为一个基本的价值或权利发挥作用，因为这会促进该理论向独占论方向发展。工具论立场认为，"财产服务于道德价值，而并非道德价值之基础"⑥。换言之，著作权作为一项财产权必须具有人本主义倾向或显现出必要的人文主义关怀，应置于仅限于市场利益至上的个人主义观念之外的多元价值体系的环境中加以考量。"如果确立特权的目的是实现某一既定目标，那么特权拥有者有义务以不损害特权被最初授予的目的的方式行使这项特权"。⑦ 在笔者看来，著作权之"道"，即著作权的终极价值指向或既定的根本目的是实现社会福利的最大化以及利益的公平分配伦理。由于知识产品的价值实现取决于经济、文化、政治以及社会等多元层面的因素，故与

---

① 〔德〕伊曼努尔·康德：《道德形而上学原理》，苗力田译，上海世纪出版集团，2005，代序，第15~22页。
② 〔英〕约翰·穆勒：《功利主义》，徐大建译，上海世纪出版集团，2008，第65页。
③ 〔英〕约翰·穆勒：《功利主义》，徐大建译，上海世纪出版集团，2008，第12、17页。
④ 〔英〕约翰·穆勒：《功利主义》，徐大建译，上海世纪出版集团，2008，第17页。
⑤ 〔英〕约翰·穆勒：《功利主义》，徐大建译，上海世纪出版集团，2008，第53页。
⑥ 〔澳〕彼得·德霍斯：《知识财产法哲学》，周林译，商务印书馆，2008，第222页。
⑦ 〔澳〕彼得·德霍斯：《知识财产法哲学》，周林译，商务印书馆，2008，第227页。

物权相比，著作权更侧重于强调作品的开放式利用和公共效用的发挥。从财产权性质来看，著作权除具有私权属性之外，还应具备实现"公共福利"的社会属性。这一点从美国立法委员会有关1909年版权法的修订报告可见一斑。在该报告看来，"宪法并非基于作者创作既定的任何自然权利而授予版权，……而是为了服务于公共福利（public welfare）"[1]。与此同时，因特网条约（WCT、WPPT）以及欧盟《2001/29/EC号指令》等，也都明确表示或承认著作权和表达自由（或获取信息的自由）以及公共利益之间利益平衡的重要性。[2] 可见，法律在保护著作权的同时，还应侧重著作权所承载之实现"公共福利"的社会责任。这就需要法律在确立著作权的权利边界时，合理、公平地配置各参与性主体之间的相关利益。与此相对应，权利人在行使著作权的同时，也要合理地兼顾到使用者基于学习、表达自由以及民主文化参与等宪法基本权利对作品享有的使用自由。

就著作权而言，法律仅赋予著作权人一种对他人使用作品的部分行为有限制的支配力，通过实现作品在传播流通过程中的市场价值来激励作品的进一步创作和投资。进一步讲，作为通过市场控制来获取经济利益、以激励作品可持续创作和传播的一种手段，创设著作权的根本目的仍旨在鼓励学习、实现表达自由以及公共文化的民主参与，以推动科学文化事业的进一步繁荣和发展。著作权实现"公共福利"的社会属性以及作品本身具备的公共属性表明，个人使用作为著作权法的政策指向之一隐含在著作权制度的本体内涵当中。然而，随着经济全球化的深入发展，加上新自由主义经济学观念的"普世性"渗入，人们过度地相信市场的力量，倾向于把任何东西视为一种实现市场利润最大化的商品，这使法律也可能随之变成一种"为市场服务的工具"。市场利益至上的新自由主义经济学的预设前提是，当某种特定条件由市场经济予以满足时，每一个人都能自发地

---

[1] See H. R. Rep. No. 2222, 60th Cong., 2d Sess. 7 (1909).
[2] 如 WCT 序言规定："承认有必要按《伯尔尼公约》所反映的保持作者的权利与广大公众的利益尤其是教育、研究和获取信息的利益之间的平衡"；又如欧盟《2001/29/EC号指令》序言第3款规定："本指令的目的旨在协调网络自由、知识财产法的基本原则、表达自由及公共利益之间的关系。"

为实现总体利益做出贡献,即每个人在只考虑本人利益的同时,也在保障整个社会体系的公共福利。但诚如本文第三章所述,著作财产权的新自由主义经济观念建立在以社会价值消减为代价的基础上来实现个体私权的市场利润最大化目的。这进一步表明个人主义的市场价值指向并不一定与社会"公共福利"的实现相一致,新自由主义经济学"理性经济人"的假设忽视了个人福利之外的伦理层面,即社会"公共福利"除了取决于社会成员的个人福利之外,还取决于基本人权、自由、公平等因素。这些因素构成个人福利实现过程中的伦理责任,其本身不是实现某个目的的手段,而是追求社会福利最大化的普遍原则。① 换言之,市场利益最大化的新自由主义经济学存在严重的理论缺陷,我们在对著作财产权制度进行价值衡量时,应清楚地意识到由市场价值最大化原则唯一支配的法律体系可能对社会"公共福利"造成的破坏和消极影响,必须兼顾到实现社会福利最大化和利益分配伦理的社会责任,以避免"市场取代市民社会,凌驾于市民社会之上,成为法律"②。认识到这一点,有助于解决个人使用在未来著作权法完善进程中应该追求什么以及如何追求的问题。

二 认真对待"使用者权"

著作权法的根本目的旨在实现知识进步和文化繁荣的公共福利。正如帕特森所言,著作权的本质除创作者享有的"作者权"和投资者享有的"出版权"以外,还包括"使用者权"(users' rights),它服务于著作权法实现公共福利的社会目的。帕特森将个人使用自由视为使用者权的重要内容之一,在她看来,使用者权包括作为"个人使用"(personal use)的消费者权和作为"合理使用"(fair use)的竞争者权。③ 其中,个人使用是从宪政一般意义(如知识学习等)理解的使用自由,不应受"合理使用"原则的限制,而"合理使用"原则仅适用于作为商业竞争者的使用行为

---

① 姚明霞:《福利经济学》,经济日报出版社,2005,第93页。
② 〔法〕米海依尔·戴尔玛斯-马蒂:《世界法的三个挑战》,罗结珍、郑爱青、赵海峰译,法律出版社,2001,第15~16页。
③ L. Ray Patterson & Stanley W. Lindberg, *The Nature of Copyright: A Law of Users' Rights* (Athens: University of Georgia Press, 1991), pp. 191-200.

判断。在帕特森看来，为了充分实现著作权法的公共福利目的，必须重视个人以学习、获取知识自由作为宪政基础的使用者权。① 版权学者朱莉·科恩（Julie E. Cohen）则站在更为深入、细致的理论层面强调使用者在著作权法中的重要地位。科恩认为"使用者"与"消费者"在话语的隐喻内涵上存在实质性的差别："消费者"仅关注大众对文化产品的被动接受和消极作用力，而"使用者"一词则更为强调大众在文化互动过程中的积极参与和主导性推动作用。② 在她看来，使用者的身份不应仅限于"经济""后现代"及"浪漫主义"层面上的理解，③ 还要注重使用者自身的个性特征，更应强调一种包括从消费性使用到创造性使用在内的"使用者本位"（the situated user）价值。换言之，"使用者"这一概念除强调个体的消费属性外，还应重视个体的创造与文化参与属性，界定"使用者"应同时站在个体对作品的再生产、消费什么以及如何实现消费的多元立场进行综合考察。④ 科恩强调的"使用者本位"价值就是一种使用者权，它在四个方面具有重要意义：1."消费"（comsumption）侧重于文化资源的获取或接触自由，它不仅关注"消费"作为行为事实的重要性，更强调知识"消费"的获取方式对使用者参与文化互动过程的重要意义。2."传递"（communication）对于使用者权而言，强调使用者之间的文化交往和知识分享自由，是实现使用者的文化信仰、价值以及增进彼此密切联系的重要手段。3. 以"使用者本位"为基础的使用者权强调对文化产品的使用行为是使用者实现"自我发展"（self-development）不可或缺的重要组成部分，而使用者的个人自治和隐私则构成实现这一目的的主要内涵。4."使用者本位"价值强调使用者的消遣性娱乐行为也可能转换成创造

---

① L. Ray Patterson & Stanley W. Lindberg, *The Nature of Copyright: A Law of Users' Rights* (Athens: University of Georgia Press, 1991), pp. 238 – 241.

② Julie E. Cohen, "The Place of the User in Copyright Law," *Fordham L. Rev.* 74 (2005): 347.

③ 在科恩看来，"经济使用者"（the economic user）过度关注使用者作为被动消费者的经济主体身份，"后现代使用者"（the postmodern user）则是学者强调使用者在文化解构中的主导作用的修饰性符号，而"浪漫主义使用者"（the romantic user）仅关注使用者的创造性使用，忽视了使用者消费性使用的自身文化价值。参见 Julie E. Cohen, "The Place of the User in Copyright Law," *Fordham L. Rev.* 74 (2005): 348。

④ Yochai Benkler, "Freedom in the Commons: Towards a Political Economy of Information," *Duke L. J.* 52 (2003): 1268.

性行为，对推动文化的创新和发展具有重要作用。① 在科恩看来，关注以"使用者本位"为基础的使用者权可以使个人使用行为与著作权法实现公共福利的根本目的衔接起来。进言之，著作权法在保护著作权的同时，应重视使用者基于创造性使用和消费性使用而享有的正当权益。

有学者认为，"使用者权"反映了社会公众关于精神产品利益需要的某种追求，是法律对社会实践之习惯性权利的认同结果。它包括利益、自由与意志三种要素，意味着使用者在法律的保障下实现一定利益的可能性和一定范围内的意思自由。② 在笔者看来，"使用者权"本质上是表达自由（如获取信息自由）、文化参与自由、受教育权以及隐私权等宪法人权在著作权法中的体现，故从性质上说，使用者权并非一般意义上的民事权利，而是宪法人权的具体化。是故，使用者权在著作权关系中属于客观法意义上的自然权利范畴，他人包括著作权人应对之承担消极不作为的义务。在与著作权人的权利纠纷中，使用者权虽主要表现为一种抗辩权，但不排除使用者权具有请求权的性质。如在2005年法国"穆荷兰大道"（Mulholland Drive）案件中，原告就以"防盗版技术保护措施侵害个人使用权"为由控告DVD制造商，并获得了巴黎大审法庭的初审支持。虽然该判决在二审过程中被巴黎高等法院推翻，但我们可以看出法院在重视著作权保护的同时，已开始关注作为宪政自由的"使用者权"。③ 另外有一点必须强调，使用者权是基于宪法人权而享有的基本自由，具有自然权利属性，人人生而有之，故"不得抛弃、转让、继承"。④ 可以认为，"使用者权"这一隐喻式的宪政话语能为使用者的合理利益诉求正名，使利益

---

① Julie E. Cohen, "The Place of the User in Copyright Law," *Fordham L. Rev.* 74 (2005): 370 – 371.
② 吴汉东：《著作权合理使用制度研究》，中国政法大学出版社，2005，第136～143页。
③ "穆荷兰大道"案情简述如下：原告购入一部名为《穆荷兰大道》的电影DVD，为了让老家只有VCR的父母观看，原告打算将DVD拷贝成VHS格式的录音带。但因为DVD里有防盗版技术保护装置，原告无法复制。于是原告以"被告侵害原告的私人复制权"为由提起诉讼，控告理由主要包括"使用者的私人复制权应优先于技术保护措施"以及"制造商在使用者购入商品时，有义务清楚告知技术保护措施的存在"。参见岸田英明：《数位网路时代的私人复制——以日本著作权法第30条为中心探讨权利人与利用人之平衡》，硕士学位论文，台湾大学法律学院法律研究所，2010，第15～18页。
④ 宋慧献：《版权保护与表达自由》，知识产权出版社，2011，第467～468页。

冲突双方即著作权人与使用者处于平等的地位抗衡。诚如德霍斯所言，先有知识共有的公共领域，才有知识私有的知识产权领域。这一知识共有的公共领域应被看作一种积极共有状态，即知识资源共同属于全体有共有权的人，任何人对这些知识资源的使用或占有必须得到全体共有权人的一致同意。① 这种认知模式强调任何个体（包括作者）都是知识资源共有人的一部分，正因为作者并非未借助任何知识素材就能完全凭空创作出全新内容的作品，故作者不仅是作品的生产者，而且也应被视为其他现存素材的使用者。进一步讲，著作权法既是包括作者在内的著作权人的法律，也是有关使用者的法律。诚如2004年加拿大最高法院在CCH案判决中所言：

> 就程序而言，被告（使用者，笔者注）应当证明他使用作品的行为是合理的。……然而，把合理使用例外作为《著作权法》的整体部分可能比只作为一个抗辩理由更为合适。……合理使用例外，与著作权法其他例外一样，是使用者权。为了维持版权所有者权利和使用者利益之间的适当平衡，对合理使用不应作限制性解释。②

可见，出于利益平衡考量的著作权限制制度（包括个人使用）换个视角理解就是使用者权，它并非是从现有的著作权中挤出来的公共利益"恩泽"，因此不应被看作著作权人独占性支配权例外的特殊豁免情形，而是与著作权不可分割的核心内容。概言之，著作权和使用者权应看作一个整体的有机组成部分。在保护著作权的同时，著作权法应重视使用者基于宪法的鼓励学习、获取信息、民主文化参与以及隐私等基本自由，认真地对待使用者权，才可以推动著作权法实现公共福利最大化的立法宗旨。

三 秉持"技术中立"原则

著作权法中的"技术中立"（technology neutrality）原则最早可追溯至美国联邦最高法院1984年的索尼案，有学者将之等同于第三人责任认

---

① 〔澳〕彼得·德霍斯：《知识财产法哲学》，周林译，商务印书馆，2008，中文版序第3页。
② *CCH Canadian Limited v. Law Society of Upper Canada*, 2004 SCC 13, 1 S.C.R. 339 (2004).

定当中的"实质性非侵权用途原则",具体是指当行为人提供的商品同时具有非法和合法用途时,视特定情形可以免除其侵权责任。① 在此理论基础上,有学者对"技术是中立的"和"技术中立"进行了详细区分,认为"技术是中立的"是一种客观描述,即技术本身无所谓合法与非法。而"技术中立"是一种制定和适用法律时的原则,是指"立法时不应指定行为人采用特定技术以达到法律的要求,适用法律时不应将行为人使用的技术的手段作为对其行为进行定性的标准。"② 本文中的"技术中立"原则更倾向于一种广义上的理解,主要是指在著作权法的适用过程中,无论是著作权的保护抑或对著作权的权利限制规定,都不应过分强调制度背后技术的主导性影响。

具体而言,"技术中立"原则主要包括以下两层含义:第一,技术就本身而言应是中性的,"技术产生什么影响、服务于什么目的,这些都不是技术本身所固有的,而取决于人用技术来做什么",③ 技术不应被人为过度地扭曲成造成利益失衡和价值偏向的意识形态产物。第二,"技术中立"原则除强调技术自然属性的"中性"特征之外,还应在确立技术的"价值"判断标准时注重它作为本体意义上的一般价值,即技术的自身存在状态(自然属性)对人类所能带来的普遍意义。从这个角度看待技术的价值,虽是技术自身无法回答且仍需要在社会属性之制度层面才能解释的问题,但就本体意义上"元技术"及其自然属性所带来的一般价值而言,技术自身的价值仍是"中立"的。④ 技术之所以在使用过程中会呈现某种带有偏向性的价值,如倾向于个人收益最大化的市场价值等,那是因为这时的技术"价值"已不再是"技术"本体意义上的一般价值,技术成为特定人实现特定目的的一种"手段"。强调技术发挥主导性作用的技术决定论的错误在于,他们没有把技术在本体意义上的一般价值和所偏向

---

① 张今:《版权法上"技术中立"的反思与评析》,《知识产权》2008年第1期。
② 王迁:《〈版权法中私人复制问题研究——从印刷机到互联网〉评介》,《中国版权》2010年第2期。
③ Emmanul G. Mesthene, *Technology Change: Its Impact on Man and Society* (New York: New American Library Press, 1970), p. 60.
④ 陆江兵:《中立的技术及其在制度下的价值偏向》,《科学技术与辩证法》2000年第5期。

的技术"使用价值"联系起来考察,而以主观认定的技术"使用价值"代替技术在本体意义上的一般价值。在新自由主义经济学观念的支配下,人们更倾向于把通过对技术的运用而取得的最大市场效益看作技术所要达到的唯一目的,市场效益最大化成为人为扭曲的技术价值偏向。伴随互联网技术的迅猛发展,作品作为商品的市场价值空间不断被拓展,欧美发达国家的著作权产业集团企图通过推动立法和代码控制将新技术所带来的作品外溢性价值都内化为私人的市场利益,这可以看作技术被人为扭曲成一种利益失衡的价值偏向结果。

对于技术的价值偏向问题,我们从著作权法的临时复制争议中可见一斑。可以说,欧美发达国家的著作权产业集团极力推动立法将"临时复制"纳入复制权范畴的本质目的,就是想通过直接控制"临时复制"来限制使用者浏览、体验未经授权而被置于网络传播的作品,进而迫使使用者为每一次对作品的浏览、体验行为支付费用。在他们看来,控制住了网络"浏览"行为,就等于垄断了从网络中获取或接触作品的渠道。然而,这一主观性的认定标准违背了"技术中立"的基本原则,带有明显的技术价值偏向。"临时复制"在计算机内存中的附带性复制是一种客观技术现象,行为人在"浏览""体验"作品的过程中,虽然在计算机内存中形成了对作品的"临时复制",但这种现象既非行为人追求的目的,也非行为人所能控制。有学者甚至从行为的本质分析,认为"浏览"行为与读者通过望远镜阅读放在远处的作品,或通过放大器观看缩微片的行为并无实质区别。[1] 该观点认为,"临时复制"仅是一种技术"现象",而非技术"行为",不应构成著作权法意义上的"复制",更谈不上享有著作权法中的例外。[2] 如果用限制与例外或"默示许可"来使"临时复制"获得合法性,等于承认"临时复制"本身具有"原罪"——构成著作权法意义上的"复制行为",应当受复制权的控制。进一步讲,著作权法意义上的作品复制件必须具备能够独立利用或传播的经济价值,而使用者因浏览、体验作品而附带出现的"临时复制"并无独立价值可言。换言之,

---

[1] 王迁:《网络环境中的著作权保护研究》,法律出版社,2011,第48~49页。
[2] 王迁:《网络环境中的著作权保护研究》,法律出版社,2011,第54页。

计算机内存中被临时存储的作品文档本身并不能产生独立的使用价值。所以，从"技术中立"原则来看，因浏览、体验作品而在技术上产生的"临时复制"不应作为著作权法意义上的"复制"被复制权所涵盖。

纯粹从版权作品的内在价值实现来看，技术（如互联网）的使用可以为版权作品的传播提供更好的条件。从这个意义上说，技术扩大了版权作品的价值。放到文化层面上讲，制定一个合理的利益平衡机制，在保护著作权人利益的前提下，尽量扩大版权作品的传播与使用，将能更好地推动知识与科学的进步。[①] 法律不是技术发展的奴隶，技术及由技术引发的问题之所以成为著作权法的调整内容，是因为技术被用于人类社会的各个关系之中，代表着不同利益主体的利益诉求。作为调整与作品使用相关的社会关系的工具，著作权法的立法目的或其价值评判是如何处理好人与人之间的关系，促进人类社会整体的文化、经济进步，而并非仅仅局限于工具性的技术范畴。[②] 坚持著作权法的"技术中立"原则，一方面要求我们以技术的科学价值为出发点考虑，在充分发展技术的同时，注重技术对社会发展负面效应的有效调整；另一方面，由于技术发展的片面性与技术的制度环境有关，故我们应当重塑一种真正理性的人类价值观——除强调技术给著作权人作品所带来的新兴市场价值，还应关注使用者在新技术环境下对信息获取自由、民主文化参与等基本人权的合理诉求。这样既能充分体现技术自身的发展规律和特性，又能符合人类社会可持续发展的价值准则，使技术朝着符合人性的、有利于科学文化事业进步的方向发展。换言之，"技术中立"原则强调应将市场行为和伦理责任结合起来考察，不仅关注经济价值，还应考虑公共福利、民主政治、自由文化、技术创新等多元社会价值，著作权法对与作品相关的"技术"调整既要防止政府失灵，也要防止市场失灵。是故，著作权法适用于以任何技术形式为载体的版权作品，也应适用于所有复制该作品的技术。随着数字技术特别是互联网传播技术的不断发展，著作权人获取回报的经济利益应得到保护，但包括个人使用在内的权利限制情形也应如此。如果说著作权法并存的权利和

---

① 李祖明：《互联网上的版权保护与限制》，经济日报出版社，2003，第 115~117 页。
② 李祖明：《互联网上的版权保护与限制》，经济日报出版社，2003，第 121 页。

权利限制制度体现的正是维持个体私权和社会公共利益之间的利益平衡状态,那么"技术中立"则是实现这种利益平衡状态所必须把握的基本原则,它使著作权法在不断变迁的技术环境下具有必要的一致性和可预见性。①

第二节 个人使用之"治":著作权法的制度构想

一 合理界定使用行为之"商业性"和"公/私性"

著作权问题之所以在当下社会引起巨大的争议,是因为伴随传播技术的不断发展,著作权产业利益集团试图把作品作为一种商品的市场价值空间延伸乃至扩张到公众日常生活中的每一个角落。诚如本文第四章所述,基于著作权法的政策内涵以及作品自身的公共属性,著作财产权不应类推适用有体物之所有权观念、构建以"作品"为中心的财产权逻辑,而应侧重以去"作品"中心化的"使用行为"作为确定著作财产权边界的主要作用"焦点"。② 同时,法律从未授予著作权人对作品的一种独占权,而只是授权著作权人限制他人对作品的某些使用行为。无论是从著作权立法的历史轨迹还是保护著作权的社会实践来看,著作财产权都主要限制未经授权的作品传播行为,尤其是相互竞争的商业利用行为,而不是消费性的使用行为。③ 一直以来,使用者基于个人目的接触和使用作

---

① 梁志文:《云计算、技术中立与版权责任》,《法学》2011年第3期。
② 当然,这不是说"作品"对著作权而言毫无意义,"作品"虽不像有体财产权那样应被视为一种"保护对象",但仍作为"行为客体"或"对象"与使用行为这一"支配客体"一起,构成确立著作权边界的权利作用"焦点"二元体系,只不过著作权的权利作用"焦点"体系更强调使用行为作为确立著作权边界的重要作用。
③ 如知名著作权法学者胡根霍兹(P. Bent Hugenholtz)认为:"著作权禁止未经授权的传播行为,而不是消费性的使用行为……终端用户接触和使用信息的行为一直不受著作权的垄断控制。……《欧洲人权公约》第8条和第10条保障的隐私权和信息获取自由的权利,可能因为经济权将纯粹的信息接触或终端使用行为纳入管制范围而受到不合理的限制。"参见 P. Bent Hugenholtz, "Caching and Copyright: The Right of Temporary Copying," *Eur. Int. Prop. Rev.* 22 (2000): 485 – 486。

品的行为并不受著作权人的控制。将著作权人的经济权利过度延伸至使用者基于个人目的获取或使用作品的行为当中,会不合理地限制公众以知识学习、获取信息自由、民主文化参与以及公民隐私等宪法人权为基础的基本自由,最终可能阻碍著作权法实现作品之社会价值最大化的公共福利目的。是故,我们有必要对著作权法规制的作品使用行为确立一条相对合理的价值判断路径。本文认为,应以合理的"商业性"和"公/私性"判断标准作为认定对作品的使用是否构成侵权行为的重要参考依据。

(一) 使用行为"商业性"的价值判断

著作财产权的主要作用在于,在作品的新传播利用方式问世时,如何合理、有效地规范对作品进行商业性利用的市场秩序,而不是否定这个市场。著作财产权从来都不是"拦截河流的堤坝",而是"挖掘和疏通河流的工具"。[1] 著作权法的历史轨迹和基本政策目标表明,"著作权法主要根植于对出版业在行业竞争中产生的冲突的解决"[2],著作财产权的排他性主要在相互竞争的行业利用者之间有效,是一种由行业主体行使的反对其他行业主体的商业性权利。[3] 换言之,盗版行为侵犯的主要是著作权人"具有商业竞争潜能之作品利用开发的可能性"[4],使用行为是否具备"利用"作品的"营利性"目的构成侵权行为认定的"商业性"重要内涵之一。从伯尔尼公约规定的"三步检验法"规则来看,第二个步骤规定的使用行为"不与该作品的正常利用(normal exploitation)相冲突",亦可以理解成上述含义。在对使用作品"以营利为目的"的"商业性"判断时,应限定为使用者通过使用作品而获取的直接经济收益,而排除不合理的间接利益适用。在美国版权学者李特曼看来,应对"商业利用"

---

[1] Daniel Gervais, "Towards a New Core International Copyright Norm: The Reverse Three-step Test," *Marquetee Int. Prop. L. Rev.* 9 (2005): 7.

[2] Jessica Litman, "Revising Copyright Law for the Information Age," *Or. L. Rev.* 75 (1996): 45–46.

[3] 〔加〕迈克尔·盖斯特主编《为了公共利益——加拿大版权法的未来》,李静译,知识产权出版社,2008,第378~382页。

[4] Christopher Lind, "The Idea of Capitalism or the Capitalism of ideas? A Moral Critique of the Copyright Act," *Intellectual Property Journal* 7 (1991): 69.

(commercial exploitation) 和"娱乐"(enjoyment) 使用进行合理区别,以避免"以营利为目的"的使用"商业性"内涵被过度泛化。① 如在 Napster 案中,美国第九巡回法院根据《反电子盗窃法》将未支付费用的个人复制行为(数字下载)泛化为一种获取经济收益的"商业性"使用,就带有市场利益至上的目的论色彩,明显超出了界定使用作品"以营利为目的"之"商业性"的合理范畴。②

除上述内容之外,使用行为的"商业性"还表现在"对著作权人作品进行利用开发的市场影响"方面,与使用行为的"公/私性"存在密切联系,同时也意味着"三步检验法"规则第三个步骤规定之"不致不合理地损害权利人的合法利益"的合理表述问题。实际上,法律规定的任何著作权限制情形对著作权人利用、开发作品产生的市场利益都会造成或多或少的消极影响,都与著作权人拥有的作品市场构成一定程度的替代性竞争。问题的关键在于,我们在著作权人的市场利益和推动社会福利的公共利益之间要实现公平正义的利益平衡与分配伦理,需要合理地界定使用行为对著作权人的作品市场构成的"商业性"影响。以美国为首的部分发达国家基于著作权产业推动经济增长的利益需求,易于忽视使用者基于宪政自由的公共利益诉求,进而在立法和司法实践中将个人目的的作品使用行为(如数字下载等个人复制行为)泛化为对作品市场构成替代性竞争的"商业性"侵权行为,这从本质上违背了著作权法实现作品社会价值最大化的公共福利宗旨。仅就单个的个人使用(如个人复制)而言,其并未对著作权人的市场利益构成实质性破坏的竞争关系,同时它对作品的公共效用发挥,如鼓励学习、实现表达自由以及推动公众文化参与等,具有不容忽视的重要作用。即使排除公共价值不谈,个人使用者是因为可以获取或接触作品才会去尝试消费,而一旦需要支付对价,使用者很可能根本就不会考虑去消费。可见,认为每下载一次作品就会使著作权人的市场利益被替代一份的结论难以成立。总之,在使用行为"商业性"的

---

① Jessica Litman, "Frontiers of Intellectual Property: Lawful Personal Use," *Tex. L. Rev.* 85 (2007): 1912-1914.
② *A & M Records, Inc. v. Napster*, 239 F.3d 1004, 1015 (9th Cir. 2001). 详见本文第四章第二节第三部分对美国"合理使用"原则的"闭合"趋势论述。

"市场影响"认定方面,应强调使用行为对作品市场的"实质性破坏"和"轻微程度的间接性损减"之间的区别,既要给著作权人创作与传播作品提供合理的必要激励,也应充分考量使用者对作品的公共利益诉求。

(二) 使用行为"公/私性"的合理区分

使用行为的"公/私性"划分,并非是从使用主体的"公""私"属性差异来理解,并非是指使用行为是否构成公权行为,而是通过区分使用作品的"私域"抑或"公开"范围对是否承担侵权责任的行为描述。[①]历史轨迹和司法实践表明,著作权法主要禁止未经授权的作品传播行为,而不是消费性甚至后续创造性的个人使用行为。坚持著作财产权的"复制权"基础,会面临自身难以克服的体系障碍。随着数字网络技术的不断深入,"复制"本身已难以成为判定侵权的合理依据。与个人使用相比,"公开或向公众"再现或提供作品的传播行为对著作权人的经济利益造成的影响甚为严重,对作品市场构成了"实质性破坏"的竞争关系。是故,作为一项支配性财产权,著作权主要限制他人"公开再现"作品的传播行为,而不应控制他人对作品的个人使用行为。有观点认为,网络环境下的使用行为已经混淆了著作权法传统意义上的"公""私"划分界线。例如,使用者在家庭等私域物理空间内就可以轻松地实施"公开或向公众"再现或提供作品的传播行为。所以,伴随数字网络技术的迅猛发展,使用行为传统意义上的"公""私"区分性已混为一体且失去作为价值判断的重要意义。[②] 这里要强调的是,互联网环境下对作品的使用应以其在互联网中的自身特性来区分使用行为的"公私性",而不能依据使用者所处的现实物理空间进行简单认定。在前互联网时代的传播技术条件下,对使用行为的"公私性"区分主要以使用者所处的现实物理空间(即使用行为是发生在家庭或类似家庭的私域空间内,抑或发生在向公

---

① Julie E. Cohen, "Comment: Copyright's Public-Private Distinction," *Case W. Res. L. Rev.* 55 (2005): 963-964.
② Marybeth Peters, "Copyright Enters the Public Domain," *J. Copyright Soc'y U.S.A.* 51 (2004): 708;〔日〕田村善之:《日本知识产权法(第4版)》,周超、李雨峰、李希同译,知识产权出版社,2011,第459页。

众再现或提供作品的公开场所)来进行判断。而在互联网环境下,这种以使用者所处现实物理空间的区分标准已不尽合理,应从主体在互联网环境下的作品使用属性来区分使用行为的"公私性"。如数字下载行为,是为下载者本人目的实施的个人使用行为,故其不应属于著作权的支配客体,乃不应受著作权人控制的使用行为。使用者指向具有密切身份联系的单一特定主体(如亲属、好友等)而对作品实施互联网"点对点"式的单向传输(如电子邮件传输)行为,符合基于"亲密交往"原则的家庭或类似家庭的"私域"范畴,故也构成发生在私域范围内的个人使用。[①]值得注意的是,如果使用者将作品"上传"至互联网的某一服务器且构成向不特定之第三人再现或提供作品,即便发生在私域的现实物理空间以内,仍属于"公开或向公众"再现或提供作品的传播行为,应受著作权的支配。可见,数字网络环境下的作品下载行为以及向具有密切身份联系的限定主体所实施的作品单向传输行为,都构成规范意义上的个人"私域"使用。使用行为的"公私性"已突破传统著作权理论当中的物理空间范畴,需要根据使用者在互联网环境中的特定身份联系加以合理适用。在互联网环境下,个人使用的"私域"界定应从实体环境强调"使用者所处的现实物理空间"转向使用者之间"身份上的密切联系",实现一种从"空间"向"身份"的转化。随着网络传播技术的不断发展,对版权作品实施的侵权行为从以营利为目的的行业性利用转向并不一定以营利为目的的大众传播行为,这都可能对著作权人的利益造成实质性破坏,故著作权法应对上传等公开再现作品的网络传播行为进行必要规制。概言之,著作权法主要限制他人公开再现作品的传播行为,在网络环境中则强调规制如种子上传等向公众提供作品的源传播行为,而不应控制诸如数字下载或限定主体之间的单向传输行为。

随着 P2P 技术的不断发展,尤其是 BT 技术的引入与普及,数字网络环境下的分享行为呈现个人复制(下载)与传播的并合态势。严格意义上讲,互联网环境对版权作品的 P2P 分享行为已不属于规范意义上的个

[①] 个人使用之"亲密交往"原则最早源自公民基于私域自治的隐私权,参见 Kenneth L. Karst, "The Freedom of Intemate Association," *Yale L. J.* 89 (1980). pp. 635-636。

人使用，如用户对版权作品的 BT 下载，会因为技术的自身特性而发挥着推动、加速其他用户下载同一文件的传播协同功能，理论上构成向不特定之第三人公开再现或提供作品的传播，将对著作权人利益产生实质性损害。然而，网络使用的现实情况是，作为单一规制手段的法律既难以阻止 P2P 技术造成的市场失灵现象，又存在规制这种分享行为将与公民基本人权（如信息获取自由、隐私权等）相抵触且实施成本过高的问题。是故，应在合理运用技术、法律以及市场新模式等多元手段的基础上，既给予 P2P 使用者分享作品的一定自由，又通过多元补偿机制对著作权人的利益损失进行合理补偿，将有助于在著作权人、使用者及营利性中间商等各参与性主体之间形成互利共赢的合作协调局面。

二 对著作权私力救济的检讨与反思

进入互联网时代，非法传播作品等侵权行为逐渐从职业化转向大众化，仅依靠单一的法律手段对著作权进行事后救济，已难以适应著作权人在新形势下的利益需求。正是在这样的背景下，著作权人在运用技术保护措施的基础上，结合技术、合同规则以及法律的自身优势，越来越多地采用"数字权利管理"（Digital Right Management，简称 DRM）手段来加强对著作权的有效保护。DRM 主要包括"技术保护措施"（TPM）和"权利管理信息"（RMI），是权利人在数字环境下对著作权进行有效保护和管理的私力救济方式。[①] 其中，技术保护措施是 DRM 采用的主要手段，主要包括以下四大类：1. 保护作品内容本身的技术，如识别、数字水印与指纹、数据干扰系统（CSS）等；2. 控制访问与接触的技术，如认证、接入授权、产品激活等技术；3. 复制保护技术，如复制生成管理、复制控制指令信息集、连续复制管理、录制媒体内容保护等技术；4. 数字化管理版权技术，如数字合同、权利描述语言、文件交换格式管理等

[①] "数字权利管理""技术保护措施"以及"权利管理信息"之间的详细区分请参见〔加〕迈克尔·盖斯特主编《为了公共利益——加拿大版权法的未来》，李静译，知识产权出版社，2008，第 115~118 页；张今：《版权法中私人复制问题研究》，中国政法大学出版社，2009，第 285~287 页；吴伟光：《数字技术环境下的版权法：危机与对策》，知识产权出版社，2008，第 146~151 页。

技术。① 如美国《家庭录音法》规定数字录音设备应采用的"连续复制管理系统"（SCMS），主要运用识别技术和连续复制控制技术，其特征表现在对原版载体与复制性载体能进行自动识别，允许使用者对作品原版载体进行初始性的数字化复制，在一定程度上可以维护消费者的个人使用自由，但如果使用者想对复制性载体再进行复制，SCMS 就会阻止这一操作的执行。可见，SCMS 作为一项数字技术保护措施，能较好地控制对作品初始性复制后的进一步传播，对著作权人利益的充分保护起到有效的事前救济作用。

总体而言，作为保护著作权的有效规制手段，技术保护措施是通过控制终端用户对作品的使用行为来实现著作权人利益的私力救济方式。它不以国家机关等公权力的介入为前提条件，而是权利人依靠技术自身的控制力所实施的保护手段。然而，正因为技术保护措施是一种著作权人自决的私力救济手段，故在技术控制的必要性、合理限度等方面，主要是由作为私权主体的著作权人而不是客观公正的公权主体来行使救济措施的裁量权，这就使技术保护措施不可避免地带有人为因素的价值偏向，从而产生对使用者合理使用作品造成损害的负面效应。换言之，私力救济属性意味着技术保护措施完全从著作权人的私人立场出发，并未充分考虑到著作权法指向的利益平衡价值问题，这就使技术可能形成对作品乃至兼容性设备的过度控制——数字锁定，甚至监控使用者的个人行踪与身份、破坏使用者的信息使用安全。这既阻碍社会对信息的接触和使用自由，加大了公众使用作品的社会成本，又可能涉及对公民隐私权等基本人权的侵犯。例如，著作权人可以在数字化作品上实施技术保护措施，使作品的文件格式被限定在指定的播放设备或系统上运行，从而导致各种播放设备、系统与文件格式之间互不兼容，消费者只能选择在被指定的播放设备或系统上进行使用。② 更为极端的例子表现在著作权人运用技术保护措施对使用者隐私权乃至公共信息安全构成的危害，如美国 MediaMax、XCP 个人信息监

---

① 〔美〕塔瑟尔：《数字权益管理——传媒业与娱乐业中数字作品的保护与盈利》，王栋译，人民邮电出版社，2009，第 67~108 页。
② 如苹果公司采用的 FairPlay 技术将数字音乐作品限定在 iPod 音乐播放器上播放，环球影业制片公司通过"内容扰乱系统"（CSS）技术将 CD 设置成仅能与 Windows 系统相互兼容

控案①以及我国江民 KV300L++案、微软黑屏事件等。

尽管技术保护措施作为一种私力救济手段，很可能因带有私人利益的价值偏向而产生对使用者合理使用作品造成损害的负面效应，但技术保护措施乃是解决数字环境下著作权保护困境不可或缺的有效手段之一，也构成互联网时代作品营销与服务管理模式的重要基础。进一步讲，由于非法传播作品的侵权行为在数字环境下呈现立方式激增的扩散趋势，同时又对著作权人利益构成难以弥补的实质性破坏。是故，如果要对侵权行为进行有效规制，公平、合理地实现著作权人的经济利益诉求，就有必要对"技术保护措施"这一著作权事前救济的"保护层"进行保护，这样才能在事发之前减少著作权遭受侵害的可能性。② 对于这一点，国际社会已达成普遍共识。1996 年 WIPO 因特网条约（WCT、WPPT）通过制定反技术规避规则，明确要求各签约国"提供法律上的充分保护和有效救济以制止对有效技术保护措施进行的规避"。③ 随后，多数国家都纷纷制定反技术规避规则，禁止破坏、避开"技术保护措施"的行为以及提供破解工具和服务的行为。如美国 1998 年《千禧年数字版权法》（DMCA）和欧盟《2001/29/EC 号指令》制定的反技术规避规则都包括"反技术规避行为条款"和"反规避设备条款"。反技术规避行为条款禁止实施对技术保护措施进行规避的行为，使规避行为本身就能产生法律责任，不论其是否构成著作权侵权行为。反规避设备条款则禁止生产、传播和提供帮助实施技术规避的任何设备和服务。④ 在"反技术规避行为条款"上，美国将规避"控制作品接触的技术保护措施"的行为定性为违法行为，而欧盟则除此之外，还将规避"防止对可接触作品进行复制、传播等的技术保护措施"的行为视为违法行为。⑤ 虽然欧美发达国家对反技术规避规则也列举了一

---

① See Electronic Frontier Foundation, Sony BMG Litigation Info, http://www.eff.org/cases/sony-bmg-litigation-info, 最后访问日期：2013 年 6 月 30 日。
② 王迁：《网络环境中版权制度的发展》，载张平主编《网络法律评论（第 9 卷）》，北京大学出版社，2008。
③ 参见 WCT 第 11 条、WPPT 第 18 条规定。
④ 罗莉：《作为社会规范的技术与法律的协调——中国反技术规避规则检讨》，《中国社会科学》2006 年第 1 期。
⑤ See Directive 2001/29/EC, §6 (3).

些具体的例外情形，但总体而言，欧美发达国家制定的反技术规避规则对著作权人提供的保护过于宽泛，这很可能导致著作权人不合理地运用技术保护措施，从而侵犯甚至剥夺使用者正当接触和使用作品的自由。①

我国著作权法对反技术规避规则只有原则性的规定。②《信息网络传播权保护条例》第26条虽对反技术规避及其例外情形进行了必要规定，但只适用于信息网络传播权，而不适用于"公开或向公众"再现作品的其他传播权。值得注意的是，著作权法未对技术保护措施与合理使用之间的关系进行明确，除此之外，现有立法还缺乏规制滥用技术保护措施的相关法律规定。如著作权法完全没有这方面的规定，而《信息网络传播权保护条例》仅规定了四种允许破解技术保护措施的例外情形，这明显不符合社会公众接触和使用作品的公共利益需求，不足以应对著作权人可能实施的滥用技术保护措施问题。③ 笔者认为，为了坚持著作权法的利益平衡原则，推动著作权法实现社会福利最大化的根本目的，避免技术保护措施对合理使用作品造成的过度损害，应允许使用者可以适用著作权限制规定对技术保护措施进行规避。首先，为了保障使用者对作品必要的接触和使用自由，著作权法应承认使用者基于个人使用目的有权自行破解技术保护措施。如果制造和传播技术保护措施的破解工具是为了符合著作权限制规定的非侵权性使用，著作权法应承认其合法性。其次，著作权法应明确规定著作权人不得对已过权利保护期的作品采用技术措施进行控制，否则无效。权利人不得滥用技术控制下的合同规则，不得通过合同或格式条款人为排除对著作权限制规定的适用，不得要求使用者承担任何不合理的附加义务。否则，合同内容或相关条款应为无效。再次，法律应规定著作权人有义务向特定主管部门登记、说明所采用的技术保护措施，同时向该部门备存技术保护措施的破解工具，主管部门将根据使用者的合理使用申

---

① 如反技术规避规则虽规定使用者在特定例外情形下可以破解技术保护措施，但又规定提供破解工具的协助行为是违法的，这实际上剥夺了毫无技术规避能力的一般使用者享有这些例外规定之权益的可能性。See DMCA, §§1201（d）-（j）, Directive 2001/29/EC, §6（4）.

② 参见我国著作权法第48条第6款。

③ 王迁：《网络环境中版权制度的发展》，载张平主编《网络法律评论（第9卷）》，北京大学出版社，2008，第85~115页。

请,视具体情形向缺乏规避技术能力且符合规避条件的使用者提供技术保护措施的破解工具。对此,政府可以考虑专设从事技术措施审查与解锁"钥匙"备存及发放的"第三方代管机构"(escrow agent),以方便使用者依据合理使用原则进行解锁申请,实现对作品的必要接触与使用。① 最后,为防止著作权人滥用反规避技术规则,可以参照美国相关部门的做法,定期(如每三年)对技术保护措施的执行情况进行动态监督和总结,不断完善和增加允许规避技术保护措施的具体情形。

三 著作权法的"双轨"治理模式

数字互联网技术的迅速普及,推动信息以极低的成本自由地传播,既提高了作品作为一种自由信息在社会价值层面的使用效率,同时也消减了著作权人限制他人使用作品的法律控制力。技术保护措施虽然在一定程度上可以替代法律对著作权人进行必要的事前救济,但因私人利益的价值偏向可能会出现违背公共利益的过度控制现象,进而会限制社会公众对信息的接触和使用自由。法律应秉持技术中立原则,在对技术保护著作权进行认可、保障的同时,应防止著作权人因滥用反规避技术规则而产生的技术过度控制现象。然而,在技术保护措施出现控制失灵的条件下,如 P2P 资源分享模式的互联网环境中,法律既存在执行成本过高、难以对著作权人控制他人使用作品的支配性财产权进行有效保护的执法难问题,又会因禁止使用作品的法律执行而对社会公众在互联网环境下自由使用与传播信息产生无法弥补的消极阻碍作用。正基于此,有必要区分实体环境与数字互联网环境,对著作权保护采取不同的治理模式,即设置一种著作权法运用与实施的"双轨"治理模式。

在以传统印刷技术与模拟拷贝技术为主的实体环境下,有必要继续保持著作权的财产专有权属性。但与有体物之所有权不同的是,著作权作为一项专有权的支配客体是对作品实施的使用行为,而非作品本身。同时,有必要对著作权支配和限制地使用行为范围进行合理、公平地划分。笔者

---

① Dan L. Burk & Julie E. Cohen, "Fair Use Infrastructure for Rights Management Systems," *Harv. J. L. & Tech.* 15 (2001): 66.

认为,应贯彻著作财产权体系的"大传播权"设计,强调著作权支配和限制的行为方式主要以他人公开再现或向公众提供作品的传播行为为基准。是故,著作权不应限制(禁止)他人并无商业营利目的的个人使用行为。

在数字互联网环境下,有必要淡化著作权(尤其是复制权)的财产专有权属性,实现著作权保护的侧重点由"控制"(或支配)权能转向"收益"权能、由"财产规则"(Property Rules)转向"补偿责任规则"(Compensatory Liability Rules)的渐进转变,重新配置著作权在互联网环境下"补偿责任规则—财产规则"并存的二元结构体系。这里指涉的"补偿责任规则"滥觞于英美普通法形成的"责任规则"(Liability Rules),区别于传统意义上的"财产规则"。英美法传统意义的"财产规则",主要适用于包括不动产和动产在内的有体财产,最明显的法律救济方式表现在禁止他人持续性侵扰财产的行为禁令方面。[1] 如他人不法侵占土地,土地所有人除损害赔偿救济之外,有权责令侵权人停止侵害,有权要求法院依财产规则颁发制止侵权人实施持续性侵权行为的禁令。可见,制止侵权行为的"禁令救济"(injunctive relief)是英美法传统"财产规则"的主要救济方式。而"责任规则"则是在不限制或禁止他人使用财产的基础上,通过侵权人对财产所有人利益损失进行合理弥补的责任承担方式,推动相关利益与责任的合理配置,实现各当事人之间的利益互惠。简言之,"责任规则"是使用者未经权利人同意而可以行使该权利,但是应当支付相应对价。有学者认为,法律在知识产权领域过度适用禁令救济方式的财产规则,会助长权利人出于"敲竹杠策略"(hold-up strategy)目的的无理寻租行为。[2] 著作权是法律授予作者及投资者实现经济利益回报的工具性权利,其创设的本质目的是激励知识创新与传播、推动科学文化事业的繁荣与发展,不应过度适用从个人效用出发的"财产规则",使权利人可以完全控制他人对作品的使用行为。然而,基于支配性权能所产

---

[1] Guido Calabresi & A. Douglas Melamed, "Property Rules, Liability Rules, and Inalienability: One View of the Cathedral," *Harv. L. Rev.* 85 (1972): 1106-1107.

[2] Mark A. Lemley & Phil Weiser, "Should Property or Liability Rules Govern Information?" *Texas L. Rev.* 85 (2007): 787.

生的产权效率，法律认可著作权在一定程度上可以限制他人对作品的使用行为。换言之，法律并不否认对于侵害著作权的行为在适用"财产规则"的基础上，同样适用推动各参与性主体利益互惠的"责任规则"。[①] 有观点从公共政策的角度尝试论证"专利侵权不应停止"的法律适用逻辑，本质上就是强调针对专利侵权行为的法律救济应以"责任规则"替代"财产规则"。[②] 进一步讲，著作权保护的关键问题并非在于解释适用"责任规则"是否合理的问题，而是选择在何种特定条件下才能适用"责任规则"的问题。笔者认为，对著作权是否适用以禁令救济为主的财产规则，既要充分衡量作品对专有权人之外的社会价值与使用成本，也要合理评估法律的可实施性与效率。正所谓"法不责众"，诚如美国著名版权学者保罗·戈斯汀所言，"通过一部无法执行的法律乃一项有害的政策，因为这样的法律将危及人们遵守法律的忠诚度。"[③] 可见，适用财产规则之禁令救济方式来保护著作权的合理性，是以法律兼顾作品的公共效用和使用成本、具备实施禁令的效率与普遍执行力为前提条件。[④] 一般而言，当市场交易成本较低时，财产规则优于责任规则；而当市场之交易成本相对较高时，则与之相反。在互联网特别是 P2P 信息分享技术环境下，对著作权适用以禁令救济为主的财产规则，既面临无法克服的市场失灵和执法障碍，也可能涉及对公众表达（如获取信息）自由、文化参与乃至隐私权等宪法自由的侵犯。集中许可方式的"责任规则"，即"补偿责任规则"的优势在于，它不但可以减少使用者在互联网环境下对作品的检索、使用成本，还可以解决著作权人在分散式个人授权模式下的交易成本问题。[⑤] 换言之，补偿责任规则既有利于使用者在有偿支付使用费的基础上

[①] 如绝大多数国家都对以有线的方式转播广播节目的行为规定了非自愿许可的责任机制，而并未承认著作权人依据财产规则可以对这些使用行为（本应归于侵权行为）进行控制，不适用禁令救济方式。

[②] 康添雄：《专利法的公共政策研究》，博士学位论文，西南政法大学，2011 年，第 237~279 页。

[③] 〔美〕保罗·戈斯汀：《著作权之道：从谷登堡到数字点播机》，金海军译，北京大学出版社，2008，第 108 页。

[④] Mark A. Lemley & Phil Weiser, "Should Property or Liability Rules Govern Information?" *Texas L. Rev.* 85（2007）p. 784.

[⑤] Daniel A. Crane, "Intellectual Liability," *Texas L. Rev* 88（2009）: 19–24.

自由地使用作品，又有利于著作权人特别是原始创作者和中小企业获取必要的利益回报。是故，有必要在数字环境特别是 P2P 信息分享技术下的互联网治理架构内，将著作权保护的重心从"财产规则"转移至"责任规则"，实现著作权由"控制"到"收益"的权能转型。

这并不否认著作权在互联网环境下可以适用财产规则，① 而是在承认"（补偿）责任规则—财产规则"并存的二元结构体系的基础上，根据特定情形，对不具商业性营利目的的作品使用行为（如终端用户的 P2P 分享行为）采取一种更加包容的"补偿责任规则"，即通过征收使用费的方式弥补著作权人利益损失的同时，允许非营利性使用者在互联网环境下自由地使用作品。具体而言，在互联网环境下适用"（补偿）责任规则—财产规则"并存的二元结构体系，应侧重以下几个方面：第一，在承认对数字作品实施的个人使用行为（如网络下载、密切联系主体之间的电子邮件传输等）具有合法性的前提下，应采取必要的网络治理措施，如要求网络服务提供商开发、应用必要的盗版识别与过滤技术，尽量避免明示著作权标识（如权利管理信息）的作品在网络分享环境中的肆意传播。第二，针对 P2P 网络分享行为，可以考虑采用自愿集体许可的补偿责任模式，如"通用许可证"（blanket license）的使用模式，通过向服务（产品）提供商或用户征收使用费的方式来补偿自愿加入通用许可的著作权人，允许但不鼓励著作权人做出"选择退出"（opt-out）决定、采用专有权控制作品使用的"囤积"保护模式。在未履行"选择退出"公示义务的情况下，默示推定著作权人自愿加入集体许可的补偿责任模式当中。一旦加入自愿集体许可，著作权人有权按作品的实际使用记录分配补偿金，同时推定放弃针对 P2P 分享行为的诉讼权利。如果著作权人做出退出补偿责任机制的明示选择，视同放弃通用许可模式所收取的任何补偿费用。选择退出的著作权人有义务采用简明的标识方式，使网络用户能够迅速识别数字文档是否属于退出自愿集体许可机制的版权作品。如果对 P2P 用户的侵权行为（如公开再现作品的传播行为）适用财产规则，权利人有

---

① 如使用者对首映中的电影作品进行偷拍并上传至互联网，将对著作权人的利益构成无法弥补的巨大损失，故适用财产规则的禁令救济仍是必不可少的著作权保护手段。

义务事先履行"选择介入"(opt-in)的通知程序。第三，在整合与合理运用法律、技术、市场等手段的基础上，应不断完善在线作品的数据库建设，积极拓展著作权在互联网环境下的多元集中许可方式，如商业批量许可、自愿集体许可、强制许可以及其他合作协调模式等，尽量降低数字作品在互联网环境下的检索、交易及使用成本。同时，应尽可能地鼓励各参与性主体就集中许可方式的使用条件与费用进行民主协商并达成一致意见，必要的时候可以介入公权力。第四，鼓励开发与拓展数字作品的多元商业模式，把价格便宜、使用便捷、合理的技术措施和公平执法有效结合起来，将使用者实施非法传播作品的盗版活动降到较低限度。在这一过程中，有必要对著作财产权体系进行简化，强调著作权以保护"传播"（公开或向公众再现）作品的相关利益为主，这不仅方便互联网环境下的集中许可授权，同时也对社会公众认同、尊重著作权起到积极的引导、教育和推动作用。

如果法律仅强调著作权人对作品视为一种信息商品的市场利益保护，脱离公众对获取信息与文化参与的公共利益诉求，将难以充分发挥作品的公共效用，甚至背离著作权保护的初衷。在对"个人使用"进行著作权法定位及政策选择时，"既应为创造力的生长和发展寻找适合的环境，也应留意行为对环境可能造成的影响"。[①] 诚如学者所言，"著作权的数字困境源自现实社会技术、经济、法律的共同作用，走出数字困境也需要各方面力量的共同作用，包括法律制度的变革、技术措施的合理运用与管理以及最终的市场调节。"[②] 为了纾解个人使用困境，著作权制度完善应是一种理性实践活动，在经历社会实践洗礼与责难的基础上才能朝着良性方向不断前进，这需要学术界与实务界发挥集体的智慧，为夯实我国著作权法的知识语境与理论基础做出应有的贡献。然而，理论构想也并非毫无意义。正如本文开篇所引，讨论乌托邦的意义并不在于能够实现乌托邦，而是让我们至少能够知道离理想尚有多远。

---

① 〔美〕劳伦斯·莱斯格：《免费文化：创意产业的未来》，王师译，中信出版社，2009，第104页。
② 张今：《版权法中私人复制问题研究》，中国政法大学出版社，2009，第304页。

附论　完善我国著作权法的几点建议

在本文的写作和完善过程中,我国已启动对《著作权法》的第三次修订工作。国家版权局于2012年3月和7月分别公布了《中华人民共和国著作权法(修改草案)》一稿和二稿,公开征求社会各界的意见和建议。《草案》引起了社会各界的广泛关注和热烈讨论,我国政府和其他国家政府的相关部门、权利人组织、产业界以及教学科研机构等通过各种途径和方式表达了对修法工作的关注。根据社会各界对《著作权法》的修改意见和建议,国家版权局于2012年12月正式向国务院法制办提交了《中华人民共和国著作权法(修订草案送审稿)》。目前,国务院法制办向各相关部门下发了征求意见通知,正在广泛征求《著作权法(修订草案送审稿)》的修改意见和建议。结合现行《著作权法》和《修订草案送审稿》,笔者就完善立法提出以下几点建议。

第一节　关于第一条的"立法宗旨"

著作权自始就打上了法定权利的烙印,它绝非一种独占性支配权("所有权"),相反,它仅是法律实现权利人创作和投资回报的有限"寻租"机会。著作权的本质在于,它不仅仅是建立针对著作权及著作邻接权的保护机制,还要考虑社会自由获取信息的需要。换言之,著作权制度表明其通过为作品的生产提供经济激励,而隐含于其背后的立法目的在于将尽可能多的新作品最终带入公共领域以维护公共利益的需求。值得注意的是，即使主要调整有体财产关系的《物权法》也未将保护物权作为首要立法目的。如《物权法》第1条规定："为了维护国家基本经济制度，维护社会主义市场经济秩序，明确物的归属，发挥物的效用，保护权利人的物权，根据宪法，制定本法。"可见，我国《物权法》保护物权的首要、终极目的仍在于社会主义公共利益。所以，从公共价值取向来看，保护著作权及著作邻接权只是实现著作权法终极目标的次要目的抑或手段，而非实现目标的结果。类似观点在《美国联邦宪法》中的"版权及专利保护"条款、《日本著作权法》及欧盟《2001/29/EC号指令》中都可以看到。如《美国联邦宪法典》第1条第8款规定："为了促进科学和实用技术的发展，国会有权……通过（by）保障作者和发明者对他们各自的作品、发现在有限期间内享有专有权利。"[①] 又如《日本著作权法》第1条"立法目的"规定："通过（by）规定与作品相关的作者权及与……相关的著作邻接权，本法的目的在于保障对作者权等的保护及对这些作品的公正、合理利用，以促进文化发展。"[②] 再如欧盟《2001/29/EC号指令》前言的陈述，都在说明制定该指令的目的在于"实现网络自由、知识财产法的基本原则、表达自由及公共利益之间的平衡""通过（by）提供知识财产的高水平保护，可以有利于培育创造力和革新的大量投资，包括引领欧洲产业竞争力的持续增长……这将会捍卫就业并将鼓励创造新的就业机会。"[③] 可见，我国《著作权法》将"保护作者的著作权及与著作权相关的权益"列为立法宗旨的首要内容是存在问题的。

综上所述，结合现行《著作权法》和《修订草案送审稿》，建议考虑以下两种修改方案：1."为（for）鼓励有益于社会主义精神文明、物质文明建设的作品的创作和传播，促进社会主义文化、科学和经济的发展与繁荣，保护文学、艺术和科学作品作者的著作权以及传播者的相关权利，根据宪法制定本法"；2."通过（by）保护文学、艺术和科学作品作者的著作权，以及传播者的相关权利，以鼓励有益于社会主义精神文明、物质文

---

① United States Constitution, Article 1, §8 (8).
② 《日本著作权法》，李扬译，知识产权出版社，2011，第1页。
③ Directive 2001/29/EC, Preface (3), (4).

明建设的作品的创作和传播，促进社会主义文化、科学和经济的发展与繁荣，根据宪法制定本法。"

第二节　关于第十条"著作财产权"的总括性规定

法律保护著作财产权应以使用行为是否造成或可能造成传播（"公开或向公众"再现或提供）作品作为是否构成侵权的主要依据。著作权法可以考虑在著作财产权内容前加一个总括性条款，规定著作财产权主要保护什么。笔者认为，著作财产权以保护权利人"公开或向公众"传播作品的利益为基础，传播权构成著作财产权的基础性权利。这样设计的好处在于，一方面可以有效简化著作财产权体系的凌乱冗杂现状，另一方面又可以归纳著作财产权得以支配的使用行为的本质属性。此外，该总括性条款还应通过界定"公众"的内涵以明确"公开或向公众"的范畴。具体而言，主要有两种设计方案：1. 明确"公众"仅指向"不特定人"，可以是不特定之一人，也可以是不特定之多数人；2. 借鉴日本及我国台湾地区，承认"公众"包括"特定之多数人"，但将基于特定身份联系形成的"家庭及密切社交之多数人"明确排除在外。简化后的"大传播权"体系设计，能够较清晰、合理地划定著作财产权的权利边界，同时又能明确著作权人通过控制何种使用行为来实现自身的财产利益。这不仅有助于消弭公众因误解著作财产权而造成的逆反心理，同时又对公众逐渐认同、接受和遵守著作权法起到积极的引导作用。

第三节　关于第二章第四节"权利的限制"的总括性规定

一　增加"权利的限制"设置目的的总括性规定

现行《著作权法》第 2 章第 4 节"权利的限制"应增加一个总括性条款，明确设置权利限制的基本目的，这样可以避免机械地将著作权视为一种工具性法定权利，致使立法者随意缩减权利限制的适用空间。著作权法的"著作权—权利限制"二元设计，本质上是著作权人与其他参与性主体的利益平衡结果，旨在维持著作权与公众实现教育、科研以及表达（包括获取信息）自由等公共利益之间的平衡。[①] 是故，可以考虑在第2章第4节"权利的限制"的起始部分增加一个总括性规定，建议设计成"为了维持著作权与社会教育、文化参与以及获取信息自由等公共利益之间的平衡，实现利益的公平、合理分配，本法对著作权进行必要的限制。"

二 慎重吸纳"三步检验法"规则的建议

就"三步检验法"规则而言，国际公约的创设实属无奈之举。由于著作财产权的具体限制情形在各成员国之间无法达成一致意见，公约只能寄期望于各成员国依各自特定的公共政策目的，对这一递进式的抽象规则来做出解释。实际上，各国设置哪些具体限制情形，仍主要由各成员国来发挥自由裁量权。当然，各国对具体限制情形的列举式规定仍应符合国际上普遍接受的习惯性共识，但这些列举式规定主要还是由各国对经济（财产权保护）、文化（推动大众文化参与和文化繁荣）、人权（表达自由、鼓励学习、隐私保护）等综合因素考察后所做出来的公共政策选择。可见，国际公约创设的"三步检验法"是一种开放式的规则，本应用来给各国作为设立具体限制情形的"开放式"衡量标准。有必要澄清的是，2001年欧盟《2001/29/EC号指令》第5条的"例外与限制"设计，是在已经详细列举各成员国可以设置的权利限制情形的基础上，再补充规定"三步检验法"的判断规则。指令列举的这些具体限制情形，是在全面考虑各成员政策需求的基础上所达成的一致意见。所以，"三步检验法"规则在指令中的意义就和《伯尔尼公约》等国际公约的作用一样，旨在明确各国可以依自身公共政策目的而行使自由裁量权，在指令列举的具体限制清单中做出适当的选择。然而，如果我国著作权法将"三步检验法"

[①] 如WCT序言规定："承认有必要按《伯尔尼公约》所反映的保持作者的权利与广大公众的利益尤其是教育、研究和获取信息的利益之间的平衡"；又如欧盟《2001/29/EC号指令》序言第3款规定："本指令的目的旨在协调网络自由、知识财产法的基本原则、表达自由及公共利益之间的关系。"

纳入列举的各类具体限制情形中或补充在著作权限制规定的最后部分，都可能在事实上造成著作权限制制度的进一步"闭合"而非"开放"。严格上讲，任何著作权限制情形都构成对著作权人市场利益一定程度的损害，当"三步检验法"规则作为个案考察中的判断标准时，裁判者很可能会倾向于采用市场利益损害的定量分析方法，从而对使用者做出不利的裁判结果。这就导致原本作为权利限制的合理使用情形会受到著作权的挤压，进而被"三步检验法"规则完全抽空。可见，"三步检验法"规则用在具体权利限制情形中会和它在国际公约及欧盟《2001/29/EC 号指令》中作为权利限制制度设计之"开放式"衡量依据的作用不同，它使原本"封闭"但合法的各类限制规定必须通过"三步检验法"规则的检验才能确定是否合法，进而抽空著作权限制制度的存在价值，变得更加"闭合"，这将导致使用者因立法的不可预见性而无所适从。

综上所述，我国著作权法的权利限制规定在吸纳"三步检验法"规则时，应充分考量如何实现著作权限制制度的"开放"模式。笔者认为，真正意义上的"开放式"权利限制设计，不是简单的"列举补充规则"模式，而应是"规则加详细列举"模式。二者在立法逻辑上的区别在于："列举补充规则"模式是在对具体限制情形之合理性需要考察的基础上用"三步检验法"加以个案补充判断，这等于抽空了列举式权利限制制度的存在价值；而"规则加详细列举"模式则不同，它是在对具体限制情形之合理性肯认的基础上用"三步检验法"加以填补，以完善立法可能遗漏的权利限制情形。例如《著作权法》第 22 条有关个人使用的权利限制规定，当采用"三步检验法"设计上的"列举补充规则"模式时，使用行为即便构成个人使用，依然应由法官根据"三步检验法"标准在个案中的具体判断来确立使用行为的适法性，个人使用是否免责并不确定。在个人使用规定采用"规则加详细列举"模式时，法律是在承认个人使用符合"三步检验法"标准的基础上，再由法官逐案判断对版权作品的具体使用行为是否构成规范意义上的个人使用。在"规则加详细列举"模式下，法官若判定个案中的使用行为构成规范意义上的个人使用，则属于合理使用行为，使用者不承担法律责任；否则，若使用行为不符合其他权利限制规定的条件，法官将会视具体情况的不同，要求使用者承担相应责任。是故，建议考虑将"三步检验法"规则设置在第二章第四节"权利的限制"的起始部分作为总纲性原则，同时规定"包括但不限于以下具体情形"。

第四节 关于第二十二条第一款第（一）项的"个人使用"规定

在明确个人使用的"主体"应限于自然人的基础上，该条款在立法中还应澄清以下几个问题：

一 个人使用的使用"目的"

使用"目的"是从使用行为的主观要素方面对个人使用进行界定的重要依据。我国现行《著作权法》第22条第1款第1项将个人使用的使用目的简要列举为"为了个人学习、研究或欣赏"。有一种观点认为，个人"欣赏"在于获得精神享受和心理愉悦，属于满足人类高层次需求的消费性使用目的，承认"欣赏"目的的个人使用将对音乐及影视产业造成不同程度的消极影响，故应将此款中的"欣赏"从个人使用的合理使用规定中加以排除。[①] 首先必须承认，随着互联网传播技术的迅猛发展，个人使用（特别是数字下载）累计起来的确对著作权人的商业利益造成一定消极影响。同时，国际公约及各国立法也确未出现过将"欣赏"规定为个人使用目的的情况。然而从规范意义解释的话，"欣赏"这一措辞未必就不妥当。除英美法系国家以外，从具有代表性的《德国著作权法》第53条、《法国知识产权法典》L.122-5条及L.211-3条、《日本著作权法》第30条中都不能得出这个结论。个人使用的目的是开放性的，诚如雷炳德教授对德国联邦法院一则判例评价的那样，"这种使用行为（指个人使用）是在私生活领域发生的，与所追求的相关目的无关"[②]。另外，如果将个人使用的目的"仅限于学习或研究目的"，将与我国《著作权

---

① 吴汉东：《著作权合理使用制度研究》，中国政法大学出版社，2005，第330页；张今：《版权法中私人复制问题研究》，中国政法大学出版社，2009，第182页。
② 〔德〕M.雷炳德：《著作权法》，张恩民译，法律出版社，2005，第300页。

法》第22条第1款第6项"为了教学或科学研究目的使用"规定相重叠,"为教学或科学研究目的"的教学或科研人员使用,对于教学或科研人员而言,亦可能是一种个人使用。可见,该条款的立法本意是想在教育研究等公共利益之外对使用专划一条"公/私"边界,来确定行为的合理性。在原条款立法者看来,自然人如果是出于非营利性目的在私域范围内使用已发表的作品,就应被划为合理使用。所以,我们可以质疑"欣赏"目的的个人使用在现实传播困境下是否还具有当然的合理性,进而根据政策考量,选择与"学习或科学研究"目的的个人使用是否区分处理,抑或对作品类型做出特定限制,但不能简单地认为个人使用目的应仅限于"个人学习或科学研究",这在规范意义上逻辑是不周延的。进一步讲,是否在著作权法"个人使用"条款的使用目的中删除"欣赏"一词,是由立法者根据本国特定的经济、政治、文化背景所作出的立法政策选择。在笔者看来,"欣赏"与"学习""研究"之间难以界定、区分。对作品进行"欣赏",其本身也可能融入作品的学习、研究过程中。对个人"欣赏""学习"及"研究"的区分,将进一步增加目的的判断难度,故可以考虑将个人使用的"目的"概括成"不具商业性的个人目的"[①],同时强调这一"目的"包括"个人学习、研究"在内。

二 个人使用的使用"范围"

"不具商业性的个人目的"应与个人使用的使用"范围"结合在一起才能确立彼此的内涵。同时,合理界定个人使用的使用"范围",应以使用行为是否构成"不合理地损害权利人合法利益"作为行为之客观影响的价值判断依据。就使用"范围"而言,该条款使用的"个人"措辞并不精确。如果将"个人"的作品使用范围解释成仅限于使用者自己使用,就不包括在诸如家庭或相当于家庭(如三五个朋友之间)范围内的使用。而如果把"个人"的作品使用范围解释成既包括使用者的本人使用,又包括在家庭或相当于家庭范围内的使用,则将"个人"作了广义解释,

---

[①] "不具商业性或非商业性"的判断与认定请参见本文第五章第二部分"使用行为'商业性'的价值判断"。

还涵盖个人在私域范围内的使用。从各国立法情况来看，一般都允许使用者把作品复制件提供给家庭成员、亲属或朋友，也允许在私域内对作品进行表演等。① 另外，《著作权法》第22条第1款第1项文本未沿用文化部原《图书、期刊版权保护试行条例》第15条"供本人使用"的限定性措辞。可见，立法本意是想把供本人使用的个人使用和个人在私域内的使用都涵括进来。我国著作权法允许的"个人"使用，可以理解成既包括仅供本人使用的个人使用行为，也涵括个人在私域范围内的使用行为。

应注意的是，家庭或相当于家庭范围的"私域"判断并不限于使用者所处的现实物理空间，在互联网环境下应被理解成具有密切身份联系的特定主体关系。进言之，互联网环境下个人使用的"私域"范围应以使用行为在互联网中的自身特性来认定。在前互联网时代的传播技术条件下，对使用行为的"公/私性"区分主要以使用者所处的现实物理空间（即使用行为是发生在家庭或类似家庭的私域物理空间内，抑或发生在向公众再现或提供作品的"公开"场所）来进行判断。而在数字互联网环境下，这种以使用者所处现实物理空间的区分标准已不尽合理，个人使用的"私域"界定应从实体环境强调"使用者所处的现实物理空间"转向使用者"身份上的密切联系"。在此基础之上，结合三步检验法"是否不合理地损害权利人的合法利益"的价值判断要求，司法实践中有必要对具备"身份上的密切联系"的使用受众范围进行一定限制，这样才能尽量避免个人"私域"使用的适用范围被过度泛化。这种限制可以尝试从以下两方面入手：1. 限制个人"私域"使用的受众人数。当使用受众人数超过这一限量，即使提供者与受众之间存在"身份上的密切联系"，仍将构成"公开或向公众"再现或提供作品的传播关系，不属于个人使用范畴。2. 限制个人"私域"使用的"复制"次数。虽然数字互联网环境下的"复制"行为本身难以作为判定使用行为是否侵权的合理依据，但"复制"数量的多少在确立密切身份联系的使用受众范围时仍具有重要作用。例如，针对具有密切身份联系的主体之间实施的互联网单向传输行

---

① 〔德〕M. 雷炳德：《著作权法》，张恩民译，法律出版社，2005，第298页；另参见《法国知识产权法典》L. 122-5条第1款、L. 211-3条第1款。

为，我们可以通过限制此类作品单向传输的"复制"数量来认定。换言之，超过限定"复制"次数的此类单向传输行为可以排除在个人使用范畴以外，否则就构成个人"私域"使用，其使用"范围"符合具备"身份上的密切联系"的"私域"范围。据此，数字下载行为构成仅供本人使用的个人使用行为，向具有密切身份联系的特定主体（如亲友）实施的、符合限定"复制"次数的互联网单向传输行为以及向具有密切身份联系的限定主体（如三五个亲友）再现或提供作品的使用行为，都构成个人"私域"使用，属于规范意义之个人"私域"使用。而使用者将作品"上传"至互联网的某一服务器且构成向公众再现或提供作品，即便发生在私域之现实物理空间以内，仍属于"公开或向公众"再现或提供作品的作品传播行为，应受著作权法的规制。可见，国务院《信息网络传播权保护条例》第6条合理使用条款之所以未列明"个人使用"，这并非否认个人使用在数字互联网环境中的合法性，而是从"私域"使用的"身份"特性来看，个人使用并不适用于对信息网络传播权的限制。

需要补充说明的是，P2P分享技术的不断发展使互联网环境下的作品使用行为呈现出一种个人复制（下载）与传播的并合态势，分享资源的终端用户之间存在彼此身份上的认知不确定性，很难说构成使用者"身份上的密切联系"，故不属于规范意义上的个人"私域"使用。例如网络用户对版权作品的BT下载行为，由于技术的自身特性而发挥着推动、加速其他用户下载同一文件的传播协同作用，理论上已构成"公开或向公众再现或提供作品"的"传播"，将对著作权人的市场利益构成破坏性的实质性损害。就此类分享行为而言，追究终端用户的法律责任既存在执行成本过高的难题，又存在与公民基本人权竞相抵触的困惑。是故，应考虑在合理运用技术措施、法律以及市场新模式等多元手段的基础上，既给予使用者分享、获取信息的基本自由，又以合理补偿的方式在著作权人、营利性中间商以及使用者之间构建一种互利共赢的合作关系。

三 个人使用的"使用"类型

《著作权法》第22条第1款第1项对个人使用的"使用"类型没有做出解释。根据欧盟《2001/29/EC号指令》第5条第2款第2项、《德国著作权法》第53条、《日本著作权法》第30条的规定，个人使用皆作为复制权的限制情形被列举出来，个人使用反倒成了权利限制情形的复制目的存在。根据《法国知识产权法典》的规定，个人使用也仅包括私人表演和私人复制两类。可见，这些立法设计都限缩了个人"使用"的适用范围。我国著作权法中的"个人使用"条款将"使用"本身作为著作财产权的限制事由，意味着除复制权之外的其他著作财产权类型也应纳入个人使用的权利限制范围。据此可以认为，演绎权不应控制私域范围内的个人演绎行为，包括个人改编、个人翻译等，否则就限制了使用者的衍生创作行为。就规范意义而言，《突尼斯著作权示范法》对个人使用的"使用"类型概括得较周延。根据该示范法第七节"合理使用"第1款第1项的规定，只要作品一经发行，使用者"仅为个人使用和私人（非公开）使用目的对作品从事的复制、翻译、改编以及其他转换行为，……皆不必经作者许可而被允许"①。可见，个人使用的"使用"主要包括个人复制和个人演绎两大类。至于个人使用的"使用"类型为何没有包括"（公开）表演""展览""发行""放映""信息网络传播"等使用方式，这是因为此类使用行为方式都是"公开或向公众"再现或提供作品的传播行为，不符合个人使用自身的"私域"特性。

《著作权法（修订草案送审稿）》第43条将合理使用的"个人使用"条款修改为"为个人学习、研究，复制他人已经发表的作品的片段"。从修改内容来看，《修订草案送审稿》将个人使用的合理性"目的"限制为"个人学习、研究"，将"使用方式"限制为"复制"，将"使用作品内容"限制为"作品的片段"。但是这可能导致修改后的个人使用条款在社会实践中出现一系列的问题。首先，就个人使用的合理性"目的"而言，诚如前述，"欣赏"与"学习""研究"之间难以清楚地界定、区分。从使用者主观方面对"欣赏""学习"以及"研究"进行区分，将会进一步增加合理性"目的"的判断难度。其次，就"使用方式"而言，个人"使用"也不等同于个人"复制"，按《修订草案送审稿》的规定，"个

---

① UNESCO&WIPO, *Tunis Model Law On Copyright for developing countries* (1976), Section 7, (i), (a).

人翻译""个人注释""个人改编"等都将属于侵权行为,而这是不符合实践常识的。需要补充说明的是,使用者进行"个人翻译""个人注释""个人改编"时,也未必仅出于"个人学习、研究"目的,"个人欣赏"目的又何尝不可能?最后,就"使用作品内容"而言,《修订草案送审稿》径直将个人使用的作品限制为"他人已经发表的作品的片段",等于无条件"埋葬"了网络下载合法的可能性。试想一下,下载享有著作权的数字作品,无论其信息来源是否合法,如何实现只复制作品的片段?可见,无论是从理论逻辑周延性,还是从社会实践可操作性来说,《著作权法(修订草案送审稿)》关于个人使用条款的修改都采取"一刀切"的做法,对数字环境下权利人与使用者之间利益冲突的协调很难说是成功的。

综上所述,建议将原条文修改成"自然人为了不具商业性的(包括个人学习、研究在内的)本人使用以及在家庭成员、密切社交关系的限定主体范围内使用的目的,(以少量复制以及翻译、注释、改编等演绎方式)使用他人已经发表的作品"。对此,结合与国外立法例保持一致,突出对著作权限制的审慎态度,修改内容对使用目的、使用类型的表述提供了两种选择方案,视不同立场保留或删除"包括个人学习、研究在内的"与"以少量复制及翻译、注释、改编等演绎方式"字样。

参考文献

一 中文类参考文献

（一）著作类

1. 〔德〕卡尔·拉伦茨：《德国民法通论（上册）》，王晓晔等译，法律出版社，2003。
2. 王泽鉴：《民法总则（增订版）》，中国政法大学出版社，2001。
3. 梅夏英：《财产权构造的基础分析》，人民法院出版社，2002。
4. 史尚宽：《物权法论》，中国政法大学出版社，2000。
5. 张玉敏：《走过法律》，法律出版社，2005。
6. 曾世雄：《民法总则之现在与未来（第二版）》，元照出版有限公司，2005。
7. 郑成思主编《知识产权研究（第一卷）》，中国方正出版社，1996。
8. 刘春田主编《知识产权法（第二版）》，高等教育出版社，2003。
9. 〔澳〕彼得·德霍斯：《知识财产法哲学》，周林译，商务印书馆，2008。
10. 李明德：《美国知识产权法》，法律出版社，2003。
11. 〔匈〕米哈依·菲彻尔：《版权法与因特网》，郭寿康、万勇等译，中国大百科全书出版社，2009。
12. 世界知识产权组织：《保护文学和艺术作品伯尔尼公约（1971年巴黎

文本）指南》，刘波林译，中国人民大学出版社，2002。

13. 《十二国著作权法》翻译组：《十二国著作权法》，清华大学出版社，2011。

14. 《法国知识产权法典（法律部分）》，黄晖译，商务印书馆，1999。

15. 《日本著作权法》，李扬译，知识产权出版社，2011。

16. 《美国版权法》，孙新强、于改之译，中国人民大学出版社，2002。

17. 世界知识产权组织编《著作权与邻接权法律术语汇编》，刘波林译，北京大学出版社，2007。

18. 〔德〕约格·莱因伯特、西尔克·冯·莱温斯基：《WIPO因特网条约评注》，万勇、相靖译，中国人民大学出版社，2008。

19. 王迁、〔荷〕Lucie Guibault：《中欧网络版权保护比较研究》，法律出版社，2008。

20. 〔德〕M. 雷炳德：《著作权法》，张恩民译，法律出版社，2005。

21. 〔日〕半田正夫、纹谷畅男：《著作权法50讲》，魏启学译，法律出版社，1990。

22. 〔美〕约纳森·罗森诺：《网络法——关于因特网的法律》，张皋彤等译，中国政法大学出版社，2003。

23. 中国人民大学知识产权教学与研究中心编《中国百年著作权法律集成》，中国人民大学出版社，2010。

24. 吴汉东：《著作权合理使用制度研究》，中国政法大学出版社，2005。

25. 丁晓金等编《现代西方哲学辞典》，上海辞书出版社，2007。

26. 〔德〕文德尔班：《哲学史教程（下）》，罗达仁译，商务印书馆，1993。

27. 〔美〕希利斯·米勒：《文学死了吗》，秦立彦译，广西师范大学出版社，2007。

28. 汪晖、陈燕谷主编《文化与公共性》（第二版），生活·读书·新知三联书店，2005。

29. 〔日〕佐佐木毅、〔韩〕金秦昌主编《公与私的思想史》，刘文柱译，人民出版社，2009。

30. 屠振宇：《宪法隐私权研究》，法律出版社，2008。

31. 〔美〕托马斯·杰斐逊:《杰斐逊选集》,朱曾汶译,商务印书馆,1999。
32. 张玉敏主编《民法》,高等教育出版社,2007。
33. 〔日〕田村善之:《日本知识产权法(第4版)》,周超、李雨峰、李希同译,知识产权出版社,2011。
34. 吴汉东等:《走向知识经济时代的知识产权法》,法律出版社,2002。
35. 张今:《版权法中私人复制问题研究》,中国政法大学出版社,2009。
36. 吴伟光:《数字技术环境下的版权法:危机与对策》,知识产权出版社,2008。
37. 〔美〕约翰·冈茨、杰克·罗切斯特:《数字时代盗版无罪?》,周晓琪译,法律出版社,2008。
38. 〔美〕保罗·戈斯汀:《著作权之道:从谷登堡到数字点播机》,金海军译,北京大学出版社,2008。
39. 朱理:《著作权的边界:信息社会著作权的限制与例外研究》,北京大学出版社,2011。
40. 〔美〕劳伦斯·莱斯格:《代码2.0:网络空间中的法律》,李旭、沈伟伟译,清华大学出版社,2009。
41. 王迁:《网络环境中的著作权保护研究》,法律出版社,2011。
42. 李明德、许超:《著作权法》,法律出版社,2003。
43. 李泽厚:《历史本体论》,生活.读书.新知三联书店,2002。
44. 〔美〕尼尔·波斯曼:《技术垄断:文化向技术投降》,何道宽译,北京大学出版社,2007。
45. 〔美〕尼尔·波兹曼:《娱乐至死·童年的消逝》,章艳、吴燕莛译,广西师范大学出版社,2009。
46. 〔美〕迈克尔·帕伦蒂:《少数人的民主》(第8版),张萌译,北京大学出版社,2009。
47. 〔美〕赫伯特·马尔库塞:《单向度的人:发达工业社会意识形态研究》,刘继译,上海世纪出版集团,2008。
48. 〔美〕罗纳德·V.贝蒂格:《版权文化——知识产权的政治经济学》,沈国麟、韩绍伟译,清华大学出版社,2009。

49. 〔英〕约翰·穆勒:《功利主义》,徐大建译,上海世纪出版集团,2008。

50. 〔美〕苏姗·K.塞尔:《私权、公法——知识产权的全球化》,董刚、周超译,中国人民大学出版社,2008。

51. 〔俄〕C.A.坦基扬:《新自由主义全球化——资本主义危机抑或全球美国化》,王新俊、王炜译,教育科学出版社,2008。

52. 〔英〕曼德维尔:《蜜蜂的寓言》,肖聿译,中国社会科学出版社,2002。

53. 〔英〕亚当·斯密:《国民财富的性质和原因的研究》(上卷),郭大力、王亚南译,商务印书馆,1972。

54. 〔英〕亚当·斯密:《道德情操论》,蒋自强等译,商务印书馆,1997。

55. 王振东:《自由主义法学》,法律出版社,2005。

56. 〔美〕斯蒂格利茨:《社会主义向何处去:经济体制转型的理论与证据》,周立群等译,吉林人民出版社,1988。

57. 〔美〕诺姆·乔姆斯基:《新自由主义和全球秩序》,徐海铭、季海宏译,江苏人民出版社,2001。

58. 〔澳〕彼得·达沃豪斯、约翰·布雷斯韦特:《信息封建主义》,刘雪涛译,知识产权出版社,2005。

59. 〔美〕威廉·多姆霍夫:《谁统治美国:权力、政治和社会变迁》,品鹏、闻翔译,译林出版社,2009。

60. 〔美〕威廉·M.兰德斯、理查德·A.波斯纳:《知识产权法的经济结构》,金海军译,北京大学出版社,2005。

61. 〔美〕劳伦斯·莱斯格:《免费文化:创意产业的未来》,王师译,中信出版社,2009。

62. 罗卫东:《情感·秩序·美德:亚当·斯密的伦理学世界》,中国人民大学出版社,2006。

63. 唐昊:《竞争与一致:利益集团政治影响下的美国霸权逻辑解析》,人民出版社,2010。

64. 〔美〕亚历山大·汉密尔顿、约翰·杰伊、詹姆斯·麦迪逊:《联邦党人文集》，程逢如等译，商务印书馆，1980。

65. 〔美〕托马斯·R. 戴伊：《自上而下的政策制定》，鞠方安，吴忧译，中国人民大学出版社，2002。

66. 郑成思：《WTO 知识产权协议逐条讲解》，中国方正出版社，2001。

67. 易健雄：《技术发展与版权扩张》，法律出版社，2009。

68. 〔美〕曼瑟尔·奥尔森：《集体行动的逻辑》，陈郁等译，上海人民出版社，1995。

69. 〔澳〕普拉蒂普·N. 托马斯、简·瑟韦斯主编《亚洲知识产权与传播》，高蕊译，清华大学出版社，2009。

70. 〔英〕张夏准：《富国陷阱：发达国家为何踢开梯子？》，肖炼、倪延硕等译，社会科学文献出版社，2009。

71. 〔德〕弗里德里希·李斯特：《政治经济学的国民体系》，邱伟立译，华夏出版社，2009。

72. 〔挪〕埃里克·S. 赖纳特、贾根良主编《穷国的国富论：演化发展经济学论文选》（下卷），高等教育出版社，2007。

73. 刘春田主编《中国知识产权评论（第一卷）》，商务印书馆，2002。

74. 〔美〕A. 爱伦·斯密德：《财产、权力和公共选择——对法和经济学的进一步思考》，黄祖辉等译，上海人民出版社，2006。

75. 〔英〕马歇尔：《经济学原理》（上），朱志泰译，商务印书馆，1983。

76. 周翼：《挑战知识产权：自由软件运动的经济学研究》，格致出版社、上海人民出版社，2009。

77. 金海军：《知识产权私权论》，中国人民大学出版社，2004。

78. 宋慧献：《版权保护与表达自由》，知识产权出版社，2011。

79. 李琛：《知识产权法的体系化》，北京大学出版社，2005。

80. 〔加〕迈克尔·盖斯特主编《为了公共利益——加拿大版权法的未来》，李静译，知识产权出版社，2008。

81. 中国社会科学院语言研究所主编《现代汉语词典》，商务印书馆，2007。

82. 陈力丹、易正林编《传播学关键词》，北京师范大学出版社，2009。

83. 〔美〕詹姆斯·凯瑞：《作为文化的传播——"媒介与社会"论文

集》,丁未译,华夏出版社,2005。

84. 王迁:《著作权法》,北京大学出版社,2007。

85. 郑成思:《版权法(上)》,中国人民大学出版社,2009。

86. 韩赤风等:《中外著作权法经典案例》,知识产权出版社,2010。

87. 〔美〕威廉·W. 费舍尔:《说话算数:技术、法律以及娱乐的未来》,李旭译,上海三联书店,2008。

88. 赵汀阳:《每个人的政治》,社会科学文献出版社,2010。

89. 〔德〕康德:《法的形而上学原理》,沈叔平译,商务印书馆,1991。

90. 〔德〕伊曼努尔·康德:《道德形而上学原理》,苗力田译,上海世纪出版集团,2005。

91. 姚明霞:《福利经济学》,经济日报出版社,2005。

92. 〔法〕米海依尔·戴尔玛斯-马蒂:《世界法的三个挑战》,罗结珍、郑爱青、赵海峰译,法律出版社,2001。

93. 李祖明:《互联网上的版权保护与限制》,经济日报出版社,2003。

94. 〔美〕塔瑟尔:《数字权益管理——传媒业与娱乐业中数字作品的保护与盈利》,王栋译,人民邮电出版社,2009。

(二)论文类

95. 张玉敏:《知识产权的概念和法律特征》,《现代法学》2001年第5期。

96. 王涌:《私法的分析与建构——民法的分析法学基础》,博士学位论文,中国政法大学,1999。

97. 方新军:《权利客体论——历史和逻辑的双重视角》,博士学位论文,厦门大学,2007。

98. 〔日〕田村善之:《"知识创作物未保护领域"之思维模式的陷阱》,李扬、许清译,《法学家》2010年第4期。

99. 李雨峰:《思想/表达二分法的检讨》,《北大法律评论》2007年第8卷第2辑。

100. 李雨峰:《版权制度的困境》,《比较法研究》2006年第3期。

101. 李琛:《树·阳光·二分法》,《电子知识产权》2005年第7期。

102. 〔德〕赖因霍尔德·克赖尔、于尔根·贝尔克:《私人拷贝的理由、实践和未来》,刘板盛译,《版权公报》2003 年第 3 期。

103. 张耕、施鹏鹏:《法国著作权法的最新重大改革及评论》,《比较法研究》2008 年第 2 期。
104. 李雨峰:《著作权制度的反思与改组》,《法学论坛》2008 年第 2 期。
105. 黄汇:《版权法上的公共领域研究》,博士学位论文,西南政法大学,2009。
106. 张平:《拆封合同的特点与效力》,载张平主编《网络法律评论》第 1 卷,北京大学出版社,2001。
107. 苟正金:《论启封许可中的合同自由与知识产权法冲突》,《社会科学研究》2009 年第 5 期。
108. 何鹏:《知识产权概念研究》,博士学位论文,中国人民大学,2009。
109. 李琛:《"法与人文"的方法论意义——以著作权为模型》,《中国社会科学》2007 年第 3 期。
110. 郑万青、傅智操:《从日本遭受的 337 调查看中国的应对策略》,中国法学会知识产权法研究会 2009 年会暨经济全球化背景下的知识产权保护研讨会论文,2009。
111. 〔墨〕阿尔瓦雷斯·贝让:《新自由主义在墨西哥导致全面社会危机》,李春兰、李楠译,《国外理论动态》2008 年第 5 期。
112. 仇华飞:《对引发墨西哥金融危机原因的再认识》,《世界经济研究》2005 年第 12 期。
113. 罗卫东:《亚当·斯密的启蒙困境》,《读书》2010 年第 12 期。
114. 熊琦、王太平:《知识产权国际保护立法中私人集团的作用》,《法学》2008 年第 3 期。
115. 张平:《知识产权制度对国民经济发展的作用》,《中国科技产业》2009 年第 5 期。
116. 许春明:《知识产权制度与经济发展之关系探析》,载国家知识产权战略制定工作领导小组办公室编《挑战与应对:国家知识产权战略论文集》,知识产权出版社,2007。
117. 张平:《知识产权制度对我国企业发展的作用实证研究》,《科技成果纵横》2009 年第 3 期。

118. 李雨峰：《版权法上基本范畴的反思》，《知识产权》2005 年第 1 期。
119. 刘春田：《知识产权的对象》，载刘春田主编《中国知识产权评论（第一卷）》，商务印书馆，2002。
120. 李雨峰：《论著作权的宪法基础》，《法商研究》2006 年第 4 期。
121. 彭学龙：《技术发展与法律变迁中的复制权》，《科技与法律》2006 年第 1 期。
122. 陈琛：《论作品复制权的取消——来自美国著作权法实践的启示》，《学术论坛》2011 年第 5 期。
123. 李琛：《规范等于零》，《电子知识产权》2005 年第 1 期。
124. 何鹏：《知识产权传播权论——寻找权利束的"束点"》，《知识产权》2009 年第 1 期。
125. 张玉敏、陈加胜：《著作财产权重构》，2010 知识产权南湖论坛"经济全球化背景下知识产权制度完善与战略推进"国际研讨会论文，2010。
126. 卢海君：《传播权的猜想与证明》，《电子知识产权》2007 年第 1 期。
127. 卢海君：《表达的实质与表达的形式——对版权客体的重新解读》，《知识产权》2010 年第 4 期。
128. 张玉敏、李杨：《"个人使用"的著作权法定位及政策选择》，《西南民族大学学报（人文社会科学版）》2011 年第 1 期。
129. 王迁：《网络环境中版权制度的发展》，载张平主编《网络法律评论》（第 9 卷），北京大学出版社，2008。
130. 王迁：《P2P 软件最终用户版权侵权问题研究》，《知识产权》2004 年第 5 期。
131. 谢惠加：《网络版权帮助侵权与替代侵权规则初探》，《电子知识产权》2003 年第 12 期。
132. 王迁：《P2P 软件提供者的帮助侵权责任——美国最高法院 Grokster 案判决评析》，《电子知识产权》2005 年第 9 期。
133. 王博阳：《苹果 iTunes 网上音乐商店：版权制度的未来模式?》，《电子知识产权》2009 年第 6 期。
134. 琦雯：《版权新思维：创意共享》，《出版参考》2006 年第 5 期。

135. 〔日〕岸田英明:《数位网路时代的私人复制——以日本著作权法第30条为中心探讨权利人与利用人之平衡》,硕士学位论文,台湾大学法律学院法律研究所,2010。

136. 张今:《版权法上"技术中立"的反思与评析》,《知识产权》2008年第1期。

137. 王迁:《〈版权法中私人复制问题研究——从印刷机到互联网〉评介》,《中国版权》2010年第2期。

138. 陆江兵:《中立的技术及其在制度下的价值偏向》,《科学技术与辩证法》2000年第5期。

139. 梁志文:《云计算、技术中立与版权责任》,《法学》2011年第3期。

140. 罗莉:《作为社会规范的技术与法律的协调——中国反技术规避规则检讨》,《中国社会科学》2006年第1期。

141. 康添雄:《专利法的公共政策研究》,博士学位论文,西南政法大学,2011。

142. 李杨:《经验抑或逻辑:对知识产权客体与对象之争的反思》,《大连理工大学学报(社会科学版)》2011年第2期。

143. 李杨:《著作财产权体系与个人使用管探》,《新闻界》2010年第5期。

二 外文类参考文献

(一) 著作类

144. Niva Elkin-Koren & Neil Weinstock Netanel, *The Commodification of Information*, New York: Aspen Publishers, Inc., 2002.

145. Julie E. Cohen et al., *Copyright in a Global Information Economy*, New York: Aspen Publishers, Inc., 2002.

146. L. Ray Patterson & Stanley W. Lindberg, *The Nature of Copyright: A Law of Users' Rights*, Athens: University of Georgia Press, 1991.

147. Lawrence Lessig, *Remix: Making Art and Commerce Thrive in the Hybrid Economy*, London: Penguin Press, 2008.

148. Gervais, *The TRIPs Agreement: Drafting History and Analysis*, London:

Sweet&Maxwell Press, 1998.

149. James Gordon Finlayson, *Habermas: A Very Short Introduction*, Oxford: Oxford University Press, 2005.

150. Thomas I. Emerson, *The System of Freedom of Expression*, New York: Random House, Inc., 1970.

151. J. Boyle, *Shamans, Software and Spleens: Law and the Construction of the Information Society*, New York: Harvard University Press, 1996.

152. Hannah Arendt, *The Human Condition*, Garden City & New York: Doubleday Anchor Books, 1959.

153. Alan F. Westin, *Privacy and Freedom*, New York: Atheneum Press, Inc., 1967.

154. Rochelle C. Dreyfuss et al., *Expanding the Boundaries of Intellectual Property*, Oxford: Oxford University Press, 2001.

155. Committee on Intellectual Property Rights & the Emerging Information Infrastructure, *The Digital Dilemma: Intellectual Property in the Information Age*, Washington: National Academy Press, 2000.

156. Fiona Macmillan eds., *New Directions in Copyright Law (Volume 5)*, Cheltenham: Edward Elgar Publishing, Inc., 2007.

157. Truman & David B, *The Government Process*, 2nd ed, New York: Alfred A. Knopf Books, 1971.

158. Mark Green eds., *Who Runs Congress?* (2nd ed.), New York: Bantam Books, 1972.

159. Dayton David Mckean, *Party and Pressure Politics*, Boston: Houghton Mifflin Press, 1949.

160. Jessica Litman, *Digital Copyright*, Amherst: Prometheus Books, 2001.

161. P. Bairoch, *Economics and World History: Myths and Paradoxes*, Brighton: Wheatsheaf Books, 1993.

162. Derek H. Aldcroft & Ross E. Catterall, *Rich Nations-Poor Nations: The Long-Run Perspectuve*, Cheltenham: Edward Elgar Publishing, Inc., 1996.

163. Emmanul G. Mesthene, *Technology Change: Its Impact on Man and Society*, New York: New American Library Press, 1970.

(二) 论文类

164. Jessica Litman, "Revising Copyright Law for the Information Age," *Or. L. Rev.* 75 (1996).

165. Christopher Lind, "The Idea of Capitalism or the Capitalism of ideas? A Moral Critique of the Copyright Act," *Intellectual Property Journal* 7 (1991).

166. Julie E. Cohen, "Comment: Copyright's Public-Private Distinction," *Case W. Res. L. Rev.* 55 (2005).

167. Natali Helberger & P. Bernt Hugenholtz, "No Place Like Home for Making a Copy: Private Copying In European Copyright Law," *Conference on Copyright, DRM Technology and Consumer Protection*, Co-sponsored by the Berkeley Center for Law and Technology, the Berkeley Technology Law Journal, and the Institute for Information Law at the University of Amsterdam, University of California at Berkeley, Boalt Hall School of Law, March 9 – 10, 2007, http://ssrn.com/abstract = 1012305.

168. Jessica Litman, "Frontiers of Intellectual Property: Lawful Personal Use," *Tex. L. Rev.* 85 (2007).

169. L. Ray Patterson & Christopher M. Thomas, "Personal Use in Copyright Law: An Unrecognized Constitutional Right," *J. Copyright Soc'y U. S. A.* 50 (2003).

170. Jessica Litman, "Creative Reading," *Law&Contemp. Probs.* 70 (2007).

171. Libott, "Round the Prickly Pear: The Idea-Expression Fallacy In a Mass Communications World," *UCLA L. Rev.* 14 (1967).

172. David Vaver, "Copyright in Europe: The Good, The Bad and the Harmonised," *Austr. I. P. J.* 10 (1999).

173. Urs Gasser & Silker Ernst, "EUCD Best Practice Guide: Implementing the EU Copyright Directive in the Digital Age," *University of St. Gallen Law School, Law and Economics Research Paper Series*, December 2006, http://

ssrn. com/abstract = 952561.

174. Nicola Lucchi, "Regulation and Control of Communication: The French Online Copyright Infringement Law (HADOPI)" *Max Planck Institute for IP and Competition Law Research Paper No.* 11 – 07, April 2011, http://ssrn. com/abstract = 1816287.

175. Ashley M. Pavel, "Reforming the Reproduction Right: The Case for Personal Use Copies," *Berkeley Technology L. J.* 24 (2009).

176. David Nimmer, "How Much Solicitude for Fair use is There in the Anti-Circumvention Provision of the Digital Millennium Copyright Act?," *U. Pa. L. Rev.* 148 (2000).

177. Jessica Litman, "The Public Domain," *Emory Law Journal.* 39 (1990).

178. Edward Samuels, "The Public Domain of Copyright Law," *J. Copyright Soc'y U. S. A.* 41 (1993).

179. James Boyle, "A Politics of Intellectual Property: Environmentalism for the Net?" *Duke L. J.* 47 (1997).

180. Melville B. Nimmer, "Does Copyright Abridge the First Amendment Guarantees of Free Speech and Press?" *UCLA L. Rev.* 17 (1970).

181. Paul Goldstein, "Copyright and the First Amendment," *Colum. L. Rev.* 70 (1970).

182. Kenneth L. Karst, "The Freedom of Intemate Association," *Yale L. J.* 89 (1980).

183. Tom Gerety, "Redefining Privacy," *Harverd Civil Rights&Civil Liberties. L. Rev.* 12 (1977).

184. James Rechels, "Why Privacy is Important?" *Philosophy and Public Affairs.* 4 (1975).

185. Jennifer E. Rothman, "Liberating Copyright: Thinking Beyong Free Speech," *Cornell L. Rev.* 95 (2010).

186. Richard A. Posner, "Do We Have Too Many Intellectual Property Right?" *Marq. Intell. Prop. L. Rev.* 9 (2005).

187. Jeremy Waldron, "From Author to Copies: Individual Rights and Social

Value in Intellectual Property," *Chicago-Kent Law Review* 68（1993）.

188. Deborah Tussey,"From Fan Site to Filesharing: Personal Use in Cyberspace," *Ga. L. Rev.* 35（2001）.

189. Hiram Melendez-Juarbe,"Preliminary Remarks on Personal Use and Freedom of Speech," *SSRN*（2010）, http://ssrn.com/abstract=1563543.

190. Marshall Leaffer,"The Uncertain Future of Fair Use in a Global Information Marketplace," *Ohio St. L. J.* 62（2001）.

191. Jane C. Ginburg,"From Having Copies to Experiencing Works: the Development of an Access Right in U. S. Copyright Law," *J. Copyright Soc'y U. S. A.* 50（2003）.

192. William F. Patry & Richard A. Posner,"Fair Use and Statutory Reform in the Wake of Eldred," *Cal. L. Rev.* 92（2004）.

193. Raymond Shih Ray Ku,"Consumers and Creative Destruction: Fair Use Beyond Market Failure," *Berkeley Tech. L. J.* 18（2003）.

194. Rufus Pollock,"The Value of the Public Domain," Institute for Public Policy Research, July 2006, http://www.ippr.org.

195. Tobias Regner & Javier A. Barria,"Do Consumers Pay Voluntarily? The Case of Online Music," October 2007, http://ssrn.com/abstract=721596.

196. Trotter Hardy,"Property and Copyright in Cyberspace," *U. Chi. Legal F.* 1996.

197. Sara Stadler,"Copyright as Trade Regulation," *U. Pa. L. Rev.* 155（2007）.

198. L. Ray Patterson,"Understanding Fair Use," *SPG Law & Contrmp. Probs.* 55（1992）.

199. Glynn S. Lunney,"The Death of Copyright: Digital Technology, Private Copying, and the Digital Millennium Copyright Act," *Va. L. Rev.* 87（2001）.

200. Julie E. Cohen,"The Place of the User in Copyright Law," *Fordham*

L. *Rev.* 74 (2005).

201. Katrine Levin & Mai V. Peak, "Should Loading Operating System Software into RAM Consitute Copyright Infringement?" *Golden Gate University L. Rev.* 24 (1994).

202. James Boyle, "The Second Enclosure Movement and the Construction of the Public Domain," *Law&Contempt. Probs.* 66 (2003).

203. B. Zorina Khan, "Intellectual Property and Economic Development: Lessons from American and European History," *Commission on Intellectual Property Rights of UK* (2002), http://www.iprcommission.org.

204. J. Williamson, "What Should the World Bank Think about Washington Consensus?" *The World Bank Research Observer* 15 (2000).

205. Neil Netanel, "Why Has Copyright Expanded? Analysis and Critique," 6 *New Direction in Copyright Law*, *Public Law & Legal Theory Research Paper Series* No. 07-34, Dec 2007, http://ssrn.com/abstract=1066241.

206. Yochai Benkler, "Free As the Air to Common Use: First Amendment Constraints on the Enclosure of the Public Domain," *N. Y. U. L. Rev.* 74 (1999).

207. Peter K. Yu, "P2P and the Future of Private Copying," *University of Colorado L. R.* 76 (2005).

208. W. J. Gordon, "Fair Use as Market Failure: A Structural and Economic Analysis of the Batamax Case and its Predecessors," *Columbia Law Review* 82 (1982).

209. William M. Landes & Richard A. Posner, "Indefinitely Renewable Copyright," *University of Chicago Law Review* 71 (2004).

210. Nam D. Pham, "The Impact of Innovation and the Role of IPR on U.S Productivity, Competitiveness, Jobs, Wages, and Exports," *N. D. P. Consulting*, April 2010, http://www.ndpconsulting.com.

211. Federal Communication Commission, "In the Matter of Compulsory License for Cable Retransmission," *FCC Rcd* 4 (1989).

212. W. F. Patry, "Copyirght and the Legislative Process: A Pesonal

Perspective," *Cardozo Arts & Enterntainment L. J.* 14 (1996).

213. T. P. Olson, "The Iron Law of Consensus: Congressional Reponses to Proponses Copyright Reforms Since the 1909 Act," *J. Copyright Soc'y U. S. A.* 36 (1989).

214. Jessica Litman, "The Politics of Intellectual Property," *Cardozo Art & Entertainment L. J.* 27 (2009).

215. Jessica Litman, "Copyright, Compromise, and Legislative History," *Cornell L. Rev.* 72 (1987).

216. Laura N. Gasaway, "Impasse: Distance Learning and Copyright," *Ohio St. L. J.* 62 (2001).

217. Jessica Litman, "The Exclusive Right to Read," *Cardozo Arts & Ent. L. J.* 13 (1994).

218. P. Samuelson, "The U. S. Digital Agenda at WIPO," *Virginia Journal of International Law* 37 (1997).

219. Justin Hughes, "Copyright and Incomplete Historiographies: Piracy, Propertixation, and Thomas Jefferson," *Southern California Law Review* 79 (2006).

220. Gould David M. & William C. Gruben, "The Role of Intellectual Property Rights in Economic Growth," *Journal of Development Economics* 48 (1996).

221. Ruth Gana Okediji, "Copyright and Public Welfare in Global Perspective," *Ind. J. Global Legal Stud.* 7 (1999).

222. M. A. Lemley, "Property, Intellectual Property and Free Riding," *Texas Law Review.* 83 (2005).

223. Peter Drahos, "An Alternative Framework for the Global Regulation of Intellectual Property Rights," Centre for Governement of Knowledge and Development Working Paper No. 1, October 2005, http://cgkd. anu. edu. au/menus/publications. php#drahos.

224. Edward C. Walterscheid, "To Promote the Progress of Science and Useful Arts: The Background and Origin of the Intellectual Property Clause of

the United States Constitution," *Journal of Intellectual Property Law* 2 (1994).

225. Carol M. Rose, "Roman, Roads and Romantic Creators: Traditons of Public Property in the Information Age," *Law & Comtemp. Prob.* 66 (2003).

226. Neil Weinstock Netanel, "Copyright and Democratic Civil Society," *Yale L. J.* 106 (1966).

227. L. Ray Patterson, "Free Speech, Copyright, and Fair Use," *Vand. L. Rev.* 40 (1987).

228. L. Ray Patterson, "Copyright in the New Millennium: Resolving the Conflict between Property Rights and Political Rights," *Ohio St. L. J.* 62 (2001).

229. Jane C. Ginsburg, "Copyright Use and Excuse on the Internet," *Columbia-VIA Journal of Law&Arts.* 24 (2000).

230. Jefferson Graham, "RIAA Chief Says Illegal Song-Sharing 'Contained'," *USA Today*, June 13 2006.

231. Jane K. Winn & Nicolas Jondet, "A New Deal for End Users? Lessons From a French Innovation in the Regulation of Interoperability," *Wm&Mary L. Rev.* 51 (2009).

232. Eldar Haber, "The French Revolution 2.0: Copyright and the Three Strikes Policy," *Harvard Journal of Sports & Entertainment* 2 (2010).

233. Neil Weinstock Netanel, "Impose a Noncommercial Use Levy to Allow Free Peer-to-Peer File Sharing," *Havard Journal of Law & Technology* 17 (2003).

234. Gervais, "The Price of Social Norms: Towards a Liability Regime for File-Sharing" *J. Intell. Prob. L.* 12 (2004).

235. Jessica Litman, "Sharing and Stealing," *Hastings Comm. & Ent. L. J.* 27 (2004).

236. Raymond Shih Ray Ku, "The Creative Destruction of Copyright: Napster and the New Economics of Digital Technology," *U. Chi. L. Rev.*

69（2002）.

237. Kevin Maney,"Apple's iTunes Might Not Be Only Answer to Ending Piracy,"*USA Today*,Jan. 21 2004.

238. Yochai Benkler,"Freedom in the Commons: Towards a Political Economy of Information,"*Duke L. J.* 52（2003）.

239. Daniel Gervais,"Towards a New Core International Copyright Norm: The Reverse Three-step Test,"*Marquetee Int. Prop. L. Rev.* 9（2005）.

240. Marybeth Peters,"Copyright Enters the Public Domain,"*J. Copyright Soc'y U. S. A.* 51（2004）.

241. Dan L. Burk & Julie E. Cohen,"Fair Use Infrastructure for Rights Management Systems,"*Harv. J. L. & Tech.* 15（2001）.

242. Guido Calabresi & A. Douglas Melamed,"Property Rules, Liability Rules, and Inalienability: One View of the Cathedral,"*Harv. L. Rev.* 85（1972）.

243. Mark A. Lemley & Phil Weiser,"Should Property or Liability Rules Govern Information?"*Texas L. Rev.* 85（2007）.

244. Daniel A. Crane,"Intellectual Liability,"*Texas L. Rev.* 88（2009）.

（三）案例类

245. *Folsom v. Marsh*, 9 F. Cas. 342（C. C. D. Mass. 1841）.

246. *Stowe v. Thomas*, 201 C. C. E. D. Pa. 514（No. 13, 1853）.

247. *Stover v. Lathrop*, 22 F. 348（C. C. Colo. 1888）.

248. *Sony Corporation of America v. Universal City Studios, Inc.*, 464 U. S. 417（1984）.

249. *Community Television of Southern California v. Gottfried*, 459 U. S. 458（1983）.

250. *American Geophysical Union v. Texaco, Inc.*, 60 F. 3d 913（2d Cir. 1995）.

251. *Universal City Studios, Inc. v. Reimerdes*, 111 F. Supp. 2d 294（S. D. N. Y. 2000）, aff'd, 273 F. 3d 429（2d Cir. 2001）.

252. *A & M Records, Inc. v. Napster, Inc.*, 239 F. 3d 1004（9th Cir. 2001）.

253. *Stanley v. Georgia*, 394 U. S. 557（1969）.

254. *Lamont v. Postmaster General*, 108 U. S. 301 (1965).

255. *MAI Systems Co. v. Peak Computer, Inc.*, 1992 U. S. Dist (C. D. Cal. 1992), aff'd 991 F. 2d 511 (9th Cir. 1993).

256. *Harper & Row, Publishers v. Nation Enterprises*, 471 U. S. 539 (1985).

257. *Beckford v. Hood*, (1798) 101 Eng. Rep. 1164 (K. B).

258. *Williamson & Wilkins v. United States*, 487 F. 2d 1345 (Ct. C. 1973).

259. *Arisa Records, Inc., v. MP3 Board, Inc.*, 2002 U. S. Dist. LEXIS 16165 (S. D. N. Y. Aug. 28, 2002).

260. *Campbell v. Acuff-Rose Music, Inc.*, 510 U. S. 569 (1994).

261. *MGM Studios, Inc., v. Grokster, Ltd.*, 545 U. S. 913 (9th Cir. 2004).

262. *Virgin Records Am., Inc., v. Jammie Thomas*, 2007 U. S. Dist. LEXIS 79585 (D. Minn., Oct. 1, 2007).

263. *Capitol Records, Inc., v. Jammie Thomas*, 579 F. Supp. 2d 1210, 2008 U. S. Dist. LEXIS 84155 (D. Minn. 2008), aff'd 680 F. Supp. 2d 1045, 2010 U. S. Dist. LEXIS 5049 (D. Minn., Jan. 22, 2010), aff'd 2011 U. S. Dist. LEXIS 85662 (D. Minn., Jul. 22, 2011).

264. *CCH Canadian Limited v. Law Society of Upper Canada*, 2004 SCC 13, 1 S. C. R. 339 (2004).

后 记

本文系江西省哲学社会科学成果文库入选项目和教育部人文社会科学研究青年项目（课题编号：13YJC820048）的研究成果。

伴随数字传播技术的飞速发展，个人使用困境一直是著作权法纠结不清的话题，未来亦可能成为长久困扰著作权法的难题。严格意义上讲，著作权法领域长期以来并未将"个人使用"作为规范概念来用，"个人使用"问题甚至构成著作权法非规范的问题。进言之，个人使用问题已不是规范法学在封闭体系内所能解释的难题，我们亟须超越对法律问题的制度研究窠臼，从法哲学、社会学、政治学等其他领域追溯著作财产权的本质、创设目的以及体系重构等本源性问题。本文借"个人使用"之"小"题，尝试超越法律的范畴对著作财产权进行更深刻的认识，"大"做"著作财产权究竟是什么"以及"我们需要什么样的著作财产权"，期许通过解读法律背后的事物来还原法律本来的印象，以求纾解时下的个人使用困境。

由于所涉领域庞杂，任务之艰巨性可想而知。当我完成这篇博士学位论文时，以"百感交集"概括此时的心情实不为过。它让我想起近两年收集、消化相关资料的艰辛与执着——尽管方法谈不上聪明，却很实用。在近八个月的写作过程中，思路彷徨与焦虑感一直困扰着我，时常因思索不止而彻夜难眠，其"痛苦"状态历历在目。初稿搁笔时，欣慰之余不免有些失落和依恋。失落自己暂别破釜沉舟、痛并快乐着的写作幸福感，依恋着那种灵感时现、思维活跃的写作状态。

感谢导师张玉敏教授。从一开始,恩师就对我的选题表示宽容和支持,鼓励我放开手脚,自由发挥。初稿审阅后,恩师提出了许多宝贵意见和建议。此外,她甚至还逐字圈点出词语表达上存在的不足,令学生感动。恩师不仅治学严谨,生活上更是对学生无微不至。从她身上,我既看到师长对学生严父慈母般的关爱,更看到老一辈学者不怕苦、不服输的精神。正是恩师治学做人的品格与胸怀,支撑着我努力钻研的坚定信念。

感谢李雨峰教授的指点与关心。李老师一直是我倾力学习的榜样,互相交流学术问题时,我总能在不经意间提升对问题的本质认识,收获颇丰。李老师的智力支持,大到思路、观点的思想性,小到著作之文风,对我完成这篇博士学位论文都有质的帮助。特别要感谢孔祥俊老师、张耕老师、孙海龙老师、廖志刚老师和邓宏光老师在预答辩和答辩期间对本文提出的宝贵意见和建议,使我静下心时,能够进一步反省拙文的缺陷乃至谬误。另外,感谢周江副教授、康添雄博士、黄汇副教授、易健雄副教授、徐聪颖副教授对我的思想启迪及思路建议,同时感谢黄保勇、王曙光、张体锐、谭贵华、张铣、徐振华、欧家路诸位博士同学及朋友对我的关心和帮助。

感谢我的父母和岳父母,尤其感谢我的妻子熊莹。多年来,我们一直聚少离多。特别是我在渝读博期间,她一个人操持家务、抚养孩子,牺牲很大。没有她的体谅与宽容,这篇博士论文是难以完成的。正是基于他(她)们的信任与期许,正是他(她)们在我身后默默地支持着我,我才能心无旁骛地走下去。

感谢江西省社科联对文稿出版的大力支持。熊建处长和晁婷女士对本文的出版事宜非常关心,令身在异乡的我倍感亲切。同时我对社会科学文献出版社周琼、齐佳等诸位编辑同志的细心校对表示感谢。

文稿完成后曾多次修改、完善,无奈部分问题的论证已超越我的能力范围,深感心有余而力不足,存在诸多未尽如人意之处。对此,我更愿意将拙文作为研究著作权问题的新起点,而不是终点。

图书在版编目(CIP)数据

著作权法个人使用问题研究：以数字环境为中心/李杨著.
—北京：社会科学文献出版社，2014.1
（江西省哲学社会科学成果文库）
ISBN 978-7-5097-5519-8

Ⅰ.①著… Ⅱ.①李… Ⅲ.①数字技术-应用-著作权法-研究-中国 Ⅳ.①D923.414

中国版本图书馆 CIP 数据核字（2013）第 312510 号

·江西省哲学社会科学成果文库·

著作权法个人使用问题研究
——以数字环境为中心

著　　者 / 李　杨

出 版 人 / 谢寿光
出 版 者 / 社会科学文献出版社
地　　址 / 北京市西城区北三环中路甲 29 号院 3 号楼华龙大厦
邮政编码 / 100029

责任部门 / 社会政法分社　(010) 59367156　　责任编辑 / 齐　佳　周　琼
电子信箱 / shekebu@ssap.cn　　　　　　　　　 责任校对 / 岳中宝
项目统筹 / 王　绯　周　琼　　　　　　　　　　责任印制 / 岳　阳
经　　销 / 社会科学文献出版社市场营销中心 (010) 59367081　59367089
读者服务 / 读者服务中心（010）59367028

印　　装 / 三河市尚艺印装有限公司
开　　本 / 787mm×1092mm　1/16　　　　　　 印　张 / 17.75
版　　次 / 2014 年 1 月第 1 版　　　　　　　　 字　数 / 279 千字
印　　次 / 2014 年 1 月第 1 次印刷
书　　号 / ISBN 978-7-5097-5519-8
定　　价 / 65.00 元

本书如有破损、缺页、装订错误，请与本社读者服务中心联系更换

▲ 版权所有　翻印必究